新编21世纪远程教育精品教材

· 汉语言文学系列 ·

公关语言学

贺 阳 编著

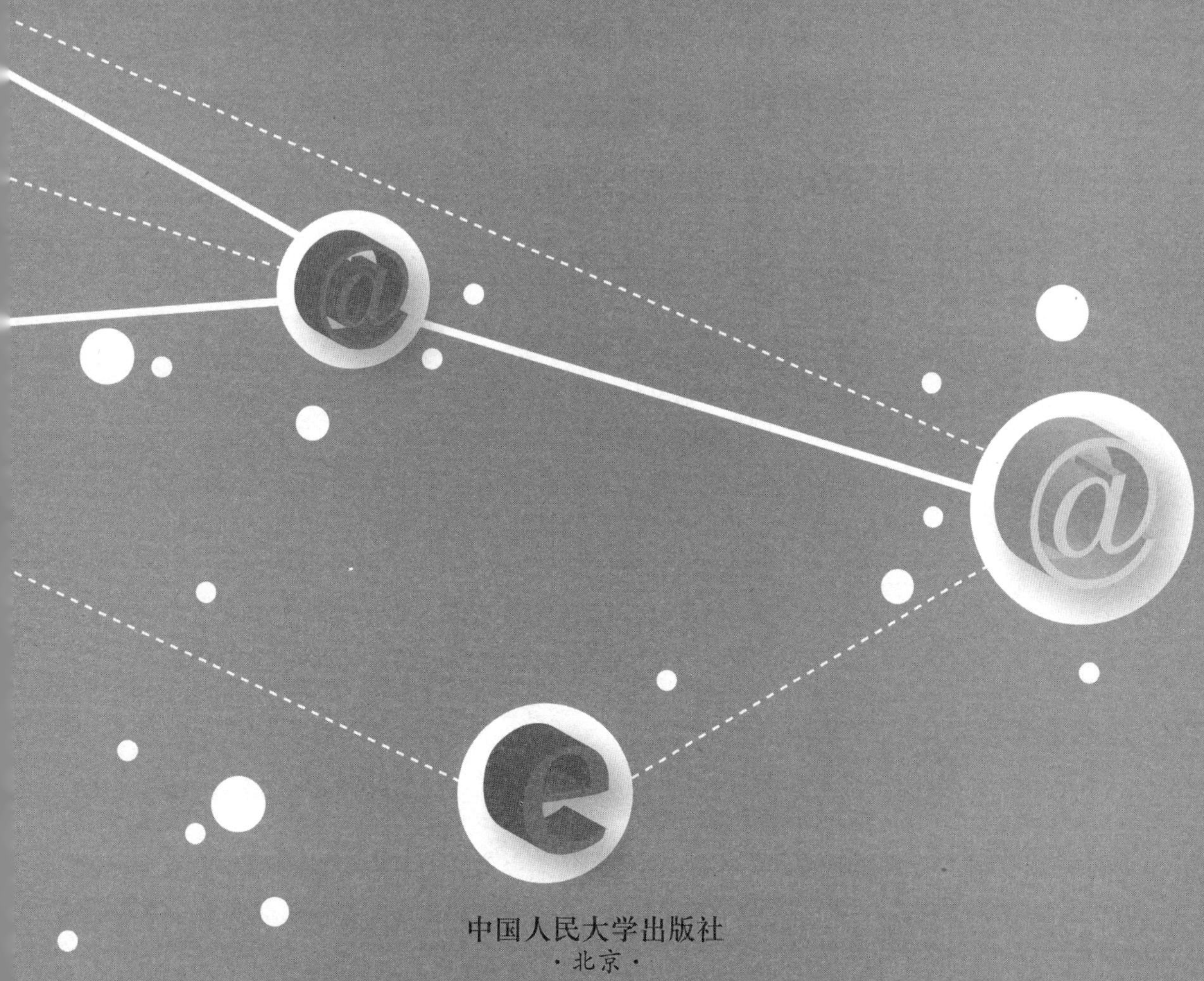

中国人民大学出版社
· 北京 ·

新编 21 世纪远程教育精品教材
编委会

作 者 简 介

贺阳，中国人民大学中文系教授。主要研究方向为语言学理论和现代汉语语法。主讲课程有："语言学概论""现代汉语""西方语言学流派""现代语言学论著选讲""语法学""现代汉语语法研究"等。发表的学术论文主要有：《北京牛街回民的北京话调查》《试论汉语书面语的语气系统》《汉语完句成分初探》《性质形容词句法成分功能统计分析》《性质形容词状语情况的考察》《动趋式"V起来"的语义分化及其句法表现》《从现代汉语介词中的欧化现象看间接语言接触》等。

内 容 简 介

本书系统地阐述和介绍了公关活动中语言运用的原则、方法及技巧。本书前部分主要讲述与语言运用相关的理论，既可以为语言运用提供理论指导，又可以作为评价语言表达优劣的基本标准；后部分结合各种公关实务介绍语言运用的方法和技巧，有很强的实用性。

总　序

我们正处在教育史尤其是高等教育史上的一个重大的转型期。在全球范围内，包括在我们中华大地，以校园课堂面授为特征的工业化社会的近代学校教育体制，正在向基于校园课堂面授的学校教育与基于信息通信技术的远程教育相互补充、相互整合的现代终身教育体制发展。一次性学校教育的理念已经被持续性终身学习的理念所替代。在高等教育领域，从 1088 年欧洲创立博洛尼亚（Bologna）大学以来，21 世纪以前的各国高等教育基本是沿着精英教育的路线发展的，这也包括自 19 世纪末创办京师大学堂以来我国高等教育短短百多年的发展史。然而，自 20 世纪下半叶起，尤其在迈进 21 世纪时，以多媒体计算机和互联网为主要标志的电子信息通信技术正在引发教育界的一场深刻的革命。高等教育正在从精英教育走向大众化、普及化教育，学校教育体系正在向终身教育体系和学习型社会转变。在我国，党的十六大明确了全面建设小康社会的目标之一就是构建学习型社会，即要构建由国民教育体系和终身教育体系共同组成的有中国特色的现代教育体系。

教育史上的这次革命性转型决不仅仅是科学技术进步推动的。诚然，以电子信息通信技术为主要代表的现代科学技术的进步，为实现从校园课堂面授向开放远程学习、从近代学校教育体制向现代终身教育体制和学习型社会的转型提供了物质技术基础。但是，教育形态演变的深层次原因在于人类社会经济发展和社会生活变革的需求。恰在这次世纪之交，人类社会开始进入基于知识经济的信息社会。知识创新与传播及应用、人力资源开发与人才培养已经成为各国提高经济实力、综合国力和国际竞争力的关键和基础。而这些是仅仅依靠传统学校校园面授教育体制所无法满足的。此外，国际社会面临的能源、环境与生态危机，气候异常，数字鸿沟与文明冲突，对物种多样性与文化多样性的威胁等多重全球挑战，也只有依靠世界各国进一步深化教育改革与创新、人与自然的和谐发展才能得到解决。正因为如此，我国党和政府提出了“科教兴国”“可持续发展”“西部大开发”“缩小数字鸿沟”及“人与自然和谐发展”的“科学发展观”等基本国策。其中，对教育作为经济建设的重要战略地位和基础性、全局性、前瞻性产业的确认，对高等教育对于知识创新与传播及应用、人力资源开发与人才培养的重大意义的关注，以及对发展现代教育技术、现代远程教育和教育信息化并进而推动国民教育体系现代化、构建终身教育体系和学习型社会的决策更得到了教育界和全社会的共识。

在上述教育转型与变革时期，中国人民大学一直走在我国大学的前列。中国人民大学是一所以人文、社会科学和经济管理为主，兼有信息科学、环境科学等的综合性、研究型大学。长期以来，中国人民大学充分利用自身的教育资源优势，在办好全日制高等教育的同时，一直积极开展远程教育和继续教育。中国人民大学在我国首创函授高等教育。1952

年，校长吴玉章和成仿吾创办函授教育的报告得到了刘少奇的批复，并于1953年率先招生授课，为新建的共和国培养了一大批急需的专门人才。在20世纪90年代末，中国人民大学成立了网络教育学院，成为我国首批现代远程教育试点高校之一。经过短短几年的探索和发展，中国人民大学网络教育学院创建的“网上人大”品牌，被远程教育界、媒体和社会誉为网络远程教育的“人大模式”，即“面向在职成人，利用网络学习资源和虚拟学习社区，支持分布式学习和协作学习的现代远程教育模式”。成立于1955年的中国人民大学出版社是新中国建立后最早成立的大学出版社之一，是教育部指定的全国高等学校文科教材出版中心。在过去的几年中，中国人民大学出版社与中国人民大学网络教育学院合作创作、设计、出版了国内第一套极富特色的“新编21世纪远程教育精品教材”。这些凝聚了中国人民大学、北京大学、北京师范大学等北京知名高校学者教授、教育技术专家、软件工程师、教学设计师和编辑们广博才智的精品课程系列教材，以印刷版、光盘版和网络版立体化教材的范式探索构建全新的远程学习优质教育资源，实现先进的教育教学理念与现代信息通信技术的有效结合。这些教材已经被国内其他高校和众多网络教育学院所选用。中国人民大学出版社基于“出教材学术精品，育人文社科英才”理念的努力探索及其初步成果已经得到了我国远程教育界的广泛认同，是值得肯定的。

2005年4月，我被邀请出席《中国远程教育》杂志与中国人民大学出版社联合主办的“远程教育教材的共建共享与一体化设计开发”研讨会并做主旨发言，会后受中国人民大学出版社的委托为“新编21世纪远程教育精品教材”撰写“总序”，这是我的荣幸。近几年来，我一直关注包括中国人民大学网络教育学院在内的我国高校现代远程教育试点工程。这次，更有机会全面了解和近距离接触中国人民大学出版社推出的“新编21世纪远程教育精品教材”及其编创人员。我想将我在上述研讨会上发言的主旨做进一步的发挥，并概括为若干原则作为我对包括中国人民大学出版社、中国人民大学网络教育学院在内的我国网络远程教育优质教育资源建设的期待和展望：

● 新编21世纪远程教育精品教材的教学内容要更加适应大众化高等教育面对在职成人、定位在应用型人才培养上的需要。

● 新编21世纪远程教育精品教材的教学设计要更加适应地域分散、特征多样的远程学生自主学习的需要，培养适应学习型社会的终身学习者。

● 在我国网络教学环境渐趋完善之前，印刷教材及其配套教学光盘依然是远程教材的主体，是多种媒体教材的基础和纽带，其教学设计应该给予充分的重视。要在印刷教材的显要部位对课程教学目标和要求做明确、具体、可操作的陈述，要清晰地指导远程学生如何利用多种媒体教材进行自主学习和协作学习。

● 应组织相关人员对多种媒体的远程教材进行一体化设计和开发，要注重发挥多种媒体教材各自独特的教学功能，实现优势互补。要特别注重对学生学习活动、教学交互、学习评价及其反馈的设计和实现。

● 要将对多种媒体远程教材的创作纳入到对整个远程教育课程教学系统的一体化设计和开发中去，以便使优质的教材资源在优化的教学系统、平台和环境中，在有效的教学模式、学习策略和学习支助服务的支撑下获得最佳的学习成效。

● 要充分发挥现代远程教育工程试点高校各自的学科资源优势，积极探索网络远程教育优质教材资源共建共享的机制和途经。

中华人民共和国教育部远程教育专家顾问
丁兴富

前　言

公关语言学是汉语言文学专业以及其他有关专业的选修课。它主要讲述的是公共关系活动中语言运用的原则、方法和技巧。

公共关系作为社会组织与社会组织、社会组织与社会公众之间相互沟通、相互理解、相互合作的关系，在社会运行和企业发展过程中具有日益重要的作用。公共关系和公关活动都离不开传播沟通，人类社会中，无论是社会组织与社会组织、社会组织与个人，还是个人与个人之间的信息传播和交流沟通，都离不开语言这个人类最基本、最重要的交际工具。公关语言作为公关主体为了实现公关目的的语言运用，在公共关系和公关活动中具有非常重要的地位和作用。离开了公关语言，社会组织和社会公众之间就无法建立有效的联系，公共关系就无从谈起。公关语言的表达效果直接关系到公关活动的成效，直接关系到社会公众是否能够正确认识和理解社会组织的宗旨、目标、意见和建议，直接关系到社会组织是否能够在社会公众中树立良好的形象，是否能够得到社会公众的认可和合作，因此，公关语言的性质、原则、方法和技巧就成为公共关系研究中的重要课题。

学习这门课程的目的是：通过本课程的学习，认识和理解公关语言的性质以及在公关活动的地位和作用，认识和理解公关语言与言语交际、公众心理的关系，掌握公关语言的基本原则，并学会运用这些原则来指导公关语言实践。通过本课程的学习，掌握公关语言的各种方法和技巧，了解演讲、谈判、推销等常见公关活动的过程及其相关的语言技巧，学会各种常见公关文书的写作。这些学习内容对提高公关工作能力和语言文字修养都是很有意义的。

这部教材共十章，其内容大体上可以分作两个部分，前三章主要讲述与语言运用相关的理论知识，后七章主要介绍公关活动中的语言运用方法和技巧。理论知识的讲述主要是为了给同学们提供一些分析角度和分析工具，以便大家能够对发生在身边的语言现象做出自己的分析，对公关活动中的语言运用及其效果做出自己的评价，有了这些理论知识和分析工具，同学们才有可能对应该如何表达、什么样的语言表达才是恰当的和可取的、什么样的表达才可能产生良好的效果等问题有自己独立的看法，而不是人云亦云。

这部分教学内容的学习要求是：不仅要能够理解和领会教材的内容，而且要能够在公关语言实践中加以自觉的运用，也就是要把这些内容作为语言运用的要求和评价语言运用优劣的标准。语言运用方法和技巧的介绍主要是为了给同学们的公关语言实践提供一些具体的指导和参考。公关语言学是一门实践性很强的课程，提高在公关活动中的语言运用能力，是本课程的主要目标，因此，理论知识了解得再多，如果不能切实提高语言运用的实际能力，也是无法达到本课程的学习目的和要求的。因此，不仅要了解公关语言有哪些常用的具体方法和技巧，而且要能够实际运用这些方法和技巧；不仅要了解常用公关文书的写法是什么，而且要能够写作这些文书。总之，在学习中，应该坚持以理论指导实践，以实践领悟理论的方法。

作者

目录

CONTENT

第一章

公共关系与公关语言

[本章提示]

(1) 了解公共关系的性质和公关活动的特征，理解语言的结构性质和社会功能，了解语言内部的各种变体，认识公关语言的性质；(2) 从公共关系和公关活动的性质和目的出发，认识公关语言的特征；(3) 了解口语和书面语的性质和区别，以及公关口语和公关书面语的特点。

第一节　公共关系与公关语言

一、公共关系

“公共关系”一词，源自英文的 public relations。public 一词可以译作“公共的”、“公众的”，因此“公共关系”也可以释为“公众关系”。“公共关系”简称“公关”。建立、保持、改善公共关系的社会活动称之为“公共关系活动”，简称“公关活动”。

什么是“公共关系”，国内外学者对此的看法并不一致。比较有代表性的观点有“社会关系说”、“管理职能说”和“传播沟通说”三种。了解这三种不同的看法，对认识“公共关系”的内涵是有帮助的。

“社会关系说”对公共关系的界定更多地着眼于它的根本属性。这种观点认为公共关系是社会关系的一种，是诸多活动和关系的通称，这些活动和关系都是公众性的；并且都有社会意义。

“管理职能说”对公共关系的界定更多地着眼于它的内容和目标。这种观点认为公共关系是一种管理功能。美国著名公关学者莱克斯·哈罗博士曾对这一观点做过详尽的阐述。他认为：公共关系是一种特殊的管理职能。它帮助一个组织建立并保持与社会公众之间双向的交流、理解、认可与合作；它帮助管理者及时了解公众的态度和意愿，并做出适当的反应；它作为社会趋势的监视系统，帮助管理者及时掌握并有效利用社会变化，帮助组织保持与社会变动同步；它运用健全的、正当的传播技能与研究方法作为主要的工具。国际公共关系协会则指出：这种管理职能的目标是借助对公众舆论的评估，尽可能地协调社会组织的策略和做法，依靠有计划的、广泛的信息传播，赢得更有效的合作，更好地实现社会组织和公众的共同利益。

“传播沟通说”对公共关系的界定更多地着眼于它的运作方式和手段。这种观点认为公共关系是社会组织和社会公众之间的一种传播沟通方式。英国人弗兰克·杰夫金斯认为：公共关系是由为达到与相互理解有关的特定目标而进行的各种有计划的沟通联系所组成的，这种沟通联系处于社会组织与社会公众之间。美国人约翰·马斯顿说得更为明确：公共关系就是运用有说服力的传播去影响公众。

从上述对公共关系的理解来看，公共关系是与亲属关系、朋友关系之类的私人关系相对的一种公众性的社会关系，它是指一个社会组织与相关的社会公众之间依靠信息传播和交流沟通建立起来的关系。从这个定义看，公共关系是由社会组织、传播沟通、社会公众三个要素构成的。社会组织是公共关系的主体，是公关活动的实施者。它是指人们为了实现特定的目标，按照一定的系统有组织地建立起来的社会集体或机构。社会组织门类很多，依据其目标和职能，大致可以分为三类：一是营利性组织，例如各类企业等；二是非营利性组织，例如学校、医院、科研机构、文化机构、文艺团体、社会福利机构以及各种群众团体等；三是政府机构和其他特殊的社会组织，例如政府部门、军队、新闻机构等。社会公众是公共关系的客体，是公关活动的实施对象。它是指与特定的社会组织有现实或潜在的相关利益，并被纳入该社会组织公关活动范围之内的所有个人、群体和组织。公关主体往往有自己特定的公众对象，例如工业企业的主要公众对象是消费者、销售商以及相关的其他工业企业；医院的主要公众对象是疾病患者。传播沟通是指公关主体的信息传播和公关主体与公关客体之间的意见交流。传播沟通是将公关主体和公关客体联系在一起的纽带，是公关主体影响公关客体，以实现公关活动目标的主要途径和手段。

公共关系需要有意识地建立、保持并加以改善，建立、保持、改善公共关系的社会活动就是公关活动。根据上面引述的对公共关系的看法，公关活动具有两个重要特征：

第一，公关活动的目的在于帮助社会组织建立并保持与社会公众之间的交流和理解，谋求公众对社会组织的信赖与支持，建立社会组织在社会公众中的声誉，从而形成有利于社会组织存在和发展的公共关系。社会组织依存于社会公众，没有社会公众的理解、合作和支持，社会组织的正常运作和发展就会严重受阻。例如，对一个工业企业来说，企业和产品的声誉是企业的生命，声誉一旦受损，企业的经营就会陷入困境，甚至会导致企业的破产，而建立、维护和提升企业的声誉，离不开社会公众的理解和支持。所以，富有成效的公关活动是社会组织健康发展的重要保障。

第二，公关活动运作的主要方式和手段是信息传播和交流沟通。信息传播就是广而告之，就是社会组织将与组织的宗旨和目标相关的信息传达给社会公众，使其知晓，各种广告就是常见的信息传播形式；交流沟通就是社会组织与社会公众之间的双向交流，就是社会组织对公众意见和建议的搜集与反馈。公关主体和公关客体之间是平等互利的，这一根本关系决定公关活动不应该也不可能采取强制性的手段来达到社会组织的目的，而只能在尊重社会公众的选择权利的基础上，通过宣传、劝导和意见交流来说服社会公众，使他们自愿与社会组织合作。

二、语言

公共关系和公关活动都离不开传播沟通，在人类社会中，无论是组织与组织、组织与个人，还是个人与个人之间的信息传播和交流沟通，都离不开语言这一人类最基本、最重要的交际工具。

语言是人类社会特有的现象，语言能力是人区别于动物的重要特征。从内部构造上看，语言是音义结合的符号系统，任何一个语言符号都是形式和内容的统一体。它的形式是人的听觉器官可以感知的声音，这种作为语言符号构成要素的声音被称作语音；它的内容是语言符号所代表的意义，这种作为语言符号构成要素的意义被称作语义。例如，在汉语普通话中，“shān”这个语音形式和“地面上高耸的部分”这个语义内容结合在一起，就构成“山”这个语言符号。通常所说的“词”就是一种语言符号。一个词可以和别的词组合在一起，构成词的序列，也就是词组和句子，例如“山”这个词可以和别的词组合在一起，构成“上山”、“下山”、“爬山”、“山很高”、“那边有一座山”等词组和句子。由于排列组合的可能性要比参与组合的单位的数量大得多，有限的词语通过排列组合，就可以产生无穷的词组和句子，因此无论人们表达的思想和情感如何复杂、繁多，语言作为表达工具都是可以胜任的。不过，词语的排列组合并不是任意的，例如，在汉语普通话里，可以说“山很高”，但不能说“很高山”；可以说“那边有一座山”，不能说“那边一座山有”或者“一座山有那边”。可见，词语的组合是有规则限制的，这些规则就是通常所说的语法。

语言是人类最重要的交际工具，交际功能是语言最基本的社会功能。交际是人与人之间交流思想、传播信息、沟通情感的社会活动，没有这种社会活动，人们就无法相互理解，相互协作，人类社会就难以存在和发展。思想也好，情感也好，信息也好，都是无形的，看不见，摸不着的。要使这些无形的东西能够在人与人之间传递和传播，就必须借助人的感觉器官可以感知的物质形态，这些物质形态的作用就在于使思想、情感和信息物化，使它们由无形变为有形，由无法被感知变为可以被感知。在交际中负载着思想、情感、信息的物质形态，就是交际工具。人类的交际工具是多种多样的，除了语言之外，文字、数学符号、化学公式、旗语、信号灯光以及人的体态、手势等也都是常用的交际工具，所以语言并不是人类唯一的交际工具，但语言却是人类所有交际工具中最基本、最重要的，是其他交际工具所无法取代的。从社会必需性上看，只有语言才是人类社会须臾不可缺少的交际工具，可以说只要有人群存在的地方，就有语言的存在，其他交际工具，包括像文字这样重要的交际工具都并非如此，在当今世界上，没有文字的民族有很多，而没有语言的民族可以说一个也没有。从能否独立满足交际需要上看，语言可以不依赖其他交际工具而独立满足人的交际需要，而其他交际工具大多是在语言的基础上产生的，它们在使用过程中都会程度不同地依赖于语言，人们很难想象可以完全脱离语言而准确解释和掌握数学符号和化学公式。语言不仅是最便利的交际工具，而且具有其他交际工具无法比拟的表达能力，人类认识活动的一切成果以及各种复杂的情感都可以通过语言来表达，其他交际工具的表达功能总是有限的，只用数学符号或化学公式来发表一篇复杂的演说是难以想象的。只有文字是一个例外，它差不多具有和语言同等的表达能力，这是因为文字是记录语言的书面符号系统。

语言是一种社会现象，社会之外无所谓语言。随着社会的发展变化，一种语言的内部会因为地域的不同、使用者社会特征的不同以及交际环境的不同而产生差异，形成各种语言变体。人们平常所说的“汉语”、“英语”、“法语”等其实都是抽象的概念，人们所说的和所听到的话其实都只是一种语言的各种变体。一种语言的变体大体说来可以分为地域变体、社会变体和语体变体三类。

语言的地域变体，是指一种语言由于语音、语汇、语法等方面的差异而在不同地区形成的地域分支。语言的地域变体又称作“地域方言”，也就是人们平常所说的“方言”或“地方话”。一般来说，现在分布面积比较广的语言，其内部都有程度不同的方言分歧。例如，现代汉语内部有北方话、广州话、上海话、长沙话、南昌话、厦门话等方言；英国境内的英语可以区分出北部、中部、西南部和伦敦方言；德语可以区分出高地德语和低地德语两大方言。一般来说，方言间的差别主要表现在语音上。两个说不同方言的人碰到一起，首先感到的就是对方说话时的发音与自己不同，所以人们在区分一种语言的不同方言，也就是进行方言分区时通常把语音上的差别作为主要的依据。现代汉语可以分出北方方言、吴方言、湘方言、赣方言、客家方言、粤方言和闽方言七大方言，这些方言主要就是根据不同的语音特点来确定的。比如在声母方面，吴方言和部分湘方言中有浊塞音、浊塞擦音，其他方言一般只有清塞音和清塞擦音。在韵母方面，北方方言和吴方言都没有以辅音［-m］［-p］［-t］［-k］收尾的韵母，粤方言和客家方言里则有这类韵母。在声调方面，北方方言的代表点北京话只有四个声调，没有入声；其他方言的声调则大都在六个或六个以上，并且大都有入声。方言间在词汇和词义上也会有一些差异。在不同的方言里，同样的事物可能有不同的称呼，比如，北京话说“月亮”，广州话说“月光”；北京话说“家具”，广州话说“家私”；同是一种昆虫，北京话叫“萤火虫儿”，上海话和苏州话叫“游火虫”，南昌话叫“夜火虫”，成都话叫“亮火虫”，广东梅县话叫“火兰虫”，厦门话叫“火金姑”，潮州话叫“火夜姑”，福州话叫“兰尾星”。在不同的方言里，相同的词语可能具有不同的意思。比如“蚊子”这个词，在长沙话里可用来兼指“苍蝇”，而在北京话里“蚊子”就没有这个意思。“水”这个词在广州话里可以兼指“雨”，“下雨”叫作“落水”，而在别的一些方言里“水”就没有这样的意思。方言间在语法上的差别相对来说要比语音、语汇上的差别小一些。不过，方言之间的语法差别会表现在语法的各个方面，而且差别是各式各样的。现代汉语各方言就存在着各种不同的语法差别。在北京话里，人称代词的单复数要靠加不加助词“们”来区别：我：我们，你：你们，他：他们；但在陕西商县话里，人称代词的单复数却可以依靠声调的变化来区别：$ŋɤ^{53}$（我）：$ŋɤ^{21}$（我们），$ȵi^{53}$（你）：$ȵi^{21}$（你们），$t‘a^{53}$（他）：$t‘a^{21}$（他们）。现代汉语各方言里的名词都可以跟量词结合，但哪些名词能跟哪些量词结合在一起，不同的方言却可能有不同的特点。比如北京话说“一把刀”，广州话却说“一张刀”，潮州话说“一支刀”；北京话说“一棵树”，广州话却说“一坡树”，厦门话说“一丛树”。在语序上，不同的方言也可能各有一些自己的特点。比如，北京话要说“再等一下”，广东梅县话却可以说“等一下添”（“添”相当于“再”）；北京话要说“给我一本书”，吴方言却可以说“给本书我”。和地域方言相对的概念是共同语，共同语是指一个社会中全体社会成员共同使用的语言形式，普通话就是现代汉民族的共同语。

语言的社会变体，是指一种语言内部同一定的社会特征和社群相关联的变体和特点。语言的社会变体也叫作“社会方言”。在使用同一种语言的社会里，不同地区的人所说的话可能并不完全相同，因为一种语言的内部还可能存在着地域方言的分歧。那么是不是使用同一种地域方言的人所说的话就完全一样呢？也不是。在社会生活中，只要稍加注意就不难发现：具有不同社会特征的人在语言上可能各有特点而不尽相同，以至于人们往往能够单凭语言方面的特点就可以大致推断出说话人的社会身份。例如，大致相同的意思，有的北京人说成“哥儿们你这就太不够意思了”，有的北京人却可能说成“你这样做就太不讲道义了”，人们听到这些不同的说法时，马上就可以判断出前一个说话人大概是一个文化程度不太高的年轻人，后一个说话人则可能是一位知识分子。再如，在美国的底特律，白人和黑人都说的是所谓“美国英语”，但这两类人的话又有明显的区别，一些实验表明，底特律人仅仅根据几秒钟的录音材料就能够辨认出说话的是白人还是黑人，成功率将近百分之八十。以上现象说明，在一个语言社会中，不同的人说话可能会使用不同的语言变体而呈现出不同的特点，这些不同的语言变体和特点又同说话人的社会特征相关联，同一定的社群联系在一起，这就是所谓的“社会方言”。社会方言是由同一定的社会因素相关的语言差异构成的。例如，职业的差别会对语言产生影响，从而造成语言差异。不同的行业由于工作的需要而各有一些自己特殊的用语，也就是人们通常所说的“行话”。比如图书出版行业把书的标价乘上书的册数所得的金额叫作“码洋”，把付印前的最后一次校对叫作“核红”；财务会计人员把收不回来的账叫作“呆账”，把因逾期交纳某种费用而需额外交纳的钱叫作“滞纳金”；饮食行业把烹制菜肴的工作叫作“红案”，把制作米饭、馒头、烙饼、油条之类主食的工作叫作“白案”；教师把讲课前准备的教学方案叫作“教案”，把讲课时在黑板上写字以及所写的字叫作“板书”。年龄的差别也可能对语言产生影响，从而造成语言差异。平时只要留心，就会注意到有些话只有老年人才说，年轻人不怎么说，而另一些话只有年轻人才说，而老年人不大说。比如在北京话里，介词“把”可以有两个读音，一个是［pa^{214}］，另一个是［pai^{214}］，一项 20 世纪 80 年代初的调查结果表明，老年人使用后一种读音的比例明显高于年轻人；在北京话里，“肥皂”也可以叫作“胰子”，“我们”也可以说成“姆末”，同一项调查结果表明，老年人多使用“胰子”和“姆末”，年轻人则多使用“肥皂”和“我们”。性别的不同也可能在一定的程度上影响语言，使其出现分歧现象。比如早在 20 世纪 20 年代就有人发现，北京一些女子中学的学生把 tɕi—，tɕ‘i—，ɕi—发成 tsi—，ts‘i—，si—，这就是所谓北京话中的“女国音”现象。80 年代有人曾在北京地区对“女国音”现象做过调查，结果发现现在的“女国音”是把一部分 tɕi—，tɕ‘i—，ɕi—的字读成 tsi—，ts‘i—，si—或发音部位非常靠前的 tɕi—，tɕ‘i—，ɕi—，如把“鸡”读成 tsi^{55} 或发音部位靠前的 ti^{55}，这种发音上的特点是北京的女青年，主要是女学生所特有的，男青年中就没有这种现象。文化程度也是影响语言的一个社会因素，不过这一因素往往同阶级、阶层、职业等其他社会因素有着密切的联系，并共同对语言产生影响。一般说来，文化程度比较高的人，往往使用的是民族标准语；文化程度比较低的人往往使用方言土语。这是因为民族标准语主要是通过各级教育机构推广的。比如，据调查，北京人的文化程度越高，使用“胰子”、“姆末”等土俗成分的比例就越低；文化程度越低，使用这些土俗成分的比例就越高。在同他人交往的过程中，许多人都会感到知识分子说话比较“文”，文化程度不高的人说话比较“土”，这种感觉实际上也是文化程度影响语言的一种反映。不同的宗教信仰也有可能形成不同的社群，因而也有可能形成因宗教因素而产生的社会方言。比如北京牛街地区的回民说的是北京话，但与汉族的北京话又有点不同，他们的北京话里包含着一些来自阿拉伯语和波斯语的伊斯兰教用语，这些宗教用语除了在宗教活动中使用之外，有一些也在日常生活中使用。牛街回民之间把“朋友”叫作“朵斯梯”，比如可以说：“马朵斯梯，您上哪儿去?”把“益处”也叫作“法依太”，比如可以说：“早晨起来遛遛弯儿，活动活动身子，那法依太可不小。”把“倒霉”叫作“鼠灭”，比如可以说：“上街买东西把钱给丢了，您瞧有多鼠灭。”这些借词汉族的北京人不仅不用，甚至连听也听不懂。

语言的语体变体，是指一种语言因交际环境（包括交际场合、交际对象和交际方式）不同而形成的不同状态和特征。语体变体也称作“语体”。语言作为人类社会最重要的交际工具，存在于人与人交往的一切环境之中。为了保证语言表达同交际环境（包括交际场合、交际对象、交际方式等）相适应，人们会根据不同交际环境的特点，调整自己的语言表达形式，从而使同一种语言在不同的交际环境中显现出不同的状态，产生与特定交际环境相关联的变体，这种由交际环境的不同而导致的语言变体就是语体。口语语体和书面语语体就是语言中两种最基本的语体。

语言之外，最重要的交际工具就是文字了。文字和语言有着密切的关系，这使得不少人把语言和文字混为一谈。常能见到有些人把汉语的特点安在汉字头上，或者把汉字的特点安在汉语头上。其实，文字和语言并不是一回事。文字是在语言的基础上产生的，是记录语言的书写符号系统，文字并不是语言本身。对一种语言来说，用什么样的文字来记录它，这其中并没有什么必然的联系。朝鲜过去使用汉字，第二次世界大战后则放弃汉字，改用一种叫作“彦文”的拼音文字。越南语在过去几百年里并没有发生重大的变化，可是过去使用的是在汉字基础上形成的、属于表意文字体系的“字喃”，现在则改用拉丁字母的表音文字体系。在认识到文字和语言并不能等同起来的同时，也应该看到，文字的产生对语言的使用来说有非常重大的积极意义。文字的产生突破了空间和时间对语言使用的限制，一方面使远隔千山万水的人可以使用语言来交流思想，互通信息，从而使人类社会可以在更大的规模上组织起来；一方面使前人的知识和经验可以凭借语言流传下来，积累起来，让后人能够在前人的基础上不断深化对自然和社会的认识，从而加快了人类社会发展的步伐。

三、公关语言

什么是公关语言？要弄清楚这个问题，首先应该区分“语言”和“语言运用”这两个不同的概念。如前所述，语言是一种符号系统，是一种交际工具。语言运用则是指对这一交际工具的使用。对使用同一种语言的人而言，他们头脑中的语音系统、语汇系统和语法系统是相同的，但他们在实际的言语交际中，却可以根据不同的环境、话题、目的和需要说出不同的话语。这就好比一台复杂的通用设备，一方面这台设备有自身的构造，它可能由许多部件组成，这些部件各自担负一定的功能，并联结成一个完整的系统；另一方面人们可以利用这台设备完成各种各样的工作，工作目的和工作要求不同，操作这台设备的技巧和程序也会有所不同，虽然他们是在使用同一台设备。可见，机器设备本身的构造和对这一设备的使用并不是一回事，所以我们也不能把语言和语言运用混为一谈。

公关语言是指公关领域的语言运用，它并不是一种像汉语、英语、法语这样的语言。一般来说，不同的语言具有不同的语音系统、语汇系统和语法系统，例如，汉语普通话的语音系统中有辅音［tʂ］［tʂ'］［ʂ］，英语的语音系统就没有这些辅音；英语中有辅音［ʧ］，［ʤ］，［ʃ］，汉语普通话中就没有这些辅音。汉语普通话中有“根”、“条”、“张”、“个”等一大批量词，英语中就没有这种量词；英语中有 a，the 等冠词，汉语普通话中就没有这种冠词。公关语言是一种语言运用，它没有独立的语音、语汇和语法系统。汉语的公关语言所使用的就是汉语的语言系统，而不是一种不同于汉语的语言；英语的公关语言所使用的就是英语的语言系统，而不是一种不同于英语的语言。

公关语言也不是一种地域方言。地域方言之间一定存在差别，像北京话和广州话、北京话和上海话之间的差别都是极其明显的。一般来说，不同地域方言的差别主要表现在语音上。两个说不同方言的人碰到一起，首先感到的就是对方说话时的发音与自己不同，例如，北京话和上海话都没有以辅音［-m］［-p］［-t］［-k］收尾的韵母，广州话里却有这类韵母；北京话只有四个声调，上海话则有五个声调，广州话的声调更多达九个。不同的地域方言在词汇和词义上也会有一些差异。这首先表现在同样的事物在不同的方言里可能有不同的称呼，正如前文所提及的，北京话说“月亮”，广州话说“月光”；北京话说“家具”，广州话说“家私”。其次，相同的词语在不同的方言里可能具有不同的意思，例如，“蚊子”这个词在长沙话里可用来兼指“苍蝇”，而在北京话里“蚊子”就没有这个意思。不同的地域方言在语法上也可能会有一些差别，如前所述，哪些名词能跟哪些量词结合在一起，不同的汉语方言可能有不同的特点，北京话说“一把刀”，广州话却说“一张刀”，潮州话说“一支刀”；北京话说“一棵树”，广州话却说“一坡树”，厦门话说“一丛树”。再如，在语序上，不同的汉语方言也可能各有一些自己的特点，北京话说“再等一下”，广东梅县话却可以说“等一下添”（“添”相当于“再”）；北京话只说“给我一杯茶”，上海话却可以说“拨一杯茶我”。公关语言没有自己独立的语音、语汇和语法系统，它所使用的只能是共同语或某种地域方言的语言系统。

公关语言也不是一种社会方言。社会方言是同说话人特定的社会特征相关联的一系列语言特点，如前所述，老年人和年轻人说话有所不同，说北京话的老年人把肥皂叫作“胰子”，把“我们”说成“姆末”，年轻人就很少有人这么说，这是由年龄的不同所造成的社会方言；在英语中，某些形容词是女性喜欢用的，如 adorable（极可爱的），charming（可爱的、极好的），divine（好极了的），lovely（令人愉快的）等，而男人则很少用这些形容词，这是由性别的不同造成的社会方言。公关语言虽然涉及公关人员的语言运用，似乎与特定的职业相关，但公关语言并不是公关人员之间的语言运用，它的对象也不是某一个由于某种共同的社会特征而聚合成类的特定人群，而是具有各种社会身份和社会特征的广大公众。所以公关语言在实际操作中虽然需要针对不同的公关客体而呈现不同的特点和要求，但从总体上说，它并不与某一特定的社会群体相联系，因而并不是一种社会方言。

公关语言也很难说是一种语体。语体是同一定的交际环境相关联的语言变体，交际环境通常由交际场合、交际对象和交际手段构成，这三个要素都可以影响话语的正式程度和表达特点，从而造成不同的语体。例如，同样的内容，在正式的社交场合和在日常生活的交谈中，表达形式就不会相同；同样的内容，说给一个朋友或熟人听和说给一个陌生的客户听，表达形式也不会完全一样；同样的内容，通过口头交谈传达给对方和通过各种文书传达给对方，表达形式也会明显不同。公关活动在交际场合、交际对象和交际方式上都没有限定，所有的交际场合都可能会发生公关活动，所有的社会公众都可能成为公关活动的客体，所有的交际方式都可以为公关活动所利用，所以从总体上说，公关语言并不同特定的、相对一致的交际环境相联系，因而它并不是一种特定的语体。相反，公关语言为了表达的得体性，可以利用各种语体为特定的公关目的服务。

公关语言是一种语言运用，具体说是公关活动领域内公关主体为了实现公关目标的语言运用。公关活动的宗旨是为了建立和保持社会组织与相关公众之间的良好关系，是为了谋求公众对社会组织的信赖与支持，是为了建立社会组织在社会公众中的良好声誉，从而形成有利于社会组织存在和发展的外部环境，公关语言是为了实现这一公关目的的语言运用。公关活动是在公关主体和公关客体之间进行的，对公共关系和公关活动来说，二者缺一不可，但公关主体是公关活动的发动者和实施者，公关客体则是公关活动的受动对象，因而公关主体的地位和作用都是主导性的。如果我们承认，从某种意义上说，公关活动总是表现为一方有意识地去影响、说服另一方，那么在这一过程中，公关主体是影响者和说服者，公关客体是被影响者和被说服者。所以公关语言特指公关主体的语言运用，更具体地说，公关语言是公关主体对公关客体施加影响，并力求说服对方的语言运用。

语言运用包括言语表达和言语理解两个方面。我们都有这样的生活经验，当我们没有掌握某种外语时，不仅不会说这种语言，也听不懂别人用这种语言表达的意思。这说明言语理解的过程同言语表达的过程一样，也需要运用一种语言的语音知识、语汇知识和语法知识，即言语理解也是一个语言运用的过程。公关活动是在公关主体和公关客体之间进行的，这种活动经常表现为一种双向的交流和沟通行为，公关人员不仅需要通过言语表达把有关信息传递给公众，而且需要通过公众的言语表达获得他们的反馈，了解他们的态度和意愿。因此，公关语言既包括言语表达方面的语言运用，也包括言语理解方面的语言运用，既包括公关主体对公关客体施加影响，并力求说服对方的语言运用，也包括获得公关客体的反馈，并理解对方意愿的语言运用。

公关语言学是研究公关活动领域语言运用规律和技巧的科学。公关语言学不研究语言是什么，这是普通语言学或理论语言学的任务，公关语言学只研究语言运用方面的现象，而且只研究在公关活动中语言的运用问题，因此它属于应用语言学的一个分支学科。

第二节 公关语言的特征

一、公关语言的礼貌性

公关语言的礼貌性是指：公关语言应该是文明和得体的，而不能是鄙俗和粗野的；公关语言应该反映出公关人员具有端正的品行和良好的素质，而不能给人以趣味低下、品行不端的感觉。公关语言应该是恭谦礼貌的，而不能是粗暴无礼的，公关语言应该充分体现对人的尊重，应该反映出公关人员善待公众的诚意，而不能给人留下居高临下、以大欺小的印象。

公关语言必须具有礼貌性，这是公共关系和公关活动的性质和目的所决定的。

首先，公关语言的礼貌性是保证公关主体和公众之间的交流和沟通能够有效进行的前提，进而也是实现公关目的的重要条件。公关活动是社会组织为了争取公众的理解、支持和合作而进行的种种努力，是为了树立公关主体的良好形象和声誉的有意识的社会行为。要达到预期的公关目的，不能靠权势和欺诈，而只能依靠公关主体和公众之间的交流和沟通。语言是人际交往和交流的主要方式和手段，要顺利地实现与对方的交流和沟通，公关人员就必须让公众愿意与自己接触，乐于接受自己的话语，而不能使公众因为不快甚至反感而避而远之。在日常生活中，人们都会有这样的经验：对于有些人，人们愿意和他们交往，愿意同他们交谈，这种交往和交谈是一件令人愉悦的事情；对于另外一些人，人们则总是想远离他们，如果不得不与他们交往和交谈，那么这种交往和交谈则是一件令人痛苦的事情。造成这种现象的原因固然很多，但有两个因素是重要的，并具有相当的普遍性。其一是对方的人品、素养是否让人们感到值得与其交往，其二是对方待人接物的态度是否让人们觉得可以与其交往。如果对方是一个素质良好的人，人们会觉得与其交往是有益的，"与君一席话，胜读十年书"，人们自然愿意同这样的人交往；如果对方是一个懂得尊重他人的人，人们会觉得自己希望得到他人尊重的心理需求得到了满足，因而感到可以同他交往。只有在人与人之间和谐、怡乐的交往中，公关活动才有可能取得良好的效果。如果公关人员的语言粗俗无礼，公众自然不愿与其交往，公关活动的目标也就难以达到。

其次，公关语言的礼貌性是社会组织树立良好形象和声誉的必要条件。在社会公众中树立良好的形象和声誉是社会组织开展公关活动的主要目的之一，要达到这一目的，公关人员的言行是否文明礼貌是非常重要的。在公关活动中，公众往往会把公关人员的形象与社会组织的形象联系在一起，因此公关人员的言谈举止直接关系到所在组织的形象和声誉。有报纸报道，一位外籍华人来到我国北方的一个沿海城市，一天他乘公共汽车去人民广场，由于售票员报站时说话太快，他没有听清楚，结果坐过了站。当他问售票员这里是否是人民广场时，售票员却说他"脑子有毛病"。售票员的出言不逊使这位外籍华人十分恼火，进而认为这个城市的人太不友善，太不礼貌文明。结果由于这个售票员的不文明礼貌，整个城市的形象受到了损害。

公关语言的礼貌性，体现在言语活动、言语内容和言语形式等方面。

言语活动的文明礼貌包括行为符合社会规范，认真而负责任地对待自己的说话和写作，认真听取公众的意见、建议和要求，待人诚恳谦和，举止文明大方，言谈文雅得体。公关人员在与公众的接触过程中，要时刻谨记自己是组织的代表，说话和写作既要对组织负责，也要对社会公众负责，任何不负责任的话都是不文明礼貌的。公关人员在交谈过程中，要注意倾听对方的意见和建议，要让对方把话说完，任何心不在焉的表现和对他人话语的随意打断都是非常不礼貌的。

言语内容的文明礼貌包括内容的真实可信，态度的真诚友善，不宣扬低级趣味，不散布违背法律、道德、社会习俗的言论。公关人员在公关活动中要以诚信为本，不欺不诈，实事求是，任何虚夸不实之词对社会公众来说都是不文明礼貌的。公关人员要充分尊重每一个公众成员，不能自恃组织的实力而轻视他们，更不能因其社会地位、经济收入的不同而势利地对待他们，这些不正确的态度如果反映在公关人员的话语里，势必会给公众造成恶劣的印象，组织的形象和利益势必会受到损害。

言语形式的文明礼貌主要是指在公关活动中，要根据公关目的和公关客体的特征选择恰当得体的语言形式进行表达。语言是一个符号系统，这个系统就好比一个话语原材料的仓库，人们说话和写作的过程就是一个根据表达需要在这个仓库中进行选择，并将选出的原材料进行适当组合的过程。公关活动中的语言运用也是这样一种过程，恰当得体是对公关活动中这一过程的基本要求之一。例如，在交谈中称呼对方，可以用“你”，也可以用“您”，从字面上看，“您”比“你”更显得恭敬，但并不是任何情况下用“您”都比用“你”更礼貌。如果是对陌生的平辈或者是对长辈，当然用“您”更有礼貌；但是对熟人或朋友用“您”，就不但不显得有礼貌，反而会拉大双方的距离，显得不得体了；要是对年龄小得多的人也用“您”，那就显得荒诞可笑了。

在公关活动中，公关人员不可避免地会面对态度不同的社会公众。他们既要面对对公关主体持理解、认可、支持和合作态度的公众，也要面对对公关主体持不理解、不认可、不支持、不合作甚至反对态度的公众。对于那些暂时不合作、不友好或对公关主体有误会的公众，公关人员更应该注意语言运用的文明礼貌，以自身的文明礼貌来塑造公关主体在这部分公众中的良好形象，赢得他们的理解和支持。对于那些歪曲事实、恶意诽谤公关主体，严重损害公关主体声誉的公众，为了维护公关主体的正当利益，为了维护社会正义，应该坚持原则，针锋相对地进行斗争，但在斗争中也同样要注意语言运用的文明，不可粗野辱骂，不可恶语侮辱，因为这样既不利于解决矛盾，同时也会给旁观的公众造成不好的印象，结果会使公关主体的声誉和形象受到损害。

二、公关语言的情感性

公关语言的情感性是指：公关语言不仅作用于人的理智，而且作用于人的情感，不仅以理服人，而且以情感人。同样是传播信息，公关语言不同于商品说明书的语言表达。前者不仅要把社会组织的信息传递给公众，而且要从情感上拉近公众与社会组织的心理距离，从理智和情感两个方面影响公众对社会组织的态度；后者则只是单纯地把有关商品的信息介绍给公众。同样是说服和劝导人，公关语言不同于议论文章的语言表达。前者在讲道理之中融入了情感的感召力量，后者则主要依靠理论的正确性和论证的逻辑性使人折服。

公关语言需要情感性，这是公共关系和公关活动的性质决定的。人既有理智，又有情感，理智和情感都会影响人们对待事物的态度，而人们的态度又决定着他们的行为。在这一过程中，情感因素常常比理智的作用更为重要。让我们先来看一个广为流传的故事：

> 在一个寒冷的冬天，纽约一条繁华的大街上，有一个双目失明的乞丐，他的脖子上挂着一块牌子，上面写着“自幼失明”。有一天，一位诗人走过他的身旁，他便向诗人乞讨。诗人对他说：“我也很穷，没有钱可以给你，那就让我给你点别的东西吧。”说完，他便随手在乞丐的牌子上写了一句话。那一天，乞丐得到了比往常多得多的同情和施舍。后来，乞丐又遇到了那位诗人，他好奇地问：“您给我写了些什么呢?”诗人笑了笑，然后将写在牌子上的话念给乞丐听：“春天就要来了，可我不能见

到它。”

为什么诗人写的话会带来更多的同情和施舍呢？原因就在于：“自幼失明”仅仅是一种客观的陈述，而“春天就要来了，可我不能见到它”却饱含因失明而无法享受美好生活的哀痛之情，因而更容易唤起他人的同情、怜悯之心，产生的效果自然与客观的陈述不同。

美国心理学家哈特曼曾通过实验研究来比较情感和理性在选举时对选民行为态度的影响。实验结果表明：情感的号召比理性的号召作用更大。由于公众情感会左右他们的态度和行为，社会组织要想建立良好的公共关系，要想争取公众对自己的理解和合作，就不能不重视对公众情感的影响。语言是沟通公关主体和社会公众的主要途径，对公众情感的影响也主要通过语言来实现，所以公关语言必须在传播信息的同时，担负起影响公众情感的使命。

公关语言在影响公众情感上可以起到重要的作用。通过恰当的语言表达，可以拉近公众与公关主体之间的心理距离，使公关语言所表达的内容更容易为公众所接受。有一则交通安全广告的内容是：“为了您和您家庭的幸福，请注意安全行车”，广告并没有干巴巴地进行说教，也没有站在管理者的立场上简单地提出某种要求，而是通过表达一种对人的关爱之情，从为驾车人考虑的角度提出请求，原本存在于管理者和被管理者之间的隔阂被温情的话语化解了。如果广告只写作“注意安全行车”，这种命令式的要求强化了管理者与被管理者的对立，拉大了二者间的距离，效果自然不会好。通过恰当的语言表达，还可以唤起公众的某种情感，使他们在这种情感的驱动下，愿意支持公关主体提出的要求。人非草木，孰能无情？人是感情动物，人也最需要情感，爱情的甜蜜、家庭的温馨、扶助弱者的高尚、事业的成就感、地位的荣誉感等都是常人所需要的，而公关语言可以充分利用人的这些情感需要，将公关内容与公众对爱、幸福、快乐、成就、高尚等情感需要联系起来，从而使公众在某种情感需要的推动下，响应公关主体的请求或建议。美国心脏病基金会有一则广告写道：“每个人都献出一点，就可以使更多的心脏跳动。”这则广告有一个情感诉求点，就是公众对高尚感的需求。为帮助心脏病患者摆脱病痛，恢复健康奉献自己的力量，这种行为无疑是高尚的，唤起公众的这种高尚感，广告提出的请求就容易得到公众响应了。

公关语言的情感性是可以通过调动各种语言的和体态语的表情手段来体现的。语言的表情手段包括通过各种语音要素的配置而表现出来的不同语气，例如，语调平稳、语速舒缓、发音柔和，可以给人以温和友善的感觉；语调起伏、语速急促、发音强硬，则会给人一种压迫感。语言的表情手段还包括使用各种富有感情色彩的词汇，例如，南方黑芝麻糊的电视广告片，先以电视画面唤起人们对幼年母爱的记忆，画面的意境亲切、温馨，最后推出广告语“一缕浓香，一缕温馨”，给人印象深刻。体态语的表情手段包括眼神、手势、身体的姿态等，这些手段在配合语言形式表达人的情感方面也可以起重要的作用。

公关语言虽然要讲究对各种表情手段的运用，但不管什么样的表达手段，脱离了情感的真实性，都毫无意义。虚假的情感即使有华丽的包装，也难以打动人心；发自内心的真情即使用朴素的语言来表达，也能够使人产生心灵上的震颤。权延赤《走下神坛的毛泽东》一书中描述了毛泽东主席的卫士长李银桥的一段回忆：

1962年，我要离开毛泽东去天津工作了。那天，他照习惯躺在床上办公。床栏上搭条毛毯，毛毯下垫了枕头，就那么靠着批阅文件。我悄悄来到门外，想等他办完公再进去。可是，屋里响起他的召唤："银桥，你进来。"

毛泽东怎么知道我来了？我想，他一定是用心灵感觉到的。或者是如你们现在习惯说的那个第六感官吧。

我站在毛泽东床前，他用一只手握住我的手，另一只手在我手背上轻抚。就这么无言地守着，谁也不说话。

我先哭了。我一哭，毛泽东立刻也落泪了。我抽泣着说："当初我不愿来，你借我来，现在我不愿走，你又撵我走。你这不是难为我吗?"

毛泽东流着泪叹息："我也舍不得你走啊。我和我的孩子，一年见不上几次面。只有我们是朝夕相处，你们比我的孩子还可亲。可是，我得为你的前途着想，我不能误你的前途。卫士长，地位够高，可也只是团级干部，职务太低了。"

"我不嫌低，我不要离开你。"我哭出了声。

毛泽东用手一拉。把我一下子揽入怀中，抱紧我放声大哭："银桥。我死以后，你每年到我坟前来……看看。"他不停地用手拍着我的后背，说不出一句完整的话。我怕他哭伤身体，先禁住自己哭，再去劝他。一句话没劝完，我自己早又哭出了声。

几天后。我终于洒泪离开了毛泽东。

这段文字朴实无华，却感人至深，原因就在于它表露了人与人之间真实诚挚的情感。

三、公关语言的控制性

公关语言的控制性是指：公关活动之前需要对语言运用进行谋划，公关活动之中需要对语言运用施加控制。公关语言不同于日常生活中的语言运用。在日常生活中，言语交际的双方并不代表任何社会组织，他们并不需要为自己的言行向某一组织和公众承担责任，因而语言表达可以比较随意，往往并不需要特别的谨慎，一般也不会对所要说的话做出事前的谋划和安排。公关语言则表现出明显的控制性，公关人员需要事前谋划说什么和怎样说，公关活动进行当中，需要注意措辞，把握分寸，不能随便乱讲，更不能说一些不负责任和有损组织利益的话。只有这样，公关语言才能很好地服务于公关目的。

公关语言具有控制性，这是由公共关系和公关活动的性质所决定的。

首先，公共关系和公关活动关系到一个社会组织的存在和发展，它的好坏得失往往涉及一个社会组织的重大利益。公关活动虽然由公关人员来实施，但他们在这一过程中是社会组织的代言人，而不是单纯的个人，因而他们必须为自己的言行向社会组织和社会公众负责，这是一个公关人员基本的职业道德准则。这一道德准则决定了公关人员的语言表达必须是符合社会组织利益和公众利益的，必须是负责任的。任何一句不恰当的话，都有可能在社会公众中造成恶劣影响，给社会组织带来难以挽回的损失。据巴黎出版的中文《欧洲时报》网站报道：中国某市的一位市长准备自法国返回中国，在巴黎戴高乐机场登上法航128航班，他在公务舱用个人物品占用了五六个行李位，当乘务员要他给其他乘客让位时，他非但不听，反而骂骂咧咧，说出一连串的脏话，结果被机长和两名法国警察请下了飞机。此事曝光后，在国外引起了对中国政府官员素质的质疑，我国政府的形象，乃至中国的形象都受到了很大的损害。又如，某刊物的“读者之声”栏目刊登了如下一封读者来信：

> 看了3月24日晚某电视频道的迎春节目，我不得不提笔向节目主持人“进一言”。整个节目充满了欢乐的气氛，但在结束时，却出现了一点点与节目宗旨不协调、使观众心情不愉快的内容，一位男学生应邀上台抽奖，女主持人对他进行了一些提问。“叫什么名字?”“在什么地方念书?”“念几年级?”在男生回答“念初二”后，女主持人马上对他说：“你怎么长得这么矮?”这下令男生回答不上来了。主持人还要他“笑一笑!”男生只能露出尴尬的一“笑”。在抽奖活动中，我看到他一脸的不高兴。作为观众的我，当时一听主持人说这话，马上就心里一沉，很不愉快，再也“快乐”不出来了。

女主持人的一句“你怎么长得这么矮”，显然刺伤了男学生的自尊心，也使电视机前的广大观众感到不快，这不仅引起了广大观众对这位主持人的不满，也使整个电视节目在观众中的影响力大打折扣。

其次，公关活动具有明确的目的性和计划性，公关活动的有效实施，公关目的的顺利实现，都要求细致周全的计划安排。有了这样的计划安排，才能保证公关活动按照既定步骤有条不紊地展开，而避免忙乱和无序中出现重大失误，从而使公关目的圆满实现。公关语言作为公关活动内容的主要表现手段，必须服从公关活动的整体计划和安排，因此，说什么和怎样说就应该成为公关活动计划的一部分，并在公关活动的全过程中受公关目的和计划的制约。例如，无论是在各种庆典活动中，还是在各种信息发布会上，公关人员都需要发表演讲，这些演讲必须有明确的主题，否则听众便会不知所云，演讲也就失去了意义；这些演讲必须有针对性，必须满足听众的需要，否则听众就会觉得事不关己，而对演讲缺乏兴趣；这些演讲还必须采取听众喜闻乐见的表达形式，否则听众就会觉得乏味，演讲的效果就不会好。要达到所有这些要求，就需要事先对公关活动的目的进行必要的研究，对公关对象的特点进行深入的了解，并根据这些研究和了解的结果对演讲的内容和形式进行反复的斟酌和周密的安排，而所有这些工作实际上都是公关活动计划的有机组成部分。

公关语言的控制性体现为预先谋划和临场控制两个过程。

公关语言的预先谋划指在公关活动展开之前对说什么和怎样说做出的计划和准备。具体说来，就是在公关活动展开之前，要根据公关目的，对公关对象、活动环境等因素进行深入细致的调查研究，在此基础上对发言、演讲、谈话、谈判或答问的内容列出提纲，或打好腹稿，并设计好重要内容的语言表达形式，以保证临场时的语言表达可以取得良好的公关效果。举例如下：

> 1984年，美国总统里根访华，根据日程安排，他将到复旦大学对师生发表演讲。怎样在中国公众中树立自己的良好形象，怎样缩小一位美国总统和中国公众之间由于文化、传统、意识形态和地位的种种不同而产生的心理距离，对此美国方面进行了精心的策划。他们事先找到一位来自复旦大学的中国留美学生，里根总统亲自打电话询问她有什么话需要他转告给母校。一切按预先的设计进行。在复旦大学的小礼堂里，

> 里根总统面对复旦大学师生和电视机前的中国公众，开始了亲切的开场白：“在我来中国之前，碰到了一位你们复旦大学在美国的留学生，她要我代她向谢希德校长问好。”随后向身边的谢希德校长说道：“现在这个口信带到了，请您打个电话告诉那位女同学，她的电话号码是＊＊＊＊＊＊＊。”这是一段精心设计的话语，它别开生面而又富于人情味，显示出一位美国总统对中国公众的友好和善意，一下子便赢得了师生们热烈的掌声。

这是一次成功的公关语言的预先谋划。

公关语言的临场控制指在公关活动进行过程中对语言表达的自觉控制。具体说来，就是要根据公关目的、活动计划以及公关对象的特点，本着对组织负责，对公众负责的原则，控制语言的使用，掌握说话的节奏和分寸，谨慎措辞，准确表达，并对公众的反馈做出迅速、恰当的回应。特别是当出现意料之外的不利情况时，要能够通过语言的运用，迅速做出反应，化解危机，摆脱被动局面，使不利局面向有利于公关目的的方向转变。如果说公关语言的预先谋划是对公关人员的策划能力和一般语言能力的检验，那么公关语言的临场控制更多的则是对公关人员语言应对能力以及综合素质的考验。举例如下：

> 在1991年的一次记者招待会上，香港一名记者对我国庆祝西藏和平解放40周年而在拉萨市燃放焰火一事，向当时的外交部发言人吴建民提出质疑：“你觉得像西藏这样落后的地方，用10万元人民币燃放焰火庆祝解放合适吗?”这一提问实际上包含着海外一些人对西藏现状的偏见，因而必须明确表明中国政府的立场和观点。吴建民镇定自若地答道：“40年来，西藏取得了巨大的进步，这是历史上任何时代都无法比拟的。人民对重要节日进行庆祝是很自然的事。比如美国在庆祝独立200周年、法国在庆祝法国大革命200周年时，都举行了盛大的庆祝活动。按照您的逻辑，是不是认为美法两国政府应该把这笔钱省下来去救济那些在严寒中露宿街头、无家可归的流浪者呢?”

吴建民的回答，首先从正面澄清了西藏和平解放40年来取得巨大进步的事实，接着通过类比说明我国庆祝西藏和平解放40周年的正当性，最后以反问的方式转守为攻，化被动为主动，令对方哑口无言。

四、公关语言的艺术性

“艺术”这个词在现代汉语里有两个含义，一是指用形象来反映现实，但比现实更具典型性的社会意识形态，人们平常所说的“文学艺术”、“绘画艺术”、“雕塑艺术”里面的“艺术”都是这种含义；一是指富有创造性的方式、方法和技巧，人们平常所说的“领导艺术”、“管理艺术”里面的“艺术”都是这种含义。“公关语言的艺术性”中的“艺术”指的是后一种含义。

公关语言的艺术性是指：公关语言要讲究语言技巧的运用。同日常生活中的语言运用相比，公关语言的这一特点是明显的。在日常生活的言语交际中，对语言技巧通常不必有太高的要求，一般只要辞能达意，能使对方明白就可以了。公关活动对语言表达的要求则要高得多，仅仅让对方明白往往是不能满足公关活动的需要的。

公关语言具有艺术性，这是公关活动的性质决定的。公关活动不仅是一种信息传播的行为，同时也是一种说服、劝导的过程。这一性质要求公关活动中的语言表达不仅要能够准确表述信息，而且要能够打动人心，不仅要让公众知道公关主体想让他们知道的事情，而且要争取获得他们的理解、赞同、支持和合作，只有这样，公关活动才可能达到预期的目标。要取得理想的语言表达效果，使社会公众愿意听从公关主体的意见和建议，甚至要他们放弃已有的成见和误解，转变对公关主体的态度，就必须调动各种语言手段，运用各种语言技巧。语言就好比是一个贮存着各种表达手段和表达形式的原材料仓库，语言运用说到底，就是一个根据交际目的、表达内容以及交际对象和交际环境的特点，在语言原材料仓库中不断进行选择的过程，这种选择至少需要在两个方面进行，一是对异义成分的选择，一是对同义或近义成分的选择。异义成分就是意义不同的语言成分，例如，“大”和“小”、“老”和“少”是词义的不同，“他来了”和“他来了吗”是语气的不同，“他三天才看完”和“他看完才三天”是句子格式意义的不同，语言运用首先需要根据表达内容对这些不同的形式进行选择，以正确表达所要表达的内容。同义或近义成分就是意义相同或相近的语言成分，例如，“爸爸”和“父亲”、“努力”和“竭力”是词义的相同或相近，“他把报纸撕了”和“报纸被他撕了”是句子格式意义的相同或相近，语言运用也需要在这些同义或近义成分中进行选择，以便使内容的表达更准确，更得体。说到底，语言运用技巧就是一种根据表达需要选择语言形式，以谋求最佳表达效果的技能。公关活动与日常生活相比，制约和影响表达形式选择的因素要复杂得多，重大得多。这就使公关语言对语言表达形式的选择过程比日常生活中的同类过程要复杂得多，要求也高得多。要在语言表达中兼顾这些复杂的因素，就必须讲究语言运用技巧。

公关语言的艺术性体现在语言运用的各个方面。在公关活动中，如何称呼他人是需要讲究技巧的。同一个人可以有各种各样的称呼，公关人员应该根据不同情况从中选择最适合的来使用。不那么正式的场合，可以称某个比较熟识的公关对象为“老王”，这样显得亲近；在正式的场合则需要称他为“王教授”、“王老师”或“王处长”等，这样显得正式和尊重。在公关活动中，提问也是需要讲究技巧的。提问的语言表达形式很多，公关人员应该根据不同情况从中选择最恰当的来使用。同样一个问题，用是非问句来提问，就显得直截了当，对方回答时没有太多的选择，这有时会给人以咄咄逼人的感觉；如果改用特指问句，就会给对方较大的选择余地，提问就显得比较委婉、客气。比如“你买这种电脑吗?”对这种是非问句，对方回答时通常只能有肯定和否定两种选择，如果改用特指问句，说成“你想买哪种电脑?”对方回答时的选择范围就要大得多，因而也就显得比较客气。

第三节 公关语言的形式

一、口语和书面语

语言的客观存在形式首先是有声的口头语言，也就是口语。口语是语言的口头形式。但是有了文字以后，语言就有了第二种客观存在形式，那就是书面语。书面语是语言的书面形式。任何一种语言总是先有口语，后有书面语，而且任何一种书面语又都只能是在口语的基础上产生的，并且或迟或早总是要随着口语的发展演变而发展演变。因此，口语是第一性的，书面语是第二性的。

尽管口语是第一性的，书面语是第二性的，但是，也必须指出：书面语既不是口语绝对忠实的记录，也不是口语机械的复制品。简单地认为口语就是口头说出来的话，书面语就是用文字写下来的话，口语和书面语的区别只在于表达所凭借的媒介不同，这也是不全面的，因为口语和书面语有着更为本质的区别。口头交际行为通常是在交际双方面对面的条件下进行的，交际双方的口头表达同时伴随着各种面部表情、手势和体态，还有各种通过语音表现出来的口气和语调，而书面语除了可以用标点符号记录陈述、疑问、感叹这几种最基本的语调外，一般无法记录这些成分，因此，书面语就比口语少了一些表达手段。另一方面，口语由于有语境和面部表情、手势、体态的帮助，可以省略某些语言成分而不至于影响理解和交际，书面语却由于没有这些因素的帮助而不能像口语那样省略这些语言成分，否则对方便难以理解，因此，书面语又比口语多了一些成分。所以，简单地说书面语是口语的书面记录是不确切的。而且，口头交际通常是在现场应对的条件下发生的，为了保证交际的顺利进行，人们总是要尽可能地避免交际过程中出现长时间的沉默，因而交际双方都没有充裕的时间来反复推敲自己的话语。书面交际则不同，在这种交际过程中，交际双方在空间和时间上都是分离开来的，因而书面写作就有比较充裕的时间来进行反复推敲和修改，可以写得比口语更精练、更精确。所以，确切地说，书面语是经过加工、提炼和发展了的语言书面形式。另外，书面语一旦在口语的基础上产生以后就具有相对的独立性，就具有相对独立的发展史。书面语由于克服了口语在空间和时间两方面的局限，就有可能积累起比口语更丰富的语汇、更精密复杂的语法结构和更多样化的表达方式。

书面语和口语在多数情况下是基本一致的。所谓基本一致，指的是基本的语言成分，也就是基本语汇和基本的语法结构是一致的。例如，在汉语里，“人”、“水”、“山”、“太阳”、“月亮”这些基本语汇口语和书面语都使用，主谓句、“把”字句、兼语式、连动式这些语法结构口语和书面语也都使用。但同时也应该看到，任何语言的口语和书面语都不可能完全一致，差别总是存在的。人们都会有这样的经验：能说会道的人却不一定都会写文章，而把文章里的言辞照搬到日常生活的口语里，则往往会使人感到滑稽可笑。这些朴素的经验都说明口语和书面语、说话和写作并不是一回事。

就现代汉语而言，口语和书面语的差别比人们想像的要大得多，这些差别不仅表现在语汇上，而且也表现在语法上。下面是著名相声演员张寿臣的一段单口相声，这段相声比较接近日常生活中的口语，反映了现代汉语口语的一些显著特点：

> 我们街坊有那么两口子，这个女的，嗬！这份儿馋哪，少有。一天到晚没别的事儿，就惦记着吃。
>
> 这天中午，男的回家吃饭，女的在窗户那儿坐着，看外头下雪。男的吃完饭还得出去呀，就问女的：“哎，外边儿下雪了？”
>
> “啊，下雪了。”
>
> “下多厚了？”
>
> “有煎饼那么厚了吧。”
>
> 男的呆了一会儿又问：“下多厚了？”
>
> “有烙饼那么厚了吧。”

男的吃完饭，穿好了衣服又问："现在雪有多厚了？"

"有烧饼那么厚了。"

男的火儿了，啪！给女的一嘴巴："你怎么总也忘不了吃啊！"

女的捂着嘴巴子："哎，说着好好儿的话，怎么给我来个锅贴儿吃啊！"

这段相声里的一些口语语汇，如"两口子"、"得（děi）"、"嘴巴子"等，在书面语里是不用或很少使用的；有些句子形式，如"这份儿馋哪，少有"、"给我来个锅贴儿吃"等，在书面语里也很少能够见到。另外就是所有的句子都比较短，停顿很多。

书面语的情况则明显不同，下面是《中共中央关于加强社会主义精神文明建设若干重要问题的决议》中的两段文字，这些文字是比较典型的书面语，反映了现代汉语书面语的一些显著特点：

邓小平建设有中国特色社会主义理论，是马克思列宁主义基本原理与当代中国实际和时代特征相结合的产物，是毛泽东思想的继承和发展，是当代中国的马克思主义，是我们党在新时期各项工作的根本指针和中华民族振兴的强大精神支柱。全面、正确、积极地坚持和实践这一理论，是我们党和国家经受住各种风险考验，实现社会主义现代化的根本保证。

社会主义思想道德集中体现着精神文明建设的性质和方向，对社会政治经济的发展具有巨大的能动作用。在改革开放和现代化建设的整个过程中，思想道德建设的基本任务是：坚持爱国主义、集体主义、社会主义教育，加强社会公德、职业道德、家庭美德建设，引导人们树立建设有中国特色社会主义的共同理想和正确的世界观、人生观、价值观。我们现在建设和发展有中国特色的社会主义，最终目的是实现共产主义，应当在全社会认真提倡社会主义、共产主义思想道德。同时要把先进性要求同广泛性要求结合起来，鼓励支持一切有利于解放和发展社会主义社会生产力的思想道德，一切有利于国家统一、民族团结、社会进步的思想道德，一切有利于追求真善美、抵制假恶丑、弘扬正气的思想道德，一切有利于履行公民权利与义务、用诚实劳动争取美好生活的思想道德，团结和引导亿万人民积极向上，不断提高全民族的思想道德水平。

这段文字中的许多书面语语汇，如"产物"、"振兴"、"指针"、"体现"、"具有"、"能动"、"最终"、"弘扬"、"履行"等，在日常口语中是不用或很少使用的；有些语法现象，如"建设和发展有中国特色的社会主义"这种两个动词共带一个宾语的格式，"毛泽东思想的继承和发展"这种按名词的模式来使用动词的现象，"全面、正确、积极地坚持和实践这一理论"这种多项状语并列的现象等，都是日常口语中很少能够见到的。此外就是长句，特别是复杂的长定语很多，如"马克思列宁主义基本原理与当代中国实际和时代特征相结合的产物"，"我们党和国家经受住各种风险考验，实现社会主义现代化的根本保证"，"一切有利于履行公民权利与义务、用诚实劳动争取美好生活的思想道德"等，这些在日常口语中都是难以见到的。

口语和书面语各有特点，二者都有各自适合的交际环境和用途，它们都是一种高度发展的语言所必须具有的存在形式。重书面语而轻口语，或者重口语而轻书面语，都是不正确的。

二、公关口语和公关书面语

公关语言有公关口语和公关书面语两种形式。公关口语是公关活动中的口语运用，公关书面语是公关活动中的书面语运用。公关口语和公关书面语在公关活动中都有重要的作用。

公关口语与日常生活口语的主要区别在于，前者具有语体多样化的特点，后者的语体特征则比较单一。依照交际环境和语言特征的不同，口语语体大致可以分为家常语体、事务性社交语体和正式语体三种。

家常语体是一种比较随意的口语形式，家庭成员之间、朋友熟人之间和邻里之间的日常生活对话所使用的通常就是这种口语变体。这种变体发音比较随便，一些非重读音节发得含混甚至出现脱落，话语中很少使用带有书面语色彩的词汇，多用口语词汇和比较土俗的词语，很少使用连词。话题转换往往比较突然，有跳跃感，常常没有表示话题间逻辑关系的过渡和预示。下面是一段家常对话录音的文字记录：

甲：她要上哪儿，上香山？

乙：要是上香山她倒去，小丁子也不去呀。上香山，香山去过没有你？

甲：香山我还是原来去过的呢。

乙：还是就是上山，还得坐那缆车什么的，好几块钱一个，到那儿去你说照什么去，照大山去呀？

丙：嗐，不行带你们家孩子。嗨，我跟你说。

乙：你待会儿一人带一孩子。

甲：上宣武艺园。

丙：哎，宣武艺园。

甲：照点儿相去，把这卷儿我就怕这卷儿不行了，赶快的照完了完了。

乙：照完了待会儿再洗好几十块，干吗呢？

甲：噢，那您说，噢该花钱不花！

乙：不价。您瞧您那样儿，那寒碜劲儿的，今儿打扮的这份儿怯。

甲：怎么寒碜呀？

乙：你给他穿上点儿像样儿的衣服，穿个破线衣就来了。

丙：行了行了，不是就……他就是为带他们家孩子玩，您就答应就行了。

事务性社交语体是一种比较正式的口语形式，商谈工作、谈判、采访、咨询所使用的通常就是这种口语变体。这种变体发音比较清晰，话语中使用一些带有书面语色彩的词汇，很少使用土俗词语，不大使用连词。话题转换时往往有简单的过渡和预示，如“还有个问题”，“另外有件事”等。下面是一段审理案件时法官与被告谈话录音的文字记录：

甲：还有个问题，我就觉得你要说程芳是我们单位的人，是吧？马涛呢，也是。

这俩都是我们的人。就拿这张介绍信，假如啊，我这么作一个假设来讲，假设根本没有这种事儿，这些录音机也没要，他们就这么填一东西拿到法院，到时候我也得乖乖儿地赔，我说这个问题我就觉得——

乙：即使是那种情况，你没有足够证据证明是莫须有的事儿，他们就谁，就出于某种目的写这么一收据，那现在只能按有证据来说。以后如果说有谁，就说是程芳，或者是马涛，他要再提出这个问题来，那你们再——

甲：程芳提出过这个问题，我说你跟法院提了吗？她说提了。她说这事儿啊，谁知道马涛跟他们什么关系，有点儿愁。

乙：愁不愁提机子那次程芳在场，也传她来问过，她提走了没错儿吧？

甲：那程芳再配合他们一块儿跑这儿来——

乙：那你要都这么说就没法儿说了。你现在穷得丁当乱响，你怕要钱来，那不行。要钱来该要的还得要。

甲：我并不是怕要钱。我觉得这事儿啊，实在对于我们公司来讲——

乙：你说委屈也好，冤枉也好，这你说。要说这是捏造事实，上这儿来骗钱，我没有理由来证明。至于你说有委屈，那也是你本身，你上级单位，你负，咱们就按你负清理债权债务这个责任。说你刘海东，你拿着录音机没说清，我们并没这样讲，对不对？现在的问题，马涛欠的债务，你作为上级单位应该负责。

正式语体是正式程度最高的口语形式，演讲、作报告、讲学、在宴会、典礼、会议上致辞或发言所使用的通常就是这种口语语体。这种变体发音清晰，多用书面语词汇，很少使用带有口语色彩的词汇，不用土俗词语，多用连词。口语的正式语体有尽可能向书面语靠拢的倾向，除了由即席表达而带来的那些口语特点之外，在其他方面都可以说是书面语化了的，从一定程度上说，这种口语实际上是书面语的一种口头形式。下面是一段某人在一次座谈会上发言录音的文字记录：

刚才呢，几位同志都谈了，我也有很多同感和大家，我也和大家有很多同感，就是在残疾人之间，在残疾人和健康人之间，架起一座理解的桥梁。我觉得呢，这个，是我们的节日啊，最主要的目的。我们呢，特别强调，人与人之间的相互理解，特别强调，对残疾人的理解。我觉得这个呢，不是，呃，一种这个，没有针对性的说法。我想啊，特别不容易被人理解的人就特别渴求理解。我们中国的残疾人哪，人数相当多，我想，应该在世界上总是占第一位的。那么，这样大量的残疾人，在解放以后，他们的面貌得到了逐步的改善，可以说，我们前几十年吧，应该说，多数残疾人得到了一个温饱的环境，尽管这个环境呢，是一种低层次的。随着十一届三中全会以来，随着我们国家，这个，工作重心转移到经济建设上来，我们整个国家有了一个长足的进步。那么，残疾人的工作状况，和，残疾人所处的环境也有了很大的改变。

日常生活口语通常只有家常语体，公关口语在语体上没有严格的限制，既可以选择正式语体和事务性社交语体，也可以选择家常语体，选择什么样的口语语体要根据话题、公关对象的特征以及公关活动的场合来决定。这就要求公关人员要提高自身的语言修养，掌握多种口语语体，以便能够在各种交际环境中保证口语表达的得体。

公关书面语也具有语体多样化的特点。书面语也分为各种不同的语体。大致说来，书面语可以分为政论语体、科学语体、文学语体、公文语体、说明语体和新闻语体等几种。这些书面语语体是为了适应不同使用领域的特点和要求而形成的，因而无论在用词上还是在表达方式上都各自有各自的特点。例如，同是讲述一个人，下面两段文字表现出政论语体和文学语体的明显不同：

白求恩同志是加拿大共产党员，五十多岁了，为了帮助中国的抗日战争，受加拿大共产党和美国共产党的派遣，不远万里，来到中国。去年春上到延安，后来到五台山工作，不幸以身殉职。一个外国人，毫无利己的动机，把中国人民的解放事业当作他自己的事业，这是什么精神？这是国际主义的精神，这是共产主义的精神，每一个中国共产党员都要学习这种精神。列宁主义认为：资本主义国家的无产阶级要拥护殖民地半殖民地人民的解放斗争，殖民地半殖民地的无产阶级要拥护资本主义国家的无产阶级的解放斗争，世界革命才能胜利。白求恩同志是实践了这一条列宁主义路线的。我们中国共产党员也要实践这一条路线。

——毛泽东《纪念白求恩》

他的身量与筋肉都发展到年岁前边去；二十来的岁，他已经很大很高，虽然肢体还没被年月铸成一定的格局，可是已经像个成人了——一个脸上身上都带出天真淘气的样子的大人。看着那高等的车夫，他计划着怎样杀进他的腰去，好更显出他的铁扇面似的胸，与直硬的背；扭头看看自己的肩，多么宽，多么威严！杀好了腰，再穿上肥腿的白裤，裤脚用鸡肠子带儿系住，露出那对“出号”的大脚！是的，他无疑的可以成为最出色的车夫；傻子似的他自己笑了。

——老舍《骆驼祥子》

再如，同是说明器物的特征，下面两段文字表现出说明语体与文学语体的明显差异：

1. 采用健康负离子发生功能及换新风技术，室内空气更加新鲜。

2. 面板控制盘采用 LCD 七色背光源显示，运转状况一目了然，具有夜视功能。

3. 新型外观设计，给你最新享受。

4. 具有停电补偿功能，当设定停电补偿功能后，整机运行过程中突然停电，再次恢复供电时，整机恢复原来的工作状态。

5. 具有远程控制功能，在异地通过电话网实现对空调器的有效控制。

6. 空调在关机状态下，导风板自动闭合，防止灰尘进入。

7. 具有 UV 光除菌功能，采用 UV 光强力除菌。

——《海尔空调器产品说明书》

“七板子”规模虽不及大船，但那淡蓝色的栏杆，空敞的舱，也足系人情思。而最出色处却在它的舱前。舱前是甲板上的一部，上面有弧形的顶，两边用疏疏的栏杆支着。里面通常放着两张藤的躺椅。躺下，可以谈天，可以望远，可以顾盼两岸的河房。大船上也有这个，但在小船上更觉清隽罢了。舱前的顶下，一律悬着灯彩；灯的多少，明暗，彩苏的精粗，艳晦，是不一的，但好歹总还你一个灯彩。这灯彩实在是最能勾人的东西。夜幕垂垂地下来时，大小船上都点起灯火。从两重玻璃里映出那辐射着的黄黄的散光，反晕出一片朦胧的烟霭；透过这烟霭，在黯黯的水波里，又逗起缕缕的明漪。在这薄霭和微漪里，听着那悠然的间歇的桨声，谁能不被引入他的美梦去呢？

——朱自清《桨声灯影里的秦淮河》

公关书面语在语体上具有开放性，各种书面语体都可以为其所用。在公关活动中，需要根据公关活动的目的、公关对象的特点以及表达内容的需要，选择适当的书面语体进行公关文书的写作。例如，讲演稿的写作就不能采用公文语体或说明语体，广告词的写作就不宜采用政论语体或公文语体，与其他社会组织的来往信函就不能采用文学语体。语体选择的恰当得体，是公关文书写作的基本要求之一。这就要求公关人员必须提高自身的文字素养，必须能够驾驭各种不同的书面语语体。

【关键概念】

公共关系　语言　公关语言　口语　书面语

【复习思考】

1. 公共关系的性质以及公关活动的主要特征是什么？
2. 如何理解语言的结构性质和社会功能？
3. 如何认识公关语言的性质？
4. 公关语言有哪些重要特征？
5. 如何认识口语和书面语的性质？
6. 公关口语和公关书面语的主要特点是什么？

第二章

公关语言与言语交际

[本章提示]

(1) 认识言语交际的性质和过程，了解言语交际的各种模式及其特点，掌握言语交际的合作原则和礼貌原则；(2) 认识言语行为的性质，了解有所为之言的形式；(3) 领会公关语言的各项语用原则，了解这些原则对公关语言表达提出的具体要求。

第一节　言语交际的过程、模式和原则

一、言语交际

言语交际是人们使用语言进行交际的行为，是运用语言来传递信息、交流思想、沟通情感的社会活动。言语交际是在说话人和听话人、作者和读者之间进行的，因此既包括使用语言进行表达，也就是说或写的行为，也包括使用语言进行理解，也就是听或读的行为。

言语表达是一个根据表达需要，从语言系统中选择表达形式来传递思想和情感的过程。说话似乎是每一个正常人与生俱来的能力，是再平常、再自然不过的一件事情。但如果深入进行分析，说话和写作实际上是一个复杂的过程。这一过程包括多个层面上的选择，大致说来包括各类语言变体的选择、话语结构的选择、词语的选择、词语组合形式的选择等等。

语言变体的选择是指言语表达时要选定最适合表达内容和交际环境的语言形式。语言

变体的选择首先是语体的选择。如果是口头交际，就要根据与交际对象的关系以及表达内容和交际场合的正式程度选择恰当的口语语体来进行表达。当交际对象是好友或熟识的人，谈论的话题比较轻松，交际场合比较随意时，人们自然会选择家常语体；当交际对象是领导或客户，交谈的话题是工作或生意时，人们自然会选择事务性社交语体；当在座谈会上发言，或者在庆典仪式上致辞，或者正式接受记者的采访、提问时，人们自然会选择正式语体。如果是书面表达，就要根据交际目的、交际对象的特点和表达内容选择适当的书面语语体来进行表达。如果是撰写规章制度，就需要选择公文语体来进行写作；如果是撰写产品说明书，就需要选择说明语体来进行写作；如果是撰写广告词，就要根据需要综合运用说明语体、文学语体、新闻语体等多种语体的表达形式来进行写作；如果是撰写演讲稿，就要根据需要综合运用政论语体、文学语体、科学语体等多种语体的表达形式来进行写作。语言变体的选择还包括对语言的地域变体和社会变体的选择。乡音总是会让人感到亲切，说相同的方言，会拉近陌生者之间的心理距离。与工人农民交谈，就应该采用他们习惯的表达形式，过于文绉绉，有可能让对方感到做作；与知识分子交谈，就应该相应提高表达的文雅程度，过于随意的表达，有可能让人觉得粗俗。从这个角度说，的确应该“见什么人说什么话”。

话语结构的选择是指言语表达要选定合适的结构安排，当表达的内容比较复杂时尤其应该注意这种结构安排。话语的结构安排就是对话语的组织，就是根据客观情况决定哪些内容先说，哪些内容后说，哪些内容要多说一点，哪些内容说到即可。同样的话语，结构安排不同，表达效果就可能不同。《战国策·赵策》中“触龙说赵太后”一节就很能说明这个问题。战国时，赵国的赵太后当政不久，秦国发兵进犯，形势非常危急。赵国向齐国求救，齐国却要赵太后最疼爱的小儿子长安君为人质，才肯出兵来救。太后舍不得让长安君去做人质，大臣们纷纷劝说太后以国事为重，太后却始终不为所动，并警告说：“有复言令长安君为质者，老妇必唾其面!”这时左师触龙求见，太后一脸怒气地见了他。触龙避而不谈长安君之事，而是先从太后的饮食起居谈起，于是“太后之色少解”。接着他又托太后关照他的小儿子舒祺，并说自己疼爱小儿子“甚于妇人”，于是太后有终逢知己之感，脸上也有了笑容，并主动与触龙谈论起疼爱子女的问题。触龙因势利导，向太后指出：父母疼爱子女，就应该为他们的长远着想。君侯的子孙如果“位尊而无功，奉厚而无劳”，便难以继承祖先的基业，长安君现在就处在这样的危险之中。只有令其有功于国家，长安君在太后百年之后，才能够自立于赵国。触龙的话使赵太后翻然醒悟，终于同意长安君入齐为人质。如果触龙不是这样来安排他对赵太后的劝说，而是一上来就搬出应该令长安君有功于国家之类的道理，其结果很可能说服不了赵太后，反而会遭受“唾其面”的羞辱。

词语的选择是指言语表达要选择恰当的词语，避免词不达意。词语是话语最基本的构成材料，词语的使用是否恰当直接关系到言语表达的效果。词语的选择首先要保证词义选择的正确。2004 年 8 月 28 日中国运动员刘翔在雅典奥运会上夺得男子 110 米栏的金牌，同日，中央电视台播出了一台庆祝这一胜利的专题节目，节目中一位特邀嘉宾说：“刘翔是我们中国人的骄傲，也是所有亚洲同胞的骄傲”，“同胞”的意思是指同一个国家或同一个民族的人，这里的“同胞”显然用得不正确。词语的选择还涉及词义轻重的选择。有些词语意思差不多，但词义的轻重不同。例如，答应帮助别人去做某件事情时，说“我会努力去办的”和说“我会竭尽全力去办的”，由于“努力”和“竭尽全力”轻重不同，表达出的诚意也就不同。词语的选择还涉及词义侧重点的选择。有些词语的意义相近，但各自强调和突出的方面或重点不同。例如，“改善”和“改进”都指改变原有的状况，使其更符合人们的愿望，但“改善”强调使其更好一点，“改进”则强调使其更进步一些。词语的选择还涉及褒贬色彩的选择。有些词语有很明显的褒贬色彩，选择不当，会使人对说话者的态度产生误解。例如，“始作俑者”是一个贬义词，意指首开恶例的人。如果本想称赞一个人开创了某项有益的事业，却说成“他是这方面的始作俑者”，别人就会误以为是在贬斥这个人。词语的选择还涉及语体色彩的选择。有些词语意思基本相同，但语体色彩不同，选择不当，说出的话就让人感到别扭。例如，“聪明”和“聪颖”意义相近，但“聪明”是一个通用词，没有明显的语体色彩，“聪颖”则有明显的书面语色彩，日常口语是不用的。如果一个人对邻居说“你的女儿真聪明！”邻居一定很高兴，但如果说“你的女儿真聪颖！”邻居就可能先是不知所云，继而哑然失笑。

词语组合形式的选择是指言语表达要选择恰当的词语组合方式。单个的词语一般只能表达单一的概念，要表达一个比较复杂的概念或一个比较完整的意思，就必须把若干词语组合在一起，构成词组和句子。同样的词语，用不同的组合形式把它们组织起来，言语表达的效果就可能不同。例如，“屡战屡败”表现的是垂头丧气，一筹莫展；“屡败屡战”表现的则是斗志昂扬，不屈不挠。又如，如果认为某一犯有过失之人应该从轻发落，就可以说“虽法无可恕，但情有可原”；如果认为应该依法惩处，就应该说“虽情有可原，但法无可恕”。

言语理解是一个根据听到或读到的语言表达形式，理解表达者的思想和情感的过程。言语理解需要多方面的条件。

首先，必须掌握表达者所使用的语言变体，懂得听到或读到的那些词语，知道在句子中这些词语之间是什么关系，了解表达者所使用的修辞手段的用法等。

其次，要善于运用语义推理来推导表达者话语中的言外之意。语义推理是指根据句子之间的语义关系，推知句子字面意义之外的意义。常见的语义推理是根据句义之间的蕴涵和预设关系来对言外之意进行推理。蕴涵关系是指：就话语本身所表达的意义而言，有句义甲就必然有句义乙。利用这种句子意义之间的语义关系，可以对句子的言外之意进行推理，例如，某人说“苏洵是苏轼的父亲”，根据蕴涵关系，就可以推知“苏轼是苏洵的儿子”；某人说“图书馆在教学楼的北边”，根据蕴涵关系，就可以推知“教学楼在图书馆的南边”。预设关系也是指：就话语本身表达的意义而言，有句义甲就必然有句义乙。预设与蕴涵的区别在于：蕴涵包含在句子的断言范围之内，是句子的基本信息；而预设不在句子的断言范围之内，是句子的背景信息。利用句子意义之间的预设关系，可以对句子的言外之意进行推理，例如，某人说“老王又来了”，根据预设关系，可以推知“老王以前来过”；某人说“我们的生活将更加美好”，根据预设关系，可以推知他认为“我们现在的生活是美好的”。

最后，要善于运用语用推理来推导表达者话语中的言外之意。语用推理指的是根据社会公众共同遵守的一些言语交际原则来对言外之意进行推理。例如，言语交际的合作原则中有一条“质量准则”，该准则是说：在言语交际中不能说自知是虚假的话。如果某甲问某乙：“某某人怎么样？”某乙实际上对某某人的评价并不高，而且他知道自己的这一看法某甲是十分清楚的，但他却回答说“某某人好极了”，由于某甲知道某乙是在故意违背言语交际的质量准则，因而可以推知他说的是反话，实际上他要表达的意思是：某某人不怎么样。

公关语言是公关活动中的语言运用，公关活动在很大程度上就是公关主体与公关客体之间的言语交际活动，公关主体与公关客体之间的相互沟通和理解都需要通过这种交际过程来实现。了解言语交际的一般情况，了解和掌握言语交际所需的各种能力和技巧，对提高公关人员的专业素质，对保证公关活动的顺利进行，公关目标的圆满实现都是很有意义的。

二、言语交际的过程

言语交际过程就是人运用语言进行说和听、写和读的过程。从信息传递的角度看，言语交际就是交际双方发送和接收信息的过程，这一过程包括编码、发送、传递、接收、译码五个环节。

1. 言语编码

言语编码是把要表达的内容与恰当的语言形式结合在一起的过程。语言形式是信息的载体，表达者为了传达某种信息，需要在语言系统中寻找合适的词语，然后按照语法规则把这些词语组合成句子，使要表达的内容依附在语言形式上，这样它们才有可能被传递给对方。言语编码过程的关键是要能够选择正确而恰当的语言形式，否则会“词不达意”。

2. 言语发送

言语发送是通过发音或书写使信息物化，从而能够为人的感觉器官所感知的过程。编码完成后，表达者需要把编排好的句子通过人的发音器官用语音形式表现出来，或者通过书写用文字表现出来，在这个言语发送过程中，原本无形的、看不见、摸不着的信息、思想、情感获得了有形的物质形态，从而才有可能被传递、被理解。言语发送过程的关键是要能够正确发音或书写文字，否则即使编码正确，也无法准确传递信息。

3. 言语传递

言语传递是信息从表达者向听者或读者传送的过程。在这一过程中，如果使用口语，则口语的声波负载着语义内容借助空气或电路传向听者；如果使用由文字表达的书面语，则书面语的文本通过送交、投寄、张贴等渠道传向读者。言语传递过程的关键是要尽可能排除噪音、误投等各种干扰，以保证信息传递的可靠性。

4. 言语接收

言语接收是听者或读者的听觉器官或视觉器官接收传送过来的语言形式的过程。语言形式通过空气、电波或文字传递到听者或读者那里，在声波或视觉符号的刺激下，人的听觉器官或视觉器官便开始接收工作。言语接收过程的关键是接收者必须具备正确识别语言符号以及文字的能力，否则接收工作就无法完成。

5. 言语译码

言语译码是将接收到的语言形式还原为语义内容，从而理解表达者所表达的意思的过程。这个语义内容的还原过程涉及人的语言能力的诸多方面，如对词语的识别和理解，对语法结构规则和语义结构规则的掌握，以及进行语义推理和语用推理的能力等。言语译码过程的关键是听者或读者必须能够正确运用相关的语言知识，否则会造成对表达者意思的误解。

在上述五个环节中，言语编码和言语发送是说者或作者方面的，言语接收和言语译码是听者或读者方面的，言语传递则处于说者、作者与听者、读者之间。现实中的言语交际一般都是由这五个环节构成的，比较复杂的言语交际过程不过是这五个环节的循环往复而已。五个环节中的任何一个发生偏差，交际一方的思想就难以被对方正确理解。曾经流传这样一个笑话：

在旧社会，有位别字儿先生，花五千两银子捐了个知县。有一天，来了三个打官司的，其中的原告叫金止未，被告叫郁卞丢，保人叫于斧。别字儿知县拿起状子一看，三个人的名字都不大认得，硬着头皮蒙吧。只见他把惊堂木一拍，一声断喝：

"带……"

应该先带原告金止未，他却念成：

"带——全上来！"

衙役一听，就连原告带被告加保人，唏哩呼噜都给带上来了。这位知县一看就纳闷了，心说：我怎么叫一个，却上来仨呀？于是他又叫被告郁卞丢，却念成：

"都下去！"

衙役一听，又唏哩呼噜把人都给带下去了。这回这知县更糊涂了，心说：怎么我叫一个，你们把仨都带下去了？他正在这儿纳闷呢，赶巧师爷外出回来了。师爷绕到知县身后，一看状子，知道这位老爷又念别字儿了。他赶紧趴在知县的耳朵边上小声说：

"老爷，您念错了，原告叫金止未，被告叫郁卞丢，不是全上来，都下去。"

知县吃了一惊，赶紧问：

"那保人叫什么呢？"

"叫于斧。"师爷回答说。

知县一听，吓得一吐舌头，说了一句话，把大家全逗乐了：

"哎呀，多亏你早来一步，你要是再晚来一会儿，这保人'于斧'，我就喊他'干爹'啦！"

这位别字儿知县由于不具备正确识别文字的能力而在信息接收过程中出现差错，这一差错继而又导致他在信息编码过程中失误，使衙役完全误解了他的意思，闹出了笑话。

公关活动离不开言语交际，了解言语交际的过程，抓住这一过程中每个环节的关键，采取正确的应对措施，对保证言语交际的顺利进行，从而保证公关目的的实现有重要的意义。

三、言语交际的模式

任何交际活动都是通过某种手段和方式在交际者之间传递和交流信息的行为，因而任何交际活动都包含两个要素，一是交际的手段和方式，二是交际者。言语交际同样如此。根据交际手段、方式的不同，以及交际者特征的不同，可以把言语交际活动分为若干模式或类型。从公关活动的角度来看，比较重要的言语交际模式有：

1. 口头交际和书面交际

根据言语交际所使用的语言形式的不同，可以把言语交际分为口头交际和书面交际。口头交际就是采用口头表达形式进行的交际活动，书面交际就是采用书面表达形式进行的交际活动。口头表达是用嘴来说的和用耳朵来听的，书面表达是用手来写的和用眼睛来看的，所以二者的存在环境有所不同；口头表达要借助声波，而声波是一发即逝的，书面表达则是写在纸上或其他坚实物体之上的，可以长久保存，所以二者凭借的物质条件是不同的。存在环境和物质条件的不同使口头交际和书面交际具有一系列不同的特点。口头交际在不借助现代化录音和通讯手段的条件下，要求交际双方在时间和空间上都不能分离，书面交际则不受这种限制。例如，书信往来时，写信人和收信人之间通常存在较大的空间距离，甚至是千山万水；写信和读信一定是在不同的时间内进行的，相隔时间长短不限。在这一点上，书面交际要比口头交际更为便利。口头交际对物质条件没有特殊的要求，书面交际则要求有书写工具、写作时间和传送渠道，在这一点上，口头交际又要比书面交际更为便利。口头交际对交际者的基本要求不高，每个有正常听说能力的人都有能力参与，书面交际则至少要求交际者不能是文盲，对表达一方的要求就更高，因为写文章和说话是两回事，说话的能力可以自然而然地获得，而写作能力通常需要通过学校的语文教育才能获得。口头交际的内容在不借助录音设备的条件下，无法完整、详实地保留下来，无论是说者还是听者，都无法反复对其进行推敲和查验，因而口头交际具有一定的随意性，书面交际的内容是给人看的，而且可以反复看，反复推敲，反复查验，所以书面交际中表达者要更为慎重。口头交际的适用领域比较广泛，既可以用于比较正式的场合，也可以用于日常生活的场合，书面交际通常只用于比较正式的场合。

2. 人际交际和大众传媒交际

根据是否借助大众传播媒介，可以把言语交际分为人际交际和大众传媒交际。人际交际是不借助大众传播媒介而直接在人和人之间进行的交际活动，大众传媒交际是借助大众传播媒介把交际双方连接起来的交际活动。大众传播媒介指能够在大范围内进行信息传播，广泛影响社会大众的传播手段，例如广播、电视、电影、报纸、刊物、书籍、文件以及互联网等。人际交际和大众传媒交际在信息传播范围的大小、对公众影响力的强弱、对言语表达要求的高低、传播成本的高低等方面都有所不同。人际交际的信息传播通常会受到空间距离的明显影响，其范围通常是比较小的，往往仅限于交际的参与者和他们周围的人，虽然也可以通过一传十、十传百的方式流传开来，但这需要一定的时间；现代大众传播媒介依靠先进的科学技术，可以跨越时空向世界的每个角落传送各种信息，使不同地区人群之间的空间距离大为缩小，因而大众传媒交际可以在很短的时间内将信息传播到广大的范围之内，影响的人可以数以亿计，例如，雀巢咖啡的广告词“味道好极了”，借助电视的覆盖能力，在中国大陆几乎家喻户晓。报纸、书刊、广播、电视这些大众传播媒介具有程度不同的权威性，人们普遍认为由这些权威性的媒介发布的信息具有较高的可信度，因而大众传媒交际对社会公众的影响力通常要明显大于人际交际。在权威电视台上发布的信息与口耳相传的信息，对公众的影响力自然不同；在有影响的报刊上发布的消息与街头小广告上说的话，在信息的可信度上必然悬殊。大众传播媒介上发布的信息传播范围广，影响力大，权威性高，因而大众传媒交际对言语表达也就有更高的要求。更何况，在人际交际中，言语表达即使出现失误，一般也可以立刻纠正，而不会造成严重的后果，但对大众传媒交际而言，言语表达一旦出现失误，所造成的不利影响便很难挽回。所以大众传媒交际的言语表达要更为谨慎，必须反复斟酌和推敲。人际交际不需要依靠特殊的物质条件，因而信息传播成本低廉。大众传媒交际依赖报纸、广播、电视等方面的资源，因而信息传播的成本比人际交际要高昂得多。据《北京晨报》2004 年 11 月 19 日报道：在 2005 年度中央电视台黄金段位广告招标中，统一润滑油竞得元旦春节期间“天气预报”和“焦点访谈”之间时段的广告播发权，费用是 3 600 万元人民币；娃哈哈集团公司竞得全年的黄金档电视剧冠名权，费用是 1.69 亿元人民币；宝洁公司则是该年度在央视占据最多黄金广告时段的企业，费用是 3.8 亿元人民币。

3. 直接交际和间接交际

根据交际双方是否通过第三者转达，可以把言语交际分为直接交际和间接交际。直接交际是交际双方直接交流和沟通的交际活动，间接交际是交际双方通过第三者转达而不直接接触的交际活动。信息传播理论认为：信息传递的环节和层次越多，信息失真的可能性就越大。有人曾做过这样一个实验：拿一张图给一个被试者看，然后让他根据记忆画出来，再将这张由被试者画的图传给第二个被试者看，让他根据记忆再画一张，然后传给第三个被试者看。传到第四个人时，画出的图已经与原样有很大的差别了。可见，每增加一次传递，信息就会丢失一点，传到最后甚至有可能失真到面目全非。直接交际中交际双方直接接触，信息的传递不需要通过中间环节，干扰少，信息不容易失真；同时，可以当场获得对方的反馈，当场了解对方的态度，便于及时调整自己的言语表达以获得最佳效果，这对表达和理解都是比较有利的。间接交际中交际双方或一方的意见、态度需要第三者转达，信息传递多了中间环节，干扰多了，信息就容易丢失和失真；同时，交际双方也无法及时获得对方的反馈，无法及时得知对方的态度，无法根据情况的变化及时调整言语表达，这显然对表达和理解都是不利的。但由于间接交际中交际双方并不直接接触，这就为双方留下了回旋和缓冲的余地，还可以避免直接交际中可能发生的冲突和难堪，所以间接交际常常比直接交际显得更加委婉、更加策略。

4. 单向交际和双向交际

根据在交际活动中表达思想、传递信息是单方面的还是双方面的，可以把言语交际分为单向交际和双向交际。单向交际是交际双方中只有一方是思想的表达者、信息的传递者，另一方只是单纯的接受者。在这种交际模式中，信息只来自一个方向。例如，口头交际中的电视讲话就属于单向交际，在这种交际活动中，讲话者是唯一的信息发布者，电视观众只能接受讲话者传递的信息，而不能向讲话者传递信息。双向交际是交际双方都既是思想的表达者、信息的传递者，同时又是对方思想表达和信息传递的接受者。在这种交际模式中，说话人和听话人的角色是随时相互转换的，因而信息来自两个或多个方向。例如，口头交际中的对话就属于双向交际。单向交际常常发生于交际一方为较大人群，而另一方为一人或数人的交际场合，比较适合于向较大人群比较完整、系统地说明某种思想、某一计划等。双向交际则常常发生于交际双方人数基本对等的交际场合，适合于交际双方及时的交流和沟通。

5. 个人交际和非个人交际

根据交际者在交际活动中担任的角色，可以把言语交际分为个人交际和非个人交际。个人交际是交际双方只以个人身份参与的交际活动，非个人交际是交际双方中至少有一方是以社会组织代表的身份参与的交际活动。日常生活中的家常对话是典型的个人交际，公关活动中的言语交际是典型的非个人交际。个人交际只涉及私人之间的关系，一般不会造成社会影响；非个人交际则涉及个人和组织、公众和组织或组织和组织之间的关系，有可能产生一定的社会影响。所以，个人交际可以是比较随便的，而非个人交际则需要谨慎对待。

由于上述言语交际模式并不是按照同一个标准划分出来的，它们之间就难免会有交叉现象。例如，公益广告的发布，从使用的语言形式上看可能是书面交际，从是否借助大众传播媒介上看是大众传媒交际，从交际的方向特征上看是单向交际，从交际者的角色上看是非个人交际。又如，口头交际可以是个人交际，也可以是非个人交际；可以是单向交际，也可以是双向交际；可以是直接交际，也可以是间接交际。

公共关系是依靠言语交际来建立和维系的，公关活动是以言语交际为基本手段的。在公关活动中，根据公关目的、公关对象的特点、公关活动的环境以及资金投入大小来选择适当的言语交际模式，对取得良好的公关效果有重要的意义。

四、言语交际的基本原则

要保证言语交际的顺利进行，交际双方除了要遵守语言的各种结构规则之外，还需要遵守言语交际的语用原则。否则即使能够懂得对方的话语，言语交际也难以取得良好的效果，甚至难以继续下去。言语交际的基本原则主要有合作原则和礼貌原则。

1. 合作原则

美国语言哲学家格赖斯认为：人们在言语交际中总是互相合作的，要使交际能够进行下去并达到相互理解，交谈双方必须具有共同的愿望，必须互相配合。在这一认识的基础上，通过研究人们的言语交际过程和结果，他总结并提出了言语交际的“合作原则”。

格赖斯认为人们在言语交际中遵守的合作原则包括“数量”、“质量”、“关联”、“方式”四个范畴，每个范畴又包括一条准则，有些准则还包括若干条次准则。

（1）数量准则

数量准则的要求是：所说的话的信息量应该是适量的。数量准则包括两条次准则：①所说的话应包含交谈目的所需要的信息；②所说的话不应该包含多于需要的信息。

违反数量准则就有可能影响言语交际的效果。例如，一顾客问某超市售货员：“你们这儿有薄棉袜吗?”售货员回答：“自己到架子上找去!”结果顾客很不满意，因为这位售货员违反了数量准则的第一条次准则，没有提供顾客所需要的信息，而且态度粗暴。又如，一顾客问某推销员：“这两种圆珠笔哪种质量好?”推销员便滔滔不绝地说开了：“买圆珠笔不能只看外观，中看不中用不是花冤枉钱嘛。这种圆珠笔外观是差点儿，但比那种好用，所以说呢，还是这种质量要好一些。您用圆珠笔的时候，千万别太用力，要不笔容易坏，也别在硬东西上划，那样笔尖上的小滚珠容易损坏，写起来就不流利了……”这位推销员还在热情地介绍着，顾客却早已不耐其烦，因为推销员违反了数量准则的第二条次准则，说了一大堆顾客并不想听的话，耽误了顾客的时间。

（2）质量准则

质量准则的要求是：所说的话的内容应该是真实的。质量准则包括两条次准则：①不要说自知是虚假的话；②不要说缺乏足够证据的话。

违反质量准则就有可能影响言语交际的进行和效果。例如，某甲问某乙："你知道李华去哪儿了吗?"某乙明明知道李华去学校了，却回答说："我不知道。"某乙违反了质量准则的第一条次准则，在言语交际中持不合作态度。又如，2004 年，中央电视台曾播出一则某大型客车的广告，广告中说这一品牌的大型客车"每年累计行驶 70 亿公里，搭载 25 亿人次"，广告的用意是想用具体的数据显示企业的实力和业绩，并一厢情愿地认为观众会把这些数据看作客观事实，但事与愿违，观众听到这些数字，立刻就会产生疑问：对已经卖到全国各地去而使用情况又各不相同的成千上万辆客车来说，这么具体的数字有可能统计出来吗？难道说每个买车的单位每年还要向这个企业报告行驶的公里数和搭载的人次吗？这显然不可能。所以，观众只能认为这则广告说了缺乏足够证据的话，有虚夸不实之嫌，结果不但广告没有说服力，连带着使企业的诚信度也受到怀疑。

（3）关联准则

关联准则的要求是：所说的话与对方提出的话题应该是有关联的。

违反关联准则常常会造成某一话题的中断。当人们不愿意谈论某一话题时，常常会违反这一准则。例如，某甲问某乙："你听说老王写匿名信的事儿了吧?"某乙却说："今天天气还不错，是吧?"某乙不愿意谈论某甲提出的话题，因此故意违反关联准则，说一些与某甲的话题完全无关的话。

（4）方式准则

方式准则的要求是：所说的话应该是清楚明白、简洁扼要的。方式准则包括四条次准则：①要避免晦涩；②要避免歧义；③要简练；④要有条理。

违反方式准则会影响言语交际的效果，甚至会造成误解。北京人民广播电台有一则报道说"治理整顿以来，三分之一不合格娱乐场所被关闭"，这句话有歧义，只听这句话，人们无法确定到底是不合格娱乐场所的三分之一被关闭，还是所有娱乐场所的三分之一被关闭。又如，《北京晚报》上有一则报道说"昨夜，丰台警方查获一非法印刷品批发点"，这句话也有歧义，人们无法确定查获的究竟是批发非法印刷品的合法批发点，还是批发合法印刷品的非法批发点。如果有上下文，这两句的歧义也许可以被排除；如果是一句话新闻，误解就在所难免了。

上述合作原则的各条准则都很重要，遵守这些准则是言语交际能够顺利进行并取得良好交际效果的重要条件。在实际的言语交际活动中也会存在种种违反合作原则的现象，不过，这些现象的性质并非全都相同，给言语交际活动带来的影响也并非都是消极的。有时候，交际一方明确表示不予合作，不遵守合作原则，"无可奉告"就是常见的反映这种不合作态度的话语。在这种情况下，关于某一特定话题的言语交际难以继续进行下去，但不会使听话人产生误解或受骗上当。有时候，交际的一方偷偷地、不让对方知觉地违反合作原则，在这种情况下，言语交际仍可能继续进行下去，但交际的另一方可能被误导，甚至受骗上当。据报道，2001 年 9 月，北京某大型商场举办买多少赠多少促销活动，商场在其发布的公告中向消费者承诺：消费者在每个柜台购物满 50 元即送一张 B 券，B 券在商场内可用来购买商品。但实际情况却是，商场内近 80%的柜台不参加此次活动，B 券在这些柜台上是无效的。对这种情况，商场当然十分清楚，但却在公告中说了虚假的话，违反了合作原则中的质量准则，误导了消费者，构成了商业欺诈，结果受到了工商部门的严厉处罚。有时候，交际一方在对方知晓或设法让对方知晓的前提下，有意违反合作原则的某一准则，其目的并不是要蒙骗对方或中断交际，而是要引导对方领悟话语表面意义背后的真实含义。这种对合作原则的违反实质上是对方进行语用推理的动因和条件。例如，某甲问某乙："你知道这个词的意思吗?"某乙回答说："你不是有词典吗?"某甲的实际意思是请求某乙告诉他这个词的意思是什么，某乙没有直接答应也没有直接拒绝这一请求，而是提出一个表面看上去与某甲的请求无关的反问，这种对关联准则的明显违反，会促使某甲推测语句背后的含义，这个含义就是对某甲请求的拒绝。再如，某甲和某乙谈起某丙的为人，某丙一贯骄傲自大，目中无人，某甲清楚地知道某乙对此很有看法，而某乙却说"他的谦虚精神令人敬佩"，在某甲看来，某乙的话明显地违反了合作原则中的质量准则，因而他可以推知某乙说的是反话。

2. 礼貌原则

在人际交往中，人们总是希望能得到他人的尊重，这是一种普遍的心理需求。在言语交际中，为了不伤害对方，进而获得对方的好感，说话人需要根据话题、交际对象和交际环境的特点选择适当的语言形式和交际策略以表示礼貌，以便获得最佳的交际效果。英国学者利奇提出的"礼貌原则"就是反映上述言语交际规律的交际原则，这一原则包含六条准则，每一条准则又包含两条次准则。

（1）得体准则

得体准则的要求是：在言语交际中要减少表达有损于他人的观点。这一准则又包含两条次准则：①尽量少让别人受损；②尽量多使别人获益。

（2）慷慨准则

慷慨准则的要求是在言语交际中要减少表达有利于自己的观点。这一准则又包含两条次准则：①尽量少使自己获益；②尽量多让自己受损。

（3）赞誉准则

赞誉准则的要求是：在言语交际中要减少表达对他人的贬损。这一准则又包含两条次准则：①尽量少贬低别人；②尽量多赞誉别人。

（4）谦逊准则

谦虚准则的要求是：在言语交际中要减少对自己的赞扬。这一准则又包含两条次准则：①尽量少赞誉自己；②尽量多贬低自己。

（5）一致准则

一致准则的要求是：在言语交际中要减少自己与别人在观点上的不一致。这一准则又包含两条次准则：①尽量减少交际双方的分歧；②尽量增加交际双方的一致。

（6）同情准则

同情准则的要求是：在言语交际中要减少自己与别人在情感上的对立。这一准则又包含两条次准则：①尽量减少交际双方的反感；②尽量增加交际双方的同情。

上述礼貌原则的各项准则反映出这样一条规律：在言语交际中，人们出于礼貌的考虑，总是尽可能地迁就对方，顾全对方的脸面，尽量多地给对方一些尊重、理解、赞许和同情，避免使对方陷入尴尬窘迫的境地，使对方希望得到他人承认的心理需要得到满足，这样才能获得对方的好感，从而使言语交际达到预期的目标。例如，某项活动对方十分愿意参与，但因资质不够而被排除在外，在这种情况下，出于礼貌的考虑，就应该尽量不去谈论这一活动，以免对方觉得脸上无光；如果不是这样，而是大谈特谈这一活动，就可能使对方感到不自在，甚至使对方的自尊心受到伤害。再如，在信函往来中，称对方单位为“贵校”、“贵公司”，无论对方是否年长，都称其为“兄”，对自己则称“愚下”、“在下”，请对方发表意见说“赐教”，称自己的陈述为“谨上”、“拜启”，等等，这些汉语中常用的卑己尊人的表达形式都是礼貌原则的具体体现。

礼貌原则具有等级性和适合性特征，这些特征是遵守和运用这一原则时应该注意的。所谓礼貌原则的等级性是指言语交际中的礼貌行为是有等级之分的。这种礼貌等级主要表现在语言手段和话语内容两个方面。语言手段的礼貌等级是指使用这些手段时所表现出来的礼貌程度。不同语言手段的礼貌等级可能是不同的。当话语的内容会使听话人受损时，语言表达手段越间接委婉，礼貌等级就越高；越直截了当，礼貌等级就越低。例如，在讨论某部门的经理人选时，某甲提议任命张某为这一部门的经理，某乙不同意某甲的提议，这时在语言表达形式上，他可以有多种选择来表达对某甲提议的否定。他可以使用陈述句来直截了当地表示自己的反对意见，可以说“我不同意你的意见，张某当这个部门经理不合适”；他也可以使用疑问句以商量的方式间接地表达自己的否定意见，可以说“这个部门很重要，部门经理的人选我们是不是再斟酌一下？”他还可以先对某甲的提议给予一定的肯定，然后再提出自己的不同建议，可以说“张某确实不错，不过我们是不是再看看有没有更合适的人选”。第一种表达形式直来直去，丝毫不顾及某甲和张某的面子，礼貌等级很低；第二种表达形式将否定意见蕴涵在表示建议的询问之中，显然要礼貌得多；第三种表达形式对某甲的提议和当事人张某都给予了一定的肯定，顾全了某甲和张某的面子，甚至在蕴涵否定意见的提议中仍包含张某也是合适人选之一的意思，所以礼貌等级要更高一些。话语内容的礼貌等级是指由说话的内容反映出来的礼貌程度。这种礼貌等级可以通过话语内容给对方造成的损益大小来衡量。越是能让对方感到获益的话语，越显得有礼貌；越是使对方感到受损的话语，越显得礼貌欠缺；越是使自己受损的话语，越显得有礼貌；越是让自己获益的话语，越显得礼貌欠缺。例如，下面两句话表达的是同一个请求，但在礼貌程度上给人的感觉却明显不同：

a）你明天把书给我送过来。

b）如果顺便的话，你明天帮我把书带过来。

a 句直接表达了一个明显需要对方有所付出的要求，如果这句话是对一个不太熟悉的人而发，显然是不礼貌的；b 句虽同样是表达一个请求，但只是请对方顺便把书“带”过来，而不是专程“送”过来，而且还给了对方一定的选择空间，对方如果觉得不顺便的话，也可以不帮这个忙，这样表达是为了尽可能减轻对方的受损感觉，因而礼貌等级是比较高的。又如《红楼梦》第十五回有一段文字写北静王与贾政之间的对话：

> （北静王）向贾政笑道：“令郎真乃龙驹凤雏，非小王在世翁前唐突，将来‘雏凤清于老凤声’，未可量也。”贾政陪笑道：“犬子岂敢谬承金奖，赖藩郡余恩，果如所言，亦荫生辈之幸矣。”

北静王称自己为“小王”，称贾政为“世翁”，喻其为“老凤”，称宝玉是“龙驹凤雏”；贾政称自己的儿子为“犬子”，称自己为“荫生”，称北静王对宝玉的夸奖为“金奖”，称北静王的关照为“藩郡余恩”；他们用的词语都是贬己尊人，从而使话语的内容具有很高的礼貌等级。

内容决定形式，表达形式是为表达内容服务的，因而前者会受到后者的制约。语言手段礼貌等级和话语内容的礼貌等级之间也存在这种关系。如果话语内容会使对方受损，则需要提高语言手段的礼貌等级，以保证话语的礼貌性，上文所举某乙对某甲提议的否定，就反映了这一规律；如果话语内容并不会使对方受损，就不必选择礼貌等级较高的语言手段，因为话语内容本身并没有什么失礼的地方，不需要通过提高语言手段的礼貌等级来弥补礼貌的欠缺。例如，客人进门，主人只要对他说“请坐”，在礼貌上就足够了，没有必要使用礼貌等级更高的语言手段，因为“坐”并不会使客人付出什么，如果使用礼貌等级更高的语言手段，说成“您坐，可以吗?”反而显得滑稽可笑了。相反，如果客人主动提出坐下的请求，由于这一请求有可能使对方受损，如对方可能并不想让客人久留，这样的话语内容就需要利用礼貌等级较高的语言手段起一定的缓冲作用，因而可以说“我坐下可以吗?”或者说“我可以坐下吗?”

所谓礼貌的适合性，是指说话人应该根据说话内容以及交际对象和交际场合的特征来选择适合的礼貌等级和相应的表达礼貌的语言手段。在言语交际中，话语的礼貌等级并非在任何情况下都是越高越好。对陌生的成年人或长辈称“您”是礼貌而又得体的，但对陌生的小孩儿称“您”就不得体了。对德高望重的长者需要使用礼貌等级较高的话语，但对朋友和熟人使用礼貌等级很高的话语，不仅不会得到对方的好感，反而会拉大双方的心理距离，使对方产生被有意疏远的感觉。在正式的商务谈判中随意打断别人的发言是一种不礼貌的行为，如果不得已非如此不可时，也应该先请求对方原谅，可以说“请原谅，我插一句可以吗?”但在随便聊天的场合，如果也使用这种礼貌等级很高的话语，就会与交谈的氛围格格不入，甚至让人觉得荒诞可笑。所以，话语礼貌等级的高低要切合交际双方之间的关系，要符合交际场合的正式程度。

合作原则和礼貌原则是从不同角度提出来的言语交际原则，因此难免有发生冲突的时候。比较常见的情况是出于礼貌原则的考虑而有意违反合作原则的某项准则。例如，利奇曾指出，说反话虽违背合作原则中的质量准则，但这常常是由于恪守礼貌原则的缘故。他说：“如果你必须触犯别人，起码要做到避免同礼貌原则相悖，而应让听话人通过对含义的推导，间接地领会你话语中的触犯点。”

合作原则和礼貌原则是言语交际的基本原则，公关语言既然是一种言语交际活动中的语言运用，自然也要遵守这些原则，更何况与日常生活中的言语交际相比，公关活动的言语交际往往事关社会组织的重大利益，因此，公关语言更需要有意识地遵守和灵活运用这些原则。

第二节　言语行为

一、言语行为

20 世纪 50 年代，英国哲学家奥斯汀提出了言语行为理论。这一理论认为，人类交际活动的基本单位不是句子或其他表达形式，而是完成一定的行为，如“陈述”、“提问”、“请求”、“命令”、“允诺”、“劝告”、“道歉”、“感谢”等。从这个意义上说，说话就是一种行为，是以言行事，这就是言语行为。言语行为的特点是说话人通过说话来实施一个或若干个行为，这些行为可能会使听话人做出某种心理上的或行为上的反应。例如，一位教师约了几个学生到会议室谈毕业论文中的一些问题，当他们走进会议室时，教师对学生说："这儿有点冷。"教师的这句话可能是一个"请求"，希望学生把打开的窗户关上，或者把空调的暖风打开。学生如果正确理解了教师说话的意图，就会做出教师所希望的反应。在这个过程中，教师的"请求"行为是通过说话实施的，这就是所谓的"以言行事"，也就是言语行为。

言语行为理论认为有必要区分"言有所述"和"言有所为"，这是两种既有联系，又有所不同的言语行为。言有所述指一般的陈述，其作用是描述事物的状态、事件的过程或某种事实，是一种以言指事。例如，"那朵花儿是红的"，这是描写事物的状态；"老王昨天坐飞机去北京了"，这是陈述一个事件的过程或某一事实。这些话语都只是单纯告诉听话人某种情况，并没有同时实施某种特别的行为，如果说这里存在某种行为的话，这种行为就是说话本身常常体现出来的"告诉"。言有所述的话语被称之为"有所述之言"。

言有所为指不仅言有所述，而且说话本身就是在实施一种特别的行为，是一种以言行事。例如，"我答应你明天去你家修电脑"，说这句话时，说话人就是在实施一种"允诺"行为；"我警告你不要拿公家的东西"，说这句话时，说话人就是在实施一种"警告"行为；"我们欢迎您来中文系讲学"，说这句话时，说话人就是在实施一种"欢迎"行为；"我十分赞赏你的智慧和勇敢"，说这句话时，说话人就是实施一种"赞扬"行为。言有所为的话语被称之为"有所为之言"。有所为之言与有所述之言不同，对前者来说，说这些话本身就是做了某件事，而不单单是在告诉听话人某件事究竟是怎么回事；对后者来说，说这些话只是单纯说明一个事实，并不是在做出某种特别的行为。其实，严格地说，有所述之言本身也是一种行为，即"告诉"，只不过由于这一行为差不多存在于所有的话语里，所有言语行为几乎都伴随着这一行为，因而我们可以默认"告诉"是一种最为基础的言语行为，就好像是计算机的缺省设置一样，而不把它算在"言有所为"之内。

言有所述和言有所为是话语的两种功能，但它们并不是完全对立的，而是互相联系的。首先，言有所述虽不一定能够言有所为，但言有所为却必须以言有所述为前提，只有把言有所为的内容讲出来，使听话人知晓，才可能以言行事，这是显而易见的。其次，在一定语境的帮助下，表面上单纯言有所述的话语，也可能言有所为。在曹禺的话剧《雷雨》的第二幕中，鲁侍萍被周蘩漪叫到周公馆，无意中见到三十年前曾欺骗过她的感情的周朴园。二人有这样一段对话：

周朴园：你的生日——四月十八——每年我总记得。一切都照着你是正式嫁过周家的人看，甚至于你因为生萍儿，受了病，总要关窗户，这些习惯我都保留着，为的是不忘你，弥补我的罪过。

鲁侍萍：现在我们都是上了年纪的人，这些话请你也不必说了。

周朴园：那更好了。那么我们可以明明白白地谈一谈。

鲁侍萍：不过我觉得没有什么可谈的。

周朴园：话很多。我看你的性情好像没有大改，——鲁贵像是个很不老实的人。

鲁侍萍：你不要怕。他永远不会知道的。

周朴园：那双方面都好。

周朴园见到鲁侍萍，知道她还活着后，最害怕的就是他对鲁侍萍始乱终弃的恶行暴露出来，他想封住鲁侍萍的嘴，可又不便直截了当地警告鲁侍萍，于是他说“鲁贵像是个很不老实的人”，这句话表面上是个陈述，好像只是对鲁侍萍的丈夫——鲁贵的评价，但在这种特定的语境中，鲁侍萍自然能够体会到这句话后面的潜台词，那就是警告她不要把她和周朴园之间的事情告诉鲁贵和其他人。因此，她才对周朴园说：“你不要怕。他永远不会知道的。”周朴园在特定的语境中，利用言有所述的话语完成了言有所为的言语行为。

二、有所为之言

有所为之言是以言行事的话语，有所述之言是以言指事的话语。奥斯汀把表达有所述之言的句子称为“表述句”，把表达有所为之言的句子称为“实施行为句”，简称“施为句”。施为句主要有显性和隐性两种形式。

1. 显性施为句

这种施为句以陈述句的形式，通过施为动词直接以言行事，即说话人通过所说的话语明确表明自己所要实施的言语行为。例如，“我赞成老王的意见”，这句显性施为句直接实施了“赞成”的行为；“我们十分感谢在座各位长期以来对我院学科建设的大力支持”，这句显性施为句直接实施了“感谢”的行为；“恳请各位领导充分考虑我们的意见，尽快解决我们部门人员编制上存在的问题”，这句显性施为句直接实施了“恳求”的行为；“这件事是我不对，我向你道歉”，这句显性施为句直接实施了“道歉”的行为。

显性施为句在语言形式上有这样一些特点：这种施为句都是主动语态的陈述句，主语都使用第一人称，都以现在为时间特征，特别是句中的谓语动词必须是所谓的“施为动词”。施为动词是指直接表示言有所为的动词，如“宣告”、“声明”、“重视”、“任命”、“命名”、“同意”、“赞成”、“允许”、“批准”、“警告”、“请求”、“恳求”、“命令”、“建议”、“答应”、“诅咒”、“发誓”、“信奉”、“反对”、“道歉”、“感谢”、“同情”、“赞赏”、“道贺”、“祝贺”、“抗议”、“祝福”、“欢迎”、“否认”等。

2. 隐性施为句

这种施为句不直接使用施为动词，而是使用间接的表达手段或依靠语境来委婉地或隐晦地以言行事，即说话人并没有通过所说的话语明确表明自己所要实施的言语行为，说话人要实施的行为并不是直接显现出来的。上文所引话剧《雷雨》中周朴园对鲁侍萍所说的“鲁贵像是个很不老实的人”这句话，就是一个隐性施为句，这个表面上是“陈述”的句子，在特定语境的帮助下，完成了“警告”的言语行为。

隐性施为句与显性施为句在语言形式上的主要区别在于：隐性施为句没有明确的施为动词。隐性施为句又可以分为两种类型。一种隐性施为句使用间接的表达手段来表示说话人的说话意图，例如，在一次商务谈判中，某甲对某乙说：“今天我们是不是先讨论一下双方合作的一些原则问题，具体问题以后再说?”这是以疑问句的形式间接地表示“建议”的说话意图；又如，在一次聚会上，某甲的所作所为引起了很多来宾的反感，于是某乙对他说：“如果你能离开这里，这对大家都有好处”，这是以陈述句的形式间接表示“请求”的说话意图；再如，在公共汽车上，某甲不小心踩了某乙的脚，于是某乙说：“你踩着我的脚了”，这是以陈述句的形式间接地表示“提醒”的说话意图。另一种隐性施为句表面看来与一般的表述句没有什么区别，以言行事的意图必须依靠一定的语言使用环境才能够显现出来。我们来看曹禺话剧《雷雨》中的一个例子。在《雷雨》第二幕中，周公馆的大少爷周萍要到矿上去，于是周萍和鲁贵之间有下面一段对话：

鲁贵：大少爷，您是明天起身么？

周萍：嗯。

鲁贵：让我送送您。

周萍：不用，谢谢你。

鲁贵：平时总是您心好，照顾着我们，您这一走，我同我这丫头都得惦记着您了。

周萍：你又没钱了吧？

鲁贵是周公馆的仆人，平时缺钱的时候可能常向周萍讨一些赏钱，所以当周萍听见他说“您这一走，我同我这丫头都得惦记着您了”这句话时，立刻猜出鲁贵真实的说话意图是请求给些赏钱。这就是说，鲁贵的这句表述句实际上曲折地实施了“请求”的言语行为。由于这种隐性施为句显现以言行事的意义需要语言使用环境的帮助，不同的语言使用环境有可能使同一个句子呈现出不同的言语行为意义。例如“外面快下雨了”这句话，如果某甲要出门时某乙对他说这句话，可能是提醒他带上雨伞；如果某甲在外面晾晒了衣物，某乙对他说这句话，可能是要他把外面的衣物收回来；如果开会时说这句话，可能是希望会议能早点结束，以便大家能够赶回家，以免路上淋雨；等等。

言语行为理论重在说明言有所为，言有所为就是在言语交际中利用语言的和非语言的手段表明自己说话的意图。公关活动以语言运用为基本手段，语言运用包括言语表达和言语理解两个方面。了解言语行为的不同类型及特点，掌握各种以言行事的方式，对运用语言进行表达和理解都有重要的意义。从言语表达方面说，了解言语行为理论，可以帮助人们认识表达说话意图的各种形式，使人们在公关活动中更自觉地选择恰当的形式表达自己的说话意图。从言语理解方面说，了解言语行为理论，可以帮助人们不仅从逻辑语义上去理解公众的话语，而且可以从言语行为的角度掌握公众的意图，从而更全面、准确地了解公众对公关内容的反应。

第三节　公关语言的语用原则

公关语言是公关活动中的语言运用，公关语言的语用原则是在公关活动中运用语言的原则。运用语言的过程实际上是不断对语言表达形式和言语行为方式进行选择的过程，在这一过程中，人们的选择要受到语言结构规则的制约，要遵守言语交际的各项准则。除此之外，人们的这一选择过程还要受到言语交际的内容、对象、语境的制约。公关语言既然也是语言运用，自然也要受到这些因素的制约。不过，公关语言是在公关活动这一特殊领域内的语言运用，有些语用原则就显得尤其重要，这些原则是：与公关目的相适应的原则、与公关对象相适应的原则以及与公关语境相适应的原则。

一、与公关目的相适应的原则

与公关目的相适应的原则是指：公关语言表达必须与公关目的相适应，必须为公关目的服务，必须有利于公关目的的实现。一切公关活动都围绕着一个总体目标，这就是帮助社会组织建立并保持与社会公众之间的交流和理解，谋求公众对社会组织的信赖与支持，建立社会组织在社会公众中的声誉，从而形成有利于社会组织存在和发展的公共关系。在这个总体目标下，不同的公关主体，在不同的时期，针对不同的公关客体，根据公关主体发展的不同需要，会有各种不同的具体公关目标。无论是公关活动的总体目标，还是各种不同的具体目标，都需要通过公关语言的表达形式和表达内容来体现，因此，为了实现公关目的，公关语言就必须在表达内容的安排、表达形式的选择等方面服从公关目的的需要，并为实现公关目标服务。

与公关目的相适应的原则，要求公关语言在表达内容的安排上必须服从公关目的的需要。表达内容的安排包括：说什么，不说什么；哪些内容先说，哪些内容后说；哪些内容说得详细一些，哪些内容点到为止。在公关活动中，表达内容如何安排，应该视公关活动的目的而定。公关活动可以有各种不同的具体目标，有的公关活动是为了宣传社会组织的方针政策，使其深入人心；有的公关活动是为了宣传企业的宗旨和实力，树立企业的良好形象；有的公关活动是为了发布消息，使有关信息得以传播；有的公关活动是为了向公众推销某一产品。公关目的不同，公关语言表达内容的安排也应该随之不同。

与公关目的相适应的原则，要求公关语言在表达形式的选择上必须服从公关目的的需要。同样的表达内容，可以有各种不同的表达形式。例如，同样的请求，可以用祈使句来表达，也可以用疑问句或陈述句来表达；同样的道理，可以说得通俗直白，也可以说得典雅委婉。在公关活动中，语言表达形式的选择应该充分考虑是否有利于公关目的的实现。例如，同是宣传不要酒后驾车，有些地区的标语是“请勿酒后驾车”，北京市公安交通管理局的标语则是“司机一滴酒，亲人两行泪”，前者直言劝阻，后者则描绘出酒后驾车的悲惨后果，具有打动人心的效果，很显然，后者更有利于交通法规的宣传。在公关活动中，判断言语表达的优劣或许可以有很多标准，但最根本的标准就是看其是否适应公关目的的需要，是否能够很好地为实现公关目的服务。

与公关目的相适应的原则，要求公关语言在言语交际模式的选择上必须服从公关目的的需要。如前所述，根据交际手段、方式的不同，以及交际者特征的不同，可以把言语交际活动分为若干模式或类型。从公关活动的角度来看，比较重要的言语交际模式有：口头交际和书面交际、人际交际和大众传媒交际、直接交际和间接交际、单向交际和双向交际等。在公关活动中，对言语交际模式的选择虽然要受到交际环境、资金投入等因素的制约，但选择哪一种言语交际模式首先取决于公关活动的具体目标，要看某种言语交际模式是否有利于公关目的的实现。例如，某住宅小区的物业管理公司拟召开业主大会征求意见和建议，如果采取口头通知的方式，则费时费力，且容易有所遗漏，被通知者也不容易将通知的所有内容完全记住；比较恰当的做法是以张贴书面通告的方式，将物业管理公司的计划告之所有业主，采取这种书面交际模式更有利于物业管理公司实现自己的公关目标。又如，某企业拟向社会公众推介自己的新产品，公关活动的主要目的是让公众了解这种新产品的用途、性能、质量、价格优势以及售后服务等内容，以激发他们的购买欲望。为了实现这一目的，比较恰当的做法是主要采取单向交际的模式，由新产品设计人员或推销人员向公众进行介绍。

与公关目的相适应的原则，要求公关语言在言语行为方式的选择上必须服从公关目的的需要。言语行为就是通过说话来实施某一行为，这一行为实质上就是说话的意图，因而言语行为方式实质上就是表达说话意图的方式。言语行为方式的选择应该有利于公关目的的实现。如果公关目的要求公关人员明确表示说话的意图，以免公众误解，那么就需要选择显性施为句来进行表述；如果公关目的要求公关人员委婉地表示说话的意图，以免口气过于生硬而引起公众的不快，那么就需要选择隐性施为句来进行表述。

与公关目的相适应的原则是公关语言的基本原则。公关语言是在公关领域内的语言运用，由于领域的不同，因而它不同于日常生活以及其他领域中的语言运用，这种不同首先体现在公关语言是为实现特定公关目标服务的，脱离了这样的目标，公关语言也就不成其为公关语言了。

二、与公关对象相适应的原则

与公关对象相适应的原则是指：公关语言表达应该适应公关对象的特点，应该根据他们的语言接受能力、知识接受能力和心理接受能力来选择表达形式，调整表达内容，使他们能够接受公关人员所使用的表达形式，进而使他们能够理解并愿意接受公关语言的表达内容。

与公关对象相适应的原则，要求公关语言表达要充分考虑到公关对象的语言接受能力。人会由于受教育程度不同等原因而具有不同的语言能力，特别是在书面语表达和理解方面，人们语言能力的差异就更为明显。有的人用十几分钟就能读完一篇几千字的文章，并能够正确理解文章的主旨，掌握文章的要点；有的人则需要几十分钟才能读完同样的文章，而且还不一定能够正确领会文章的主旨，更不要说掌握文章的要点了。言语理解是一个语言运用的过程，在这一过程中，语言能力的强弱表现为语言接受能力的强弱，语言接受能力的强弱会影响人们对同一表达的理解程度。在公关活动中，社会公众要通过公关人员的言语表达来知晓社会组织的意图，因此，能否使公众正确理解公关人员的话语，对公关活动能否取得预期的效果是至关重要的。这就要求公关人员要根据不同公关对象在语言接受能力方面的差异，选择适当的表达形式，使所使用的言语表达形式与公关对象的语言接受能力相适应，尽可能减少由表达形式的不适应给他们带来的理解困难。一般来说，受教育程度较高的人群对书面语的接受能力要强一些，因而，以这类人为公关对象时，言语表达形式可以在一定程度上向书面语靠拢，用词不妨典雅一些，句子不妨复杂一些；受教育程度较低的人群对书面语的接受能力要弱一些，因而，以这类人为公关对象时，言语表达形式就应该口语化一些，用词要通俗易懂，句子也不要太长，太复杂。例如，在公关信函往来中，如果对方受教育程度较高，信函的结尾祝颂语可以使用“恭颂祺安”、“顺颂暑祺”、“谨祝福绥”等比较典雅的文辞；如果对方受教育程度较低，则可以使用“此致敬礼”、“祝身体安康”、“祝一切顺利”等比较通俗的话语。又如，下面是某公关人员推介一种英语学习软件时所说的话：

很多人都期望自己一天能记住成百上千的单词，因而对提供这种可能的产品或软件趋之若鹜。实际上，一次记住再多的单词也没用，因为您会出于本能而迅速遗忘。学英语的过程从本质上说就是不断与遗忘进行斗争的过程，问题的关键是：在您进入快速遗忘期的时候，是否有一种软件能够提醒您及时复习，直到您对这些单词形成终生记忆。

这段话是比较书面语化的，对受教育程度较高的公众来说，是容易接受的，但对受教育程度较低的公众来说，就不一定很适合。对他们来说，下面的表达应该更易于接受：

好多人都想一天就记住很多很多单词，他们一听说某种产品或软件有这种神奇的功能，能让自己一天就记住多少多少单词，就马上跑去购买。其实呢，一次记住再多的单词也没用，因为您记得多，忘得也快，这是人的本性嘛。学英语能不能学好，说到底就是看您能不能记得住。要想记住不忘，最关键的就是：您记的那些单词快忘记的时候，身边是不是有一种有用的软件，这种软件能提醒您及时复习，一直复习到您再也不会忘记为止。

这段话是比较口语化的，无论用词，还是造句，都通俗易懂。对于上面同一内容的两段不同表达，我们不能单纯就表达本身认定哪个好，哪个不好，而应该看它们是否适合公关对象的语言接受能力，适合的，就容易被公关对象接受，表达的内容就易于被他们所理解，公关活动的目标也就容易实现，这样的表达就应该是可取的。

与公关对象相适应的原则，要求公关语言表达要充分考虑到公关对象的知识接受能力。人会由于人生阅历、受教育程度、知识背景、职业、专业水平等方面的不同而具有不同的知识接受能力，知识接受能力的不同会影响人们对同一表达的理解程度。有些内容对专家而言不过是一般常识，但对普通公众而言却深奥难懂；有些内容对业内人士而言是不言而喻的惯例或通行规则，但对业外公众而言却需要再三解释。因此，在公关活动中，公关人员必须对公关对象的知识接受能力有所了解，并选择适当的表达形式与公关对象进行交际和沟通。如果公关对象是专业人士或业内人士，那么公关人员的言语表达就可以专业一些，专业术语和行话都可以使用，业内的惯例和通行规则不必一一详加说明，这样不仅可以使表达比较简洁，避免由于不必要的解释所造成的啰嗦累赘，还可以显示公关人员的专业素养，提高表达内容的可信度。如果公关对象是没有专业知识背景的一般公众，公关人员就应该考虑如何表达才能使具有一定专业性的内容为公众所理解，如何才能将比较专门的知识表达得通俗易懂。在这种情况下，专业术语和行话应尽可能换成比较浅显的说法，必要的概念应该加以通俗的解释；为了便于理解，还可以举一些生活中常见的事例来进行说明，或者用一些生动的比喻使艰深的内容浅显化。

与公关对象相适应的原则，要求公关语言表达要充分考虑到公关对象的心理接受程度。人会由于社会地位、性别、年龄、民族、受教育程度、职业等社会特征的不同而具有不同的心理特征，心理特征的不同会影响人们对同一表达的接受程度。例如，一般说来，女性，特别是知识女性总是回避粗俗的言语表达，而喜欢含蓄的、间接的表达，而男性在粗俗表达方面的禁忌就要少得多，因此，在有女士在场的场合，有些话就要说得文雅一些，含蓄一些，委婉一些，以免使在场的女士感到尴尬。又如，在专业人士面前对一些常识性的问题详加说明，肯定是不受欢迎的，他们不仅觉得这样的话没有必要说，而且可能会觉得自己的专业素养被大大低估了，这会引起他们的不快。再如，同是询问年龄，对年轻人可以问“你今年多大了?”但对老年人这样问，对方就会不愉快，觉得对他不够尊敬，如果改问“您今年多大岁数了?”对方就不会产生反感了。

与公关对象相适应的原则是公关语言的重要原则。言语交际是一个由说话人的表达和听话人的理解构成的过程，如果不能使听话人理解或理解出现困难甚至产生误解，言语交际的目的就无法达到。对公关活动中的言语交际来说，由于其特殊的性质和目的，不仅要让公关对象理解和接受公关人员所表达的内容，而且要使他们不会对这些内容所使用的表达形式产生反感，只有这样，言语交际才能取得良好的效果。如果公关对象虽然能够听懂或看懂公关人员的话语，但由于心理上的抵触和拒绝，对所使用的表达形式产生反感，或不愿意接受这些话语所表达的内容，公关言语交际的目的就难以达到。公关活动面对的公关对象是多种多样的，公关对象会因为语言能力、知识水平和心理特征的不同而表现出对表达内容及其表达形式具有不同的理解能力和接受程度，这就需要针对不同公关对象的特点，选择最适当的表达形式，力求使表达内容在社会公众中获得最广泛的理解和接受。

三、与公关语境相适应的原则

语境是指语言使用的现实环境，它包括言语语境和言语外语境两部分。言语语境也被称为上下文语境，指由交际双方的言辞构成的语言使用环境，包括口头表达的前言后语和书面表达的上文下文。言语外语境指由言辞之外的各种主客观因素构成的语言使用环境，包括言语交际发生的时间、场合、交际目的、交际方式、交际双方的关系、时代背景、社会文化背景等等。公关语境是指公关语言的使用环境。与公关语境相适应的原则是指：公关语言表达必须与公关语境保持和谐一致，必须注意公关语境对公关语言表达的制约作用。

任何言语交际都是在一定的语境中进行的，语境对言语交际有着多方面的制约作用。首先，语境制约着意义的表达和理解。语言的特性之一就在于表达形式的有限性和表达内容的无限性，形式的有限和意义的无限之间的矛盾造成语言中存在大量的以同一形式表达不同内容的现象。在这种情况下，要准确表达和理解话语所具有的意义，就必须依靠语境的帮助。例如，词的多义是以同一个语音形式表示多种不同意义的常见现象，一个多义词在具体话语中的含义要受到语境的制约，脱离了特定的语境，往往无法确定它们的意义。比如汉语动词“打”，在《现代汉语词典》中有 24 个不同的意思，如果没有语境的帮助，单说一个“打”字，便难以判断究竟是 24 个意思中的哪个意思，只有在特定的语境中，人们才能正确判断出它的意思，比如“打人”中的“打”是“殴打”的意思，“打镰刀”的“打”是“制造”的意思，“打毛衣”的“打”是“编织”的意思，“打酱油”的“打”是“购买”的意思，“打枪”的“打”是“发射”的意思。再如，在言语交际中，由于特定语境的制约作用，语句往往都只具有一种意思，一旦脱离了特定的语境，不少语句都会产生歧义，不联系特定的语境，这些语句的意思便无法确定。比如在“我们单位北京人多，上海人少”这句话里，“北京人多”是说“北京籍的人多”；在“北京人多，车也多，因而交通拥挤”这句话里，“北京人多”是说“北京市里人口数量大”，如果脱离了上下文，孤立的一个“北京人多”，就难以判断所说的到底是两个意思中的那一个了。除了词语和语句，在言语交际中，修辞手段的使用和理解，以及语句的言外之意、隐性施为句的意义等的表达和理解，都要依靠语境的支持。

再者，语境制约着话语的得体程度。得体还是不得体，是就言语交际的交际效果而言的。话语得体是指听话人乐于接受而不会感到别扭或产生反感，话语不得体是指听话人感到别扭或产生反感而不愿接受。言语表达得体程度的高低在相当程度上取决于与特定语境相适应程度的高低。越是与特定语境的特征相适应的话语，其得体程度就越高；越是与特定语境的特征不相适应的话语，其得体程度就越低。有些话语在某一语境里说是得体的，但换一个语境就可能是不适宜的了。举个极端的例子，过春节去拜年，见面说“恭喜发财”这样的吉利话大家都爱听；换个场合，到了人家办丧事的地方也说这句，那就要挨骂了。这是语境中的场合因素对话语得体性的制约。再如，在书面表达中可以使用人称代词带修饰语这种句法格式，比如“年逾古稀的他依然工作在教书育人的第一线”，但如果在聊天中同朋友谈起另外一个人时说“聪明伶俐的她从来不做这种蠢事”，就显得别扭滑稽。这是语境中的交际方式因素对话语得体性的制约。

遵循与公关语境相适应的原则，应该注意言语交际发生的时间因素。任何言语交际都是在特定的时间内发生的，公关言语交际也不例外。作为公关语境的重要构成要素，时间因素对公关语言表达有明显的制约作用。首先，随着时间的推移，时代的变迁，社会生活的内容和语言表达习惯都会发生变化，公关语言表达应该与这些变化保持同步，否则从表达内容到表达形式都会显得不合时宜，因此，公关语言表达应该与时代特征相一致。例如，“文革”期间那种大批判的话语，如果今天拿来使用，无疑会使人反感。其次，公关语言表达应该正确把握表达的时机，有些内容本身也许并无问题，但如果表达的时机不合适，也会令人不舒服甚至反感。例如，在公众吃饭的时间段播放有关痔疮药的广告，就会使人感到不舒服，甚至会引起很多人的抗议。

遵循与公关语境相适应的原则，应该注意言语交际发生的空间因素。言语交际发生的空间因素主要指交际场合。任何言语交际都是在一定的场合内发生的，公关言语交际也不例外。作为公关语境的重要构成要素，交际场合对公关语言表达有明显的制约作用。粗略说来，交际场合可以分为正式和非正式两类，公关语言表达的正式程度应该与交际场合的正式程度相一致，否则，表达就会不得体。下面是某次政府欢迎晚宴祝酒辞的节录：

各位部长，各位来宾，女士们，先生们：

晚上好！

今天晚上，我很高兴主持这次宴会招待各位贵宾。首先，请允许我代表中华人民共和国对外贸易经济合作部，对各位部长和所有来宾来到中国参加2001年亚太经合组织贸易部长会议，表示热烈的欢迎！

2001年是亚太经合组织的“中国年”。我们非常高兴能在中国加入亚太经合组织十周年之际主办今年亚太经合组织的有关活动。江泽民主席和中国政府高度重视亚太经合组织的发展。今天，江泽民主席专门向我们的贸易部长会议发来了贺函，这充分表明了中国政府和人民加强亚太地区经济合作的良好愿望。

…………

最后，我要特别感谢世贸组织总干事迈克·穆尔先生专程来参加这次贸易部长会议，我和在座的部长同事们都深感你对此次会议关于世贸组织有关问题的讨论做出了主要的贡献。另外我还要感谢上海市政府为会议提供的方便。

现在，我提议大家举杯，为亚太经合组织的发展，为这次贸易部长会议的成功，也为大家的真诚合作，干杯！

谢谢大家！

下面是王朔小说《顽主》中对酒席上人物对话的一段描写：

"我是不是先说几句？"宝康端着小酒杯站起来，环顾问。

"有什么可说的？"马青夹着大片牛肉往嘴里塞，"甭玩那虚的，咱就各吃各的。"

…………

"你怎么不喝呀？"宝康问吃一筷子就放下筷子坐一会儿的于观，"吃得也不多。"

"我不会喝酒，从不喝，这他们知道。"

"哪有男子汉不会喝酒的，不行。"宝康端起酒杯，"我跟你干一杯，不喝酒算什么男人。"

…………

"人不喝酒你别强迫人家。"杨重冲宝康说，"什么男子汉不男子汉，我就烦这贴胸毛的事。其实那都是娘儿们素急了哄的，咱别男的当着男的也演起来。"

上面两段文字记录的都是酒席上的话语，它们之间的差异极其明显，但从各自的交际场合上看，又都是得体的，但如果将二者对换，把正式酒宴上的话语放到家常酒桌上去，把家常酒桌上的话语放到正式酒宴上去，话语的语体风格就会与交际场合的氛围严重冲突，表达必然不得体。

遵循与公关语境相适应的原则，应该注意言语交际发生的社会文化背景。人都是生活在特定社会之中的，人和人之间的言语交际自然也是在特定的社会文化背景下发生的，公关言语交际也不能例外。作为公关语境的重要构成要素，社会文化背景对公关语言的表达和理解都会产生影响。首先，社会生活的发展变化会影响人们对词义的理解，公关语言表达应该注意词语在特定社会文化背景下产生的特殊含义。民国时期，效仿西洋之风盛行，"小姐"一词成为对年轻女性的通称，尤其在社交场合更是广泛使用。新中国成立后，由于强调阶级斗争，"小姐"一词便带上贬义，用来指旧社会官僚、地主和资产阶级家庭里的年轻女性。"文化大革命"时期，"小姐"更是成为大批判的对象。时至20世纪80年代，中国实行改革开放，"小姐"一词又盛行起来，成为对年轻女性的尊称。近些年来，卖淫嫖娼的丑恶社会现象滋生蔓延开来，不知从何时起，"小姐"一词已悄悄地蒙上了一层暧昧的色彩，在不少地方几乎成为"应召女郎"、"妓女"的同义语，随便用它来称呼年轻女性，很可能引起对方的强烈不满。再者，人们的行为规范，包括语言使用习惯，都是在特定的社会文化背景下形成的，公关语言表达应该注意特定社会文化背景下的语言禁忌。所谓"语言禁忌"是指语言使用上的忌讳，是指在特定的社会文化背景下人们不愿意直接说出或直接听到的字眼。语言禁忌可以存在于所有社会成员之中。在汉语社会中，与排泄有关的字眼是普遍存在的语言禁忌，人们不愿意直接使用这些字眼，而总是采用间接、委婉的说法来表达有关的意思，比如用“洗手间”或“WC”指厕所，用“去方便一下”表示“去上厕所”。语言禁忌也可以只存在于某一部分社会成员之中。20 世纪 80 年代，我们曾经对北京牛街地区回民的语言状态进行过调查。这个地区的回民由于宗教信仰和特殊的生活习俗而形成一些特殊的语言禁忌。比如“猪”这个字眼是牛街回民最大的语言禁忌，凡是与猪有关的词语，甚至有可能使人联想到猪的词语都是不能说的。不但“猪肉”不能说，甚至“肘子”、“腰花儿”、“红烧肉”也不能说。买肉时不能问“这是什么肉?”因为问“什么肉”就可能包括猪肉在内，所以要问“这是牛的，还是羊的?”触犯了这些语言禁忌就会引起牛街回民的强烈不满，甚至有可能激起他们的愤怒。

此外，遵循与公关语境相适应的原则，还应该注意话语的上下文。这方面的具体要求包括：公关语言表达应该使话语同上下文是相关的；公关语言表达应该保证表达者的话语前后一致，不要自相矛盾；公关语言表达应该注意词语和语句在特定的上下文中可能产生的特定含义；等等。

由于语境对言语交际有着重要的制约作用，与公关语境相适应的原则是公关语言的重要原则，公关语言必须遵循这一原则。

【关键概念】

言语交际　言语行为　语境

【复习思考】

1. 什么是言语交际？言语表达和理解都涉及哪些方面的因素？
2. 什么是语义推理和语用推理？
3. 言语交际过程有哪些环节？了解言语交际过程的构成和特征对公关活动有什么意义？
4. 言语交际主要有哪些模式？这些模式各有什么特点？
5. 了解言语交际的不同模式及其特点对公关活动有什么意义？
6. 合作原则的内容是什么？遵守或违反合作原则会有哪些不同的结果？
7. 礼貌原则的内容是什么？遵守礼貌原则应该注意该原则的哪些特性？
8. 什么是言语行为？有所为之言有哪些不同的形式？
9. 了解言语行为理论对公关活动有什么意义？
10. 与公关目的相适应原则的内容和要求是什么？为什么需要遵守这一原则？
11. 与公关对象相适应原则的内容和要求是什么？为什么需要遵守这一原则？
12. 与公关语境相适应原则的内容和要求是什么？为什么需要遵守这一原则？

第三章

公关语言与公众心理

［本章提示］

（1）认识需要和动机的作用，了解需要的不同层次、制约需要和动机产生及强弱的各种因素以及在公关活动及其语言运用中应该如何利用这些因素；（2）认识各种常见心理定势的特征和作用，了解在公关活动及其语言运用中对待公众心理定势的策略；（3）认识制约和影响公众认知和公众印象的各种因素，了解公众态度的作用及制约因素以及在公关活动及其语言运用中应该如何对待公众认知和公众态度。

第一节　公众的需要和动机

一、公众需要

需要是人缺乏某种东西时产生的对这种东西的渴求和欲望，它是因不足而渴望获得满足的一种心理状态。例如，当人饥饿的时候，就会渴望食物；当人感到寒冷的时候，就会渴望温暖；当人感到孤独的时候，就会渴望与他人的交往。公众需要是社会中一定人群的需要，是在特定的社会条件下，公众在物质和精神两个领域内的共同欲求。

需要是人做出某种行为的原动力，欲望得不到满足是激发人们起来行动的普遍动因，人类的各种活动都是在需要的推动下进行的。一般说来，当人由于缺乏某种东西而产生需要的时候，就会出现不安和紧张的心理状态，这种心理状态会成为一种内在的驱动力，推动人们采取行动去满足自身的需要。当需要得到满足时，不安和紧张的心理就会消除，但随着客观环境和条件的变化，人们又会不断产生新的需要，出现新的不安和紧张，并在新的需要的推动下开始新的行动，从而推动人的活动不断向前发展。例如，当人们的温饱不能得到保障时，便会产生对食物、衣物、住房等物质生活条件的强烈欲求，这些需要就会推动人们发展生产，提高物质生活水平。随着温饱问题的解决，人们不再为衣、食、住、行而忧愁，这时对精神生活的欲求就会变得突出起来，这种需要就会推动人们去创造更多的精神产品，去开展更加丰富多彩的文化和娱乐活动，去追求更多的精神享受。

需要的产生固然与人的内在生理和心理条件有关，但外在刺激往往对人的需要有激发和强化作用。饮食需要的产生依赖于人的味觉、胃的收缩、血液含糖程度以及神经活动等生理条件，而当美味佳肴摆在面前时，诱人的色、香、味就会激发和强化这一需要。人都有对成功的欲求，而当听到或看到成功人士的动人事迹时，这一需要往往会被激发和强化，人们常说“榜样的力量是无穷的”，这句话反映的就是这种外在刺激对需要的激发和强化作用。优秀的文学作品可以起到教化人心的作用，宣扬色情和暴力的书刊则可能引诱犯罪，从社会心理学的角度看，无论是优秀文学作品的德育教化，还是下流书刊的诲淫诲盗，说到底都是以某种外在刺激激发人的某种需要，并进而强化这一需要。

公众需要是复杂的、多方面的，可以从不同的角度进行分类。从需要的产生和起源上看，可以把需要分为生理需要和心理需要。生理需要又称作自然性需要，是指与维持有机体生存和繁衍相联系的需要，如对饮食、睡眠、抵御寒暑、性的需要等。它是人类共有的需要。心理需要又称作社会性需要，是指与人的社会生活相联系的需要，如对劳动、求知、交往、成就以及对友情、爱情、尊严的需要等。人的心理需要是在社会生活中产生的，是特定社会历史条件的产物。社会历史发展阶段不同、社会制度和意识形态不同、民族风俗习惯不同、人的社会特征不同都会使心理需要有所差别。从需要的对象性质上看，可以把需要分为物质需要和精神需要。物质需要是指对物质对象的需要，如对衣、食、住、行等方面物品的需要。精神需要是指对精神生活和精神产品的需要，如对知识的需要，对文学艺术的需要，对欣赏美的需要，对友情、爱情的需要，对受他人尊重的需要等。

公众需要具有层次性，不同的需要并不是平列的，而是按对人生的意义分作高低不同的层级。关于需要的层次，美国心理学家马斯洛的“需要层次理论”具有广泛的影响。马斯洛认为，人类的基本需要可以概括为五个方面：生理需要、安全需要、社交需要、尊重需要、自我实现需要。所谓生理需要，是指维持人类个体生存和繁衍方面的需要，如对食物、衣物、住房和配偶的需要。生理需要是人类最原始、最基本的需要，这些需要得不到满足，人就无法生存和繁衍下去，其他需要也就无从谈起。所谓安全需要，是指与人身安全、生活安定有关的需要，这些需要一般是在生理需要得到满足的前提下产生的，如对人身安全不受危害的需要，对社会安定的需要，对工作稳定的需要，对劳动安全的需要，对生活保障的需要等。安全需要得不到满足，人就会处于不安和恐惧之中。所谓社交需要，是指通过人与人的交往获得归属感以及得到亲情、友情、爱情等情感的需要，这些需要一般是在生理和安全需要得到满足的前提下产生的，如获得归属于某一群体的感觉的需要，获得亲属、朋友、同学、同事的关爱和信任的需要，获得情侣或爱人的爱慕和依恋的需要、获得他人理解和同情的需要等。社交需要得不到满足，人就会产生孤独感。所谓尊重需要，是指获得他人尊重从而能够自尊、自信的需要，如人格受他人尊重的需要，能力和才华得到他人承认和赞赏的需要，确立自己在团体中的地位的需要等。尊重需要得不到满足，人就会感到自卑，丧失自信，变得软弱无能。所谓自我实现的需要，是指能够充分发挥自身的聪明才智和能力，能够满足自身的兴趣和意愿，能够成就自身的理想和抱负，从而最大程度地实现自我价值的需要，如对取得事业成功的需要，对获得成就感的需要，对获得幸福感的需要等。

马斯洛认为，上述人类的基本需要是分层次的，而不是平列的。人的需要可以分为物质方面的需要和精神方面的需要，物质需要是基础性的，精神需要则是更高层面的需要。在上述人类需要中，生理需要和安全需要偏重对物质方面的需求，因而是较低层次的需要；社交需要、尊重需要和自我实现需要偏重对精神方面的需求，因而是较高层次的需要。更具体地说，在以上五个方面的需要中，生理需要是最基本的需要，也是最低层次的需要；安全需要是低层次需要，社交需要是中间层次的需要，尊重需要是高层次需要，自我实现需要是最高层次的需要。

在刻画了人类需要的层次结构之后，马斯洛进一步指出，人类的需要不仅具有层次结构，而且是一个动态的系统。人的需要可以分为优势需要和劣势需要。优势需要是人期望首先得到满足的需要，也是欲求最强烈、激发行动的动力最大的需要。优势需要之外的需要是劣势需要。人在现实社会中的需要是从最低层次向最高层次逐层上升的。低一层次上的需要未被满足时，这一需要就会成为优势需要，具有激发行动的最大动力，高一层次的需要就成为劣势需要而不会凸现出来，即使存在，也会比较微弱。当低一层次的需要被满足时，这一需要就转化为劣势需要，激发行动的动力就会减弱，而高一层次的需要就会取代它而成为新的优势需要。一个人可以同时产生不同层次的需要，但只有优势需要才是推动人们行动的最主要动力。例如，对许多人来说，当钱挣得很少时，努力工作主要是为了养家糊口；当钱已经挣得足够多以后，养家糊口就不再是努力工作的主要目的了，这时，赢得社会的承认和他人的尊敬、获得成就感、最大程度地实现和证明自我价值等更高层次的需要就可能成为努力工作的主要动力。

对公关活动及其语言运用来说，正确认识社会公众的各种需要，深刻了解需要与各种相关因素的关系，以及不同需要之间的关系，都有着重要的意义。首先，公关语言的一些特征和原则实际上体现了对公众需要的尊重和理解。公关语言的情感性，体现了对公众社交需要的尊重，公关语言的礼貌原则体现了对公众尊重需要的理解。其次，公众的需要是多方面的、有层次的动态系统，在诸多方面的需要中，优势需要是决定公众态度和行为的主要动力，公关活动和公关语言表达如果能够针对公众的优势需要，把公众优势需要的满足作为核心诉求，这对实现预期的公关目的是十分有利的。例如，许多高级轿车的广告经常把广告定位在顾客对身份、地位的需要上，也就是把顾客的尊重需要作为广告的基本诉求点，而德国奔驰汽车的一则广告则针对眼下交通事故频发的状况以及驾车者对人身安全的担心，打出“今日公路上最为安全的地方”的广告语，将驾车者的安全需要作为广告的基本诉求点，在目前交通安全问题严重的情况下，安全已成为驾车者的第一需要，因而这则广告语更能具有感召力。再者，公众的需要是可以激发和强化的，通过公关语言对公众所施加的影响，激发和强化他们的某种需要，对实现预期的公关目的，对营造社会组织所需要的良好生存和发展环境是很有意义的。例如，有一家生产糖果的企业，起初的广告宣传只是单纯地突出本企业糖果的优良品质，可是广告宣传并没有取得预期的效果，企业生产的糖果很少有人问津，后经调查了解到，造成这种状况的主要原因是顾客普遍认为糖果的价格太高。于是这家企业改变了广告的定位，修改了广告词，大力宣传这种高品质的糖果是馈赠亲友的最佳礼品，激发并强化顾客的精神需要，结果糖果的销量大增。最后，不同的社会公众由于社会身份、经济地位和生存环境的不同，会有不同的需要，这就要求公关活动和公关语言表达要充分考虑到不同社会公众的需要，使公关目的、公关内容与公关对象的特殊需要达到最佳匹配，这样才可能最大程度地争取到公关对象的理解和支持。

二、公众动机

人的行为总是由一定的原因引发的，这些原因既有外在的因素，也有人的内在动力。动机是指促使人实施某种行为活动的心理过程或主观因素，是人实施某种行为活动的内在推动力。公众动机则是指促使公众实施某种行为活动的、具有一定普遍性的心理过程或主观因素。《礼记·檀弓下》记载：春秋时，齐国发生严重的饥荒，有个叫黔敖的人在路边施舍食物。一个饥饿的人跌跌撞撞地走过来，黔敖对他喊道："嗟！来食！"（意思是"喂！过来吃吧！"）那个人听了很生气，瞪着眼睛对他说："我正是因为不吃'嗟来'之食才饿成这个样子的。"尽管黔敖向他道歉，但那饥饿的人仍然坚决不吃黔敖施舍的食物，直到最后饿死。这个"不食嗟来之食"的故事所记述的，就是一种由保持自身尊严的动机而引发的行为。

动机不仅是引发行为活动的内在动力，而且对行为活动的效果有明显的影响。心理学研究证明：人的行为活动成效如何，取决于行为者能力的高低和动机的强弱。有能力，但没有动机或动机不强烈；或者有动机，但缺乏能力，行为活动都难以取得良好的成效。能力和动机都是人的行为活动所不可缺少的，但从某种意义上说，动机比能力更为重要。首先，对一个具体的人而言，在一定的时期内，他的能力是一定的，不会有很大的变化，在能力是常数的条件下，行为活动的成效就取决于动机的强弱，动机越强烈，人实施某一行为的积极性就越高，行为活动的成效也就越大。古往今来许许多多"有志者事竟成"的事例，都说明了强烈的动机在取得成功过程中的重要作用。哥德巴赫猜想一直被视为数学王冠上的明珠，两百多年来，不少数学家为破解这一科学之谜耗费了大量的精力，但都没有获得成功。陈景润上中学时，数学老师把它作为一则趣闻告诉大家，陈景润听后，立志要攻破这一数学难题。在这种强烈动机的推动下，他勤奋地积累知识，废寝忘食地进行数学演算，草稿纸堆积了一麻袋又一麻袋，最后终于摘取了这颗数学王冠上的明珠，发明了"陈氏定理"。其次，人的能力是可以提高的，能力的提高需要人做出艰苦的努力，而只有当有了强烈的学习动机和求知欲望，人才能够坚持不懈，发愤图强，人的能力才能不断提高，可见，强烈的动机也是提高能力的强大推动力。

人的动机和需要是密切相关的，需要是动机的基础，是行为活动的深层原因；动机是由需要转化而来，是行为活动的直接原因。在通常情况下，动机实际上就是需要的具体体现。人由于体内缺乏水分而会产生喝水的需要，这一需要又会转化为寻找饮水的动机。人感到孤独的时候，就会有与人交往的需要，这一需要又会转化为和家人团聚或找朋友交谈的动机。动机和需要又是有区别的，动机虽然是由需要转化而来的，但这种转化还需要外在环境的诱因。只有当外在环境提供了能够满足需要的特定目标时，人的行为活动才可能有具体的趋向，需要才有可能转化为有具体指向的行为动机。一个身陷沙漠的人尽管干渴万分，有强烈的补充水分的需要，但由于他知道广漠的沙海中根本没有水，寻找水源只能徒然耗费体力，在这种情况下，补充水分的需要就不会转化为寻找饮水的动机。

公众动机的产生除了要以需要为基础，除了要有能够满足需要的特定目标出现之外，公众动机的产生和强弱还与人们对特定目标的认知、判断关系很大。这种影响动机产生和强弱的认知、判断主要包括两个方面，一是对实现该目标可能性的估价，一是对实现该目标的意义和价值的估价。只有当人们对实现目标的可能性和意义的估价都比较高时，他们才会对实施某一行为有比较强烈的动机，才会有比较高的积极性。如果人们认为这一目标不可能实现或者即使实现了价值也不大，那么他们就不会产生行为的动机；即使产生了，这一动机也会比较微弱，不足以推动他们积极地采取行动。目前在我国的经济生活中，“培育消费主体”、“培育新的消费热点”、“培育新的消费市场”是谈论很多的话题。无论是其中的哪种“培育”，说到底都是对消费者新的购买动机的培育。下面是国内“世界建筑建材总网”2004 年 1 月 8 日刊登的一则关于培育住房消费的报道：

> 为了促进住房消费的发展，2004 年政府将采取一系列切实可行的措施扩大和培育住房消费。
>
> 国家加强经济适用房的建设和管理，加大经济适用房的开发力度，对经济适用房的规模和价格进行有效的指导和整体的调控；增加中低价位普通商品房供应，能够满足城镇居民对住房需求的不断增长的需求，尤其在房屋供应的数量和建筑舒适功能上有新的突破；完善住房补贴政策，加强住房公积金的管理和利用；搞活房地产二级市场，使之成为我国住房消费的一个主要组成方面，进一步形成住房市场的一级市场和二级市场的良性互动；物业管理已经成为我国住房消费的一个主要组成部分，要进一步规范和发展物业管理服务，提高物业管理服务水平，提升管理和服务的品质。

报道中列举了各种扩大和培育住房消费的措施，包括提供更多的经济适用房和中低价位的商品房、完善住房补贴政策、加强住房公积金的管理和利用、搞活房地产二级市场、提高物业管理服务水平等，这些措施的落实，不仅可以为满足消费者住房需要提供具体的目标，而且可以对消费者的主观估价产生积极的影响，从而激发并强化他们的购房动机。

对公关活动及其语言运用来说，了解各种影响动机的因素以及动机对行为效果的影响等方面的规律，都是很有意义的。首先，动机的强度直接关系到行为成效的大小，公关活动及其语言运用应该设法强化公众的有关动机，提高他们支持公关目标的积极性和热情，这样公关活动才能收到良好的成效。20 世纪 40 年代，速溶咖啡作为一种新产品投放市场，生产厂家的广告大力宣传该产品如何饮用方便，如何节省时间，原本以为这样宣传速溶咖啡的特点一定可以激发消费者的购买动机，但结果却事与愿违，这一新产品不但没有受到消费者的青睐，反而受到冷落。后经调查才发现，消费者之所以对速溶咖啡缺乏强烈的购买动机，是因为传统观念在起作用。当时社会普遍认为，一个家庭主妇应该勤于家务，凡事不应该只图方便省力而忽略了生活应有的品质，否则就是一个懒惰无能、不善持家的主妇。速溶咖啡广告宣传的诉求点恰恰是家庭主妇们最不愿意接受的，因为她们怕被人认为是不称职的家庭主妇。于是，生产厂家改变了广告宣传的策略，转而强调速溶咖啡是如何的美味芳香，是如何的质地醇厚，新的广告宣传打消了家庭主妇们的顾虑，激发并强化了她们对速溶咖啡的购买动机，这一新产品的销路从此打开。其次，动机是从需要转化而来的，需要转化为动机要有一定的条件，而这些条件都是可以人为地加以创造和干预的，从这个意义上说，动机也是可以培育的。具体说来，公众动机的产生和强度与是否有能够满足公众需要的特定目标出现以及公众对该目标的估价密切相关，公关活动及其语言表达要想取得理想的效果，不仅应该为公众提供可望又可及的外在目标，而且应该设法提高公众对实现该目标或获得该目标物的可能性和意义的估价，从而最大限度地激发符合公关目的的动机，最大限度地调动公众与公关主体合作的积极性。有一个广为流传的故事可以用来说明这里面的道理：两个推销员到一个海岛上去推销鞋子，当他们看到岛上的居民从来不穿鞋，走路干活都赤着双脚时，其中一个认为这些世世代代不穿鞋的居民根本不可能有购买鞋子的动机，因而这里不可能有市场，于是他便打道回府；另一个推销员则向公司报告说：这里市场广阔，因为当地的居民都没有鞋穿，然后他便留在岛上向当地居民宣传穿鞋的好处，展示各种适合当地穿着而又价廉物美的鞋子，努力说服当地居民改变不穿鞋的习惯，逐渐培育起他们购买鞋子的动机，最后终于打开了市场。

第二节　公众的心理定势和群体效应

一、公众的心理定势

心理定势是某种特定的刺激诱发出来的人的心理反应的定向趋势，这种定向趋势对人的感知、记忆、思维、情感等心理活动有一定的决定作用。心理定势是人的心理活动中的“惯性运动”，它使人不自觉地沿着一定的方向去感知事物，去思考、理解和解决问题。公众心理定势是指社会公众中存在的、具有一定普遍性的心理定势。在日常生活中，公众的心理定势是普遍存在的。例如，对上门推销商品的销售人员，公众普遍怀有程度不同的不信任态度，认为以这种方式销售产品的企业一定是规模小、不正规、缺乏信誉的企业。

公众的心理定势有很多具体的表现形式，常见的有第一印象、首因效应和近因效应、光环效应、刻板印象等。

1. 第一印象

第一印象也称作首次效应，是指人第一次与陌生的人或事物接触时所获得的有关这个人或事物的印象。这种印象通常只涉及对象的一些表面特征，如人的外貌、表情、言谈、举止、衣着等，因而常常是比较肤浅的，但由于人在和从来没有接触过的陌生事物第一次接触时，往往会给予更多的注意，所以第一印象又往往是比较深刻而不易改变的。

第一印象作为一种心理定势，对以后的认知活动有定向的作用。在第一次以后的接触中，第一印象会先入为主，引导人们对事物的进一步认知，人们也总会有意无意地将以后获得的认知结果同第一印象联系在一起，把后来得到的认知结果当作第一印象的一种补充。如果第一印象良好，对象的一些不良品质和表现就有可能被淡化；如果第一印象不佳，对象的良好品质和表现就可能被忽视。第一印象通常只是根据对象的表面特征而获得的，因此它可能符合对象的本质属性，但也可能不符合对象的本质属性。如果人们的第一印象与对象的本质属性相符，那么它就不会对以后的认知活动产生明显的不利影响；如果人们的第一印象与对象的本质属性不符，那么势必会给以后的认知活动带来不良影响，在这种不正确的第一印象的基础上，人们容易形成对认知对象的偏见。由于第一印象一般比较深刻，要改变它就需要花费时间和气力。

第一印象具有推延性的特点。这里的推延性是指，在一定的条件下，原本只是对个体或局部的第一印象会推及相关的群体或整体。一个中国人来到国外，外国人对他的第一印象有可能同时成为对所有中国人的第一印象：觉得这个中国人好，就会觉得中国人好；觉得这个中国人不好，就会觉得中国人不好。社会公众对一个公关人员的第一印象，也可能推延为对整个社会组织的第一印象：公关人员给公众的第一印象好，公众就会对他所代表的社会组织留下好的印象；公关人员给公众的第一印象不好，公众就会把这种不好的第一印象推延到他所代表的社会组织上。

第一印象的形成主要与三个因素有关。第一，第一印象的形成与公众当时的情绪、注意程度等主观因素有关。接触同一个对象，人心情好时，就容易获得较好的第一印象，心情不好时，第一印象就可能不佳；注意程度高时，就容易获得较深刻的第一印象，注意程度不高时，第一印象就可能浅淡模糊。例如，热恋中的人看什么都会觉得很可爱，心灰意冷的人见到什么都会觉得不如意；一件外观奇特而引人注意的商品自然容易给人留下印象，一件毫无特色而被人忽视的商品，事后往往很难回忆。第二，第一印象的形成与当时的环境和氛围有关。接触同一个对象，环境和氛围好时，就容易获得较好的第一印象，环境和氛围差时，第一印象就可能不佳。例如，同样的商品，摆在富丽堂皇的商厦中销售与放在地摊上叫卖，给人的感觉自然不同。第三，第一印象的形成与对象的表现范围和深度有关。对象的表现范围和深度越大，获得的第一印象就越接近对象的真实情况。例如，与一个陌生人如果只是匆匆见了一面，往往只能对他的相貌、身材、衣着等一些表面特征留下印象，但如果能够和他交谈一番，对他的了解就会深入一些。

认识第一印象的特征、作用，了解第一印象形成的制约因素，对公关活动及其语言运用有着重要意义。首先，第一印象作为一种心理定势，对以后的认知活动有定向的作用。在公关活动及其语言表达中，要自觉地利用第一印象的这种特性，通过各种手段优化公众对社会组织的第一印象，并充分利用第一印象的效应做好公关宣传，使公众的第一印象在塑造组织形象的过程中发挥正面的、积极的作用，同时要警惕公众获得错误的第一印象，防止其对公众产生误导作用。其次，第一印象具有推延性的特点，对个体或局部的第一印象往往会推及群体或整体。在公关活动及其语言表达中，公关人员特别要注意自身的形象，要通过礼貌得体的语言表达和行为举止，给公众留下良好的第一印象，这种对公关人员个人良好的第一印象有利于公众形成对社会组织的积极评价，避免由于公关人员的不良表现而使社会组织的声誉和形象受到损害。再者，第一印象的形成与人的情绪、注意程度等主观因素、客观的环境氛围以及对象的表现范围和深度有关，通过对这些因素的控制，就有可能在一定程度上控制人对某一事物的第一印象。在公关活动及其语言表达中，要自觉地利用可以对公众的第一印象产生影响的诸因素，积极地影响公众对社会组织的第一印象，例如，举办各种庆典或产品发布会，要注意场地环境的选择和布置，要注意现场氛围的营造，要注意公关人员的衣着、言语、举止的得体，要注意公关语言的表达内容和表达形式，使其更能反映社会组织的意图，更能体现社会组织的良好形象，这些对促使公众形成对组织良好的第一印象都是有意义的。

2. 首因效应和近因效应

心理学研究表明：在认知事物的过程中，有关认知对象的信息的出现顺序对认知结果有重要影响。首因效应和近因效应，就是与认知对象信息的出现顺序有关的心理定势。

首因效应是指在对认知对象形成印象的过程中，最先出现的信息往往会给人留下较为深刻的印象，并影响和引导着对该认知对象的态度和评价。第一印象实际上是首因效应的一个特例，但首因效应并不限于第一印象。美国心理学家洛钦斯曾做过一个经典性的实验：分别向甲、乙两组被试介绍杰姆的性格特点，然后要求他们描述对杰姆的印象。他编写了一篇描写杰姆性格的材料，前半段描写杰姆性格热情外向，后半段描写杰姆冷淡内向，然后给甲组阅读，结果有78%的人认为杰姆具有热情外向的性格。接着，他又将前后两段的顺序颠倒，先描写杰姆性格冷淡内向，后描写杰姆性格热情外向，然后给乙组阅读，结果只有18%的人认为杰姆具有热情外向的性格。这一实验表明，当有关信息先后出现时，人们总是倾向于重视最先接触到的信息，这些信息影响着人们对后续信息的解释，制约着人们的后续心理活动。人们常说的"先入为主"，指的就是这种首因效应。

近因效应是指在对认知对象形成印象的过程中，最后出现的信息往往会给人留下深刻的印象，对人的后续认知活动及其结果会产生明显的影响。美国心理学家洛钦斯还做过这样的实验：分别向两组被试介绍一个人的性格特点，然后要求他们对得到的印象做出描述。他对甲组先介绍这个人热情外向的一些特点，后介绍这个人冷淡内向的一些特点；对乙组则相反，先介绍这个人冷淡内向的一些特点，后介绍这个人热情外向的一些特点，结果两组被试都是对第一部分材料印象深刻，他们对这个人的看法明显受首因效应的支配。洛钦斯又把上述实验方式加以改变，还是先向甲组介绍这个人热情外向的特点，先向乙组介绍这个人冷淡内向的一些特点，但在介绍完第一部分后，便让两组被试去做别的事情，如做一些数字演算，或是听听故事等，然后再向他们分别介绍第二部分，结果两组被试都是对第二部分材料印象深刻，他们对这个人的看法明显受近因效应的支配。在现实生活中，近因效应也是一种常见的心理现象。1999年国内甲A足球联赛，在最后一场比赛中，某队的一位老队员因禁区内一个不必要的犯规动作，被罚点球并被亮了红牌。结果关键时刻被对方罚进一球，球队输了。主教练怒不可遏，把这位队员狠狠地训斥了一顿。等比赛结束，回到宾馆后，这位教练却用手抚摸着那位球员，极力安慰他。那位球员竟眼含热泪，用感激的目光看着教练，久久说不出话来，先前的委屈和怨恨顿时被统统化解了。这就是近因效应产生的作用。

认识首因效应和近因效应的特点和作用，对公关活动及其语言运用有着重要的意义。对首因效应和近因效应的研究表明，就对认知主体的影响来看，开头和结尾处出现的信息要比中间部分的信息更为重要，最先出现的和最近出现的信息会影响人们对其他时间位置上出现的信息的理解和评价，从而也会在很大程度上影响人们对认知对象的认识和评价。在公关活动及其语言表达中，要充分注意和有效利用首因效应和近因效应的这种作用。举行重大的公关活动要精心安排好开幕式和闭幕式，否则公众的印象就会大打折扣；公关语言的口头表达和书面表达都要注意开头和结尾的构思，这样才会给公众留下深刻的印象。在公关活动及其语言表达中，信息发布要选择适当的时机，信息内容要通过合理的编排，而信息发布时机的选择和信息内容的编排都要考虑周围信息的影响，要看一看周围信息可能造成的心理倾向是否有利。如果报纸某一版的头条刊登了一则题为《警惕人才市场的招聘陷阱》的新闻，而当版的底部又刊登出某单位的招聘广告，刚刚读完头条的读者在头脑中已经先入为主地产生"人才招聘谨防有诈"的观念，再看到这则招聘广告，在首因效应的作用下，很容易对广告的内容产生怀疑。如果报纸这一版的头条刊登的是题为《今春人才市场健康有序》的新闻，下面人才招聘广告所受到的影响就会是正面的了。

3. 光环效应

光环效应也称作晕轮效应，本指一种自然现象：当人直视强光源体时，会感觉到这个光源体形成的“光环”或“晕轮”向四周弥漫扩散，耀眼的光芒将周围一大片区域遮蔽在它的背后。心理学中的“光环效应”则是指把对认知对象个别品质的评判放大到该对象的全部品质上，是一种以点概面、以偏概全的心理定势。在认知事物的过程中，人们有时会感到认知对象的某个个别品质非常突出，印象深刻，他们往往会不自觉地将自己对这项品质的评判放大，以至认知对象的其他品质被遮盖、被忽略。光环效应既可以是肯定性的，一好百好，“一俊遮百丑”；也可以是否定性的，一坏百坏，“一丑遮百俊”。不管是肯定性的还是否定性的，光环效应给人们造成印象都有可能是失真的。例如，一个学生学习成绩优秀，那么他在品德、为人等其他方面的缺点就容易被人视而不见；一个学生学习成绩很差，那么他在其他方面的优点也容易被人忽视。

光环效应的产生源自认知者对认知对象个别品质评价的放大和推广，什么样的品质可能引发光环效应，要受到客观条件和主观因素的制约。从客观条件上看，事物的某一品质的信息量大，显著度高，其他品质的信息量小，显著度低，会造成刺激强弱不同，那么信息量大、显著度高、刺激强烈的品质，往往会从众多品质中突出出来，引发光环效应，使人看不到事物的其他品质。对一个学生来说，学习成绩是教师和家长最为关心、谈论最多的品质，学习成绩的好坏自然有很强的刺激强度，因而也就最容易造成光环效应。对一件商品来说，在消费者面前展现最充分的往往是它的包装，因而商品的包装也就最容易引发光环效应。美国杜邦化学公司一直以“生产高品质的产品就会赢得顾客”作为经营思想，在世界化工市场上占据了无可争议的优势地位。但从 20 世纪 50 年代中期开始，它的市场占有率却持续下滑。于是该公司组织专家进行市场调查，以弄清问题的症结。专家们的最后结论是：论产品质量，杜邦优于其他同类产品；论产品包装，其他同类产品则优于杜邦。很显然，市场占有率下滑的主要原因在于顾客以为外在包装不好的产品，其内在品质也不会好，正是这种产品包装的光环效应影响了杜邦公司的产品销售。于是杜邦公司在产品包装上做了重大改进，很快扭转了不利局面。而后，杜邦化学公司根据市场调查结果，提出了著名的“杜邦定理”，即有 63%的消费者首先根据商品的包装来决定是否购买。从认知者的主观因素上看，人可能由于社会特征、禀性脾气、兴趣爱好的不同而看重事物的不同品质，因而光环效应出现的具体情况也就可能不同。对同一个人，有的人可能由于喜欢他的正直而产生光环效应，有的人则可能由于欣赏他的智慧而产生光环效应；对同一种产品，有些人可能由于欣赏它的造型而产生光环效应，有些人则可能由于喜欢它的色彩而产生光环效应。

认识光环效应的特点、形成条件以及对认知活动的影响，对公关活动及其语言运用是很有意义的。在公关活动中，可以合理而有分寸地创造和利用光环效应，使公众在尚未或不能了解全面情况的条件下，能对社会组织或某一产品形成良好的印象。这样做的前提是：要本着诚信的原则，保证光环下没有损害公众利益的欺诈行为。例如，一件高品质的商品配上精美的包装，精美包装的光环效应可以使消费者在不能打开包装的情况下，对这一商品产生良好的印象，这种光环效应并没有背离整个商品的真实品质，所以是积极的；

但如果“金玉其外，败絮其中”，精美的包装下是一件质量低劣的商品，那么精美包装所产生的光环效应就是一种欺诈了。

4. 刻板印象

刻板印象是指一部分社会成员对某类人或某类事物所持有的固定的、模式化的看法。刻板印象不是一种个体的心理现象，而是某种群体共识的反映，因而也被称作“社会刻板印象”。刻板印象作为一种心理定势，“刻板”是它的基本特征。刻板就是死板而不知变通，就是模式化而不顾群体中的个体差异。人们在认识事物的过程中，常常会根据某些特征不自觉地将认知对象归入某类事物中去，并将头脑中已有的关于这类事物的刻板印象，作为判断和评价认知对象的依据。例如，看到一个年轻人，人们就可能根据已有的刻板印象，认为他做事不塌实，办事不牢靠，“嘴上没毛，办事不牢”；看到一个老年人，人们就可能根据已有的刻板印象，认为他因循守旧，缺乏进取心；看到一个女性，人们就可能根据已有的刻板印象，认为她被动顺从，“头发长，见识短”。

从对认知活动的影响来看，刻板印象既有积极的，也有消极的。刻板印象总是在概括群体中一部分个体的特征的基础上形成的，物以类聚，人以群分，如果被概括的这一部分个体在群体中所占比例比较大，并有足够的代表性，这种概括就可以在一定程度上反映出群体的共性，这样的刻板印象可以帮助人们在认识事物的过程中，更快地抓住认知对象的突出特征，因而具有一定的合理性。如果被概括的这一部分个体在群体中所占比例很小，而且缺乏代表性，不足以反映群体的共性，这样的刻板印象就会成为一种偏见，会严重妨碍人们正确认识认知对象。

在公关活动及其语言运用中，对公众的刻板印象要能够正确应对。对积极刻板印象要因势利导，使其有利于公关目的的顺利实现；对消极刻板印象要通过讲事实、摆道理加以扭转，使其不会成为达到公关目标的障碍。例如，广东今日集团“乐百氏”乳酸奶在开发河南市场时，当地消费者只认可本地生产的乳酸奶，不接纳外地来的“乐百氏”。为了改变当地公众的这种消极刻板印象，广东今日集团利用“乐百氏”乳酸奶品质超群的优势，请河南省卫生防疫站对河南市场上的乳酸奶进行一次质量抽检，抽检结果在《河南日报》上公布。结果“乐百氏”乳酸奶荣获合格产品第一名，随即，“乐百氏是最好的乳酸奶”这一信息便在广大消费者中迅速传播开来，很快就扭转了公众的消极刻板印象，在当地公众中树立了广东今日集团及“乐百氏”品牌的良好声誉。

公众的心理定势是一种公众心中的潜在力量，这种力量对人们认知事物有定向和指引作用。从作用的效果上看，心理定势的作用具有两重性，它既可能对人们的心理活动发挥积极的作用，推动人们正确地认知事物；也可能对人们的心理活动起消极的作用，成为人们正确认知事物的障碍。从积极方面说，心理定势是在以往积累的知识和经验的基础上形成的，它能够使人们对遇到的问题迅速做出反应，把新问题纳入到已有知识和经验的框架内来认知并加以解决。不同事物虽有差别，但彼此之间也可能存在着共性，可能受共同规律的支配，在这种情况下，沿着由以往的知识和经验引导的方向去认知新事物，就有可能沿着一条捷径迅速做出正确的判断。从消极的方面说，不同的事物之间既可能有量的差别，也可能有质的差别，即使是同一事物，也总会有发展和变化，以往的知识和经验并不足以概括新的事物和事物的发展变化，在这种情况下，心理定势作为以往知识和经验的一种表现形式，又常常成为禁锢思想的枷锁，它使人们因循守旧，墨守成规，妨碍人们的创新思维。

二、公众的群体效应

公众的个体生活在公众的群体之中，个体的心理和行为必然会受到群体的影响。群体效应是指个体在群体的影响下产生某种心理、做出某种行为的现象。从公关活动的角度来看，值得注意的群体效应表现形式有从众效应和众从效应。

1. 从众效应

从众效应又称为从众行为，是指个体在群体的影响或压力下，在意见、态度和行为上与群体的多数人保持一致的现象。许多年前，美国的营销专家曾做过一个著名的“西服实验”。他们请来一些消费者，告诉他们每个人可以免费得到一套西服。然后把这些消费者每三人分为一组，以小组为单位，带他们去挑选西服。供挑选的西服有 A、B、C 三款，每人可以并且只能选择一款。在这个实验中还有一项对消费者秘而不宣的安排，就是在每个三人小组中，只有一人是真正的消费者，另外两人则是实验主持人事先安排好的实验助手，这些助手在选择西服款式时，并不是任意选择的，而是按照实验主持人事先所做的规定去选择的。在三分之一的三人小组里，两名助手按主持人的要求全都选择 A 款西服；在另外三分之一的三人小组里，两名助手全都选择 B 款西服；在剩下的三人小组里，两名助手全都选择 C 款西服。实验的结果是：在大部分三人小组里，两名助手选择哪一款西服，那位真正的消费者就跟着选择同一款西服。很显然，大部分消费者的选择深受周围多数人的影响，这就是从众效应。此外，“随大流”、“人云亦云”这些话所反映的也正是这种群体效应。

从社会作用上，从众行为可以分为积极从众行为和消极从众行为两类。积极的从众行为是有利于社会文明和进步、有利于各项事业健康发展的从众行为。积极的从众行为可以促使人积极向上，可以净化社会风气，可以逐渐形成一种良好的社会行为规范，约束人们的行为，从而提高全社会的思想道德水平。例如，在学校里，如果周围的同学学习都很刻苦，学习成绩也很优秀，少数不努力的学生就会感到有压力，这种压力会迫使他们改变原来的学习态度，在学习中也逐渐刻苦起来。在公共场合，如果大多数人都能够讲究文明礼貌，遵守公共道德规范，个别不文明礼貌的人就会觉得不好意思，这种心理压力会约束他们的行为，迫使他们尽可能与周围的人保持一致，而不做出不文明的行为。消极的从众行为是不利于社会文明和进步、不利于各项事业健康发展的从众行为。消极的从众行为会使人放弃正确的原则和态度，顺从不良风气或与社会丑恶现象同流合污。据《江南时报》2003 年 12 月 9 日报道，48 岁的强先生在无锡市遭遇车祸，肇事司机逃逸，受伤的强先生放在轻骑摩托车车箱内的 4.8 万元现款，因摩托车破损而全部散落在地，结果 50 多名过路群众在光天化日之下，竟然将所有的钱哄抢一空。这些哄抢他人钱财的群众并非原本就是恶人，他们之所以会发生集体越轨行为，消极从众心理是重要原因。

从从众程度上，从众行为可以分为自愿从众行为和被迫从众行为两类。自愿从众是个体不仅在外在行为上，而且在内心意愿上都跟从群体的多数。日常生活中有一些人缺乏独立的判断能力，缺少主见，遇事习惯于依赖和仿照他人，他们的从众一般都是自愿从众。此外，有时由于缺乏某种知识或经验，人们难以自己做出正确的判断，只得参照他人的做法，这种从众也是一种自愿从众。例如，当人们来到一个不熟悉的地方，要找一家餐馆就餐，可是街上的餐馆很多，这时人们往往不会选择没有顾客或顾客很少的餐馆，因为人们相信大家都不来这里就餐一定是有道理的，这里要么是饭菜质量不好，要么就是价钱不公道；人们往往会选择一家顾客比较多的餐馆，因为人们相信这么多人选择这家餐馆一定是有道理的，自己不了解情况，但不可能这么多人都不了解情况。被迫从众指个体迫于群体的压力而不得不在行为上与群体保持一致，但在内心却保留自己的不同意见和看法。这类从众行为在实际生活中也很常见。“文化大革命”期间，很多人心里并不赞成当时批判一切、打倒一切的做法，但迫于当时的形势和周围人群的压力，不得不跟着说出一些违心的话，做出一些违心的事情。

从众效应是个体与群体保持一致的心理和行为，它的产生既有个体方面的原因，又要受到群体方面的制约。从个体方面来看，希望得到群体认同，避免遭到群体排斥；缺乏有关的知识和经验，遇事只得依赖和仿照群体中的多数人，这些都是产生从众效应的常见原因。从群体方面来看，群体的规模越大，持某种态度、采取某种行为的人越多，对个体的压力也就越大，个体就越容易采取从众态度；群体内部的凝聚力越强，个体对群体的依赖程度就越高，个体的从众倾向也就越强烈；群体的素质和地位越高，个体对群体的信任程度就越高，接受群体的影响就越容易，个体的从众倾向也就越明显，这些都是群体方面常见的制约因素。

认识公众的从众心理和行为对公关活动及其语言运用是很有意义的。从众行为的社会作用有积极的，也有消极的，对有利于社会组织和公众利益的观点和行为，要广泛宣传，造成一种社会舆论，使公众产生积极的从众行为；对不利于社会组织和公众利益的观点和行为，要坚决抵制，并形成一定的声势，避免由于不良观点和行为的泛滥，使一些人随波逐流，产生消极的从众行为。例如，各种公益广告，比如“创造卫生环境，关爱你我生命”、“与文明携手，让绿色长留”、“珍爱生命，远离毒品”、“环境你不爱，美景不长在”等，就是要通过媒体的传播，使广告内容家喻户晓，以形成广泛的社会共识，推动积极的从众行为，防止消极的从众行为。从众行为的产生要受到公众个体和群体两方面因素的制约，了解这些相关因素，在公关活动中有意识地利用这些因素，就有可能营造有利于社会组织和公众利益的从众行为。例如，如果某产品已占据了相当的市场份额，或已有相当数量的消费者在使用这一产品，在产品的广告宣传中，就不妨将这方面的数据写进广告词，以调动公众的从众心理，从而使更多的消费者接纳这一产品。比如瑞士雷达表的广告，“每 5 个瑞士人，就有 1 位戴雷达表”。

2. 众从效应

众从效应又称作众从行为，是与从众效应相反的一种群体效应，它是指群体中的多数人在少数人的影响下，放弃原先的看法，在意见、态度和行为上与群体中的少数人保持一致的现象。在现实生活中，众从效应是一种常见的群体效应。例如，少数先进模范人物的榜样作用可以感召和带动周围的广大群众，使他们在思想、观念、态度、行动上向先进模范人物看齐。个别公众人物的衣着打扮可能会对公众产生很大的影响，人们可能会竞相效仿，以至于成为一种时尚。英国伦敦一家时装公司设计了一种底色鲜红并夹着黑白色的孕妇服，并赠送给当时正在怀孕的英国王妃戴安娜。当电视里播出戴安娜王妃身穿这件孕妇服去观看足球比赛的新闻后，英国的怀孕妇女便争相模仿，以至于这种款式的孕妇服很快就成为英国服装市场上的畅销品。

众从效应是多数人与少数人保持一致的心理和行为，它的形成会受到来自这两个方面的制约。从少数人这方面看，少数人的意见越是有道理，越是符合群体的利益，就越容易争取到多数人的理解，众从行为也就越容易发生；少数人越能够团结一致，越能够不懈坚持自己的意见，他们的影响力就越大，就越有可能使多数人在看法、立场、态度上发生动摇，众从行为也就越容易发生；少数人的素质、地位、威望越高，特别是有群体中的权威人物参与时，他们的意见的可信度就越高，影响力就越强，迫使多数人放弃原先的主张而转向少数人的可能性也就越大。从多数人这方面看，多数人内部越缺乏凝聚力，意见越分歧、态度越不坚定，就越容易发生众从行为。

认识众从效应对公关活动及其语言运用是很有意义的。在公关活动中，社会组织的意图、建议和计划有时并不能很快得到大多数公众的理解和支持，在这种情况下，可以首先争取有影响力的少数人的理解和支持，通过他们的影响，使多数公众产生众从行为，最后在广大公众中赢得理解和支持。在我国古代，刚刚南渡建立起来的东晋王朝国库空虚，除了几千匹白练外，几乎没有什么值钱的东西。宰相王导准备卖掉这些白练，以便为朝廷筹集财政经费。然而，在当时的市场上，白练并不畅销，价格也很低廉，即使把这几千匹白练都卖出去，也值不了多少钱。于是王导找来几位德高望重的大臣，用白练为他们每人缝制了一件衣服。官员和读书人看到这些有名望的大臣穿这样的衣服，便群起效仿，一时间白练供不应求，价格飞涨，结果朝廷赚了一大笔钱，大大改善了财政状况。在现在的电视荧屏上，名人广告屡见不鲜，这种广告形式实际上就是利用名人的影响力以促使公众发生众从心理和行为。

第三节　公众的认知和态度

一、公众的认知

公众认知是指公众在社会环境中对事物进行感知、知觉、判断、推理的心理过程和结果。社会公众对某个企业从不了解到了解，从没有什么看法到形成一定看法的过程，就是一个公众认知过程。公众认知包括公众印象。公众印象是人们头脑中通过整合各种感觉而形成的认知对象的整体形象，是人脑对作用于感觉器官的客观事物的整体反映。认知对象的公众印象有深与浅、好与坏之分。

人们每天都会接触到形形色色的事物，但不可能对任何接触过的事物都留下印象，只有那些能够引起人们注意的事物才可能给人们留下印象，才可能真正成为人们的认知对象，可以说认知主体的注意是形成印象和发生认知活动的前提。注意，是指人的心理活动指向和集中于特定对象。当人们注意某一特定对象时，就会把心理活动集中在这一对象上，而同时抑制有关其他对象的心理活动，未被注意的对象会被排挤到“注意”的边缘，甚至可能“听而不闻，视而不见”。相信许多人都有过这样的经历：当你全神贯注地做某一件事情时，周围发生的事情你可能根本感觉不到，更不会有任何印象。注意是否发生以及注意程度的强弱，要受到认知对象和认知主体两个方面因素的制约和影响。

1. 从认知对象本身来分析

认知对象的信息强度、认知对象的信息重复率、认知对象与背景的对比强度等因素，都会对公众的注意程度产生明显的影响，从而影响公众印象。

（1）认知对象的信息强度。认知对象的信息强度就是信息对人的感觉器官和心理的刺激强度，有关认知对象的信息越强烈，对人的感觉器官和心理的刺激越大，越容易引起公众的注意，越容易给公众留下印象。声势浩大、气氛热烈的公关活动往往比较容易给公众留下深刻印象，鲜明的色彩、强烈的光线、特殊的音响、醒目的图案、新奇的式样以及巨大的篇幅等，往往可以使广告更加引人注意。

（2）认知对象的信息重复率。有关认知对象的信息重复的次数越多，重复得越频繁，越容易被公众注意到，越容易给公众留下印象。一个人如果频频出现在各种大众传播媒介上，就容易成为家喻户晓的公众人物；一句广告语如果长时间地反复播放，就有可能在公众中广泛流传。一个社会组织的名称、标志，一种商品的品牌，如果随处可见，公众自然容易留下印象。

（3）认知对象与背景的对比强度。认知对象与背景的对比强度越高，反差越大，越显得突出，越容易引起公众的注意，越容易给公众留下印象。一点微弱的烛光在洒满阳光的房间里就不容易被人们感觉到，同样微弱的烛光在黑暗的房间里就会马上被人们注意到。生活中越是与众不同的事物，越容易凸现出来，越容易引起人们的好奇和兴趣，也就越容易给人们留下印象。北京东单街头曾有许多广告牌，这些静态的广告牌并不怎么引人注意，很少有行人驻足观看，但在这些没有变化的广告牌中，有一个用金属片制作的不断闪动发光的松下电器公司的广告由于与众不同而格外显眼，常常吸引过路人停下脚步观看。

2. 从认知主体本身来分析

认知主体的需要和动机、认知主体的知识和经验、认知主体的心理定势等因素，都会对公众的注意程度产生明显的影响，从而制约公众印象的产生。

（1）认知主体的需要和动机。在认知过程中，人对认知对象是有选择的，影响这种选择的首先是需要和动机，需要和动机可以使人主动地把注意指向某一事物。在需要和动机的驱动下，人们往往会主动去寻找和发现能够满足需要的事物，而对与需要无关的事物则把它们推入背景之中或者干脆过滤掉。例如，亨氏婴儿营养米粉的电视广告，画面是一群健康活泼的婴儿从亨氏营养米粉盒中爬出，红红的脸蛋，明亮的眼睛，胖胖的身体，这些可爱的婴儿可以吸引住千千万万年轻父母的目光，天下父母又有哪一个不希望自己的孩子能够像这些婴儿一样健康可爱呢？亨氏营养米粉广告紧紧抓住天下年轻父母的需要，用健康活泼的婴儿形象刺激他们，使他们注意亨氏营养米粉的功效，从而产生购买欲望。但对其他观众来说，这一电视广告即使能够让他们觉得很好看，也难以使他们注意广告宣传的具体内容，更不要说产生购买欲望了，因为他们根本就没有这样的需求。

（2）认知主体的知识和经验。在人的认知过程中，对认知对象信息的筛选、判断、整合都需要依靠认知主体已有的知识和经验，知识和经验不同，注意的指向就可能不同，获得的印象和认知结果也就不同。从事某一专业的人对与本专业相关的事物就会比一般人敏感，注意程度就比较高，就容易留下印象。一件事情或一个故事，在有类似经历和体验的人那里，就容易引起共鸣，留下印象。同一个事物，不同知识和经验背景的人去观察，可能会注意不同的特征和方面。

（3）认知主体的心理定势。心理定势是认知活动中的具有定向作用的心理趋向，这种心理趋向常常会使人们不去注意那些与心理定势不相容的事物或事物特征，排斥产生与心理定势不符的印象。例如，一旦认知主体把对认知对象个别品质的评判放大到该对象的全部品质上而产生“光环效应”，在认知活动中就往往会以点概面、以偏概全，而不容易注意到认知对象的其他品质，以致造成印象的失真。一旦认知主体接受了某种社会刻板印象，在认知活动中就会戴上有色眼镜，对一些与刻板印象不符的特征就可能视而不见。

认识公众认知和公众印象的特点和相关因素，对公关活动及其语言运用有重要意义。一切公关活动的目标都只有在取得良好的公众印象的前提下才可能顺利实现，公关语言表达应该有意识地利用制约印象产生和认知结果的各种主观的和客观的因素，对公众施加有效的影响，促使他们形成对公关主体的良好印象和评价，从而赢得他们的理解和支持，顺利实现公关目标。

二、公众的态度

公众态度是公众对某种特定的事物所持有的主观意向。态度被认为是由认知、情感、行为意向三个方面的要素构成的。在认知上，态度主要指对特定事物的理解和评价，相信与怀疑、肯定与否定、赞成与反对等都是认知上的态度。在情感上，态度指对特定事物的情感反应，喜爱与厌恶、尊敬与蔑视、热情与冷漠、无畏与恐惧等都是情感上的态度。在行为意向上，态度指对特定事物实施某种行为的意愿，也就是“愿意不愿意做”的态度。

公众态度对公众的行为有着直接的影响，特定的行为和特定的态度之间往往有着直接的因果关系。如果公众对社会组织的意见或建议持肯定的态度，他们就有可能以自己的实际行为支持这些意见或建议；如果公众持否定的态度，他们就不可能采取支持和合作的行动。公众态度对公众的判断也有明显的影响，公众对某一事物的判断往往会受所持态度的左右。人的态度不同，对事物的判断也往往不同。如果对某人或某一事物持肯定赞许的态度，那么他或它的一些缺点和不足就可能被淡化，甚至可能被美化；如果对某人或某一事物持否定贬斥的态度，那么他或它的一些优点和长处就可能被忽视，甚至可能被贬低；“情人眼里出西施”说的就是这种态度对判断的影响。

公关活动及其语言运用是一个影响、劝导、说服公众的过程，在很大程度上也就是一个努力使公众改变态度的过程。公众的态度不是一成不变的，而是可以改变的。态度的改变可以发生在方向和强度两个方面。态度方向的改变是以新的态度取代原有的态度，是态度的质变。由反对转变为赞成，由厌恶转变为喜爱，由消极转变为积极，由冷漠转变为热情等，都是态度方向的改变。态度强度的改变是方向不变而只改变原有态度的强度，是态度的量变。由基本认可转变为完全赞同，由有点喜欢转变为非常喜爱，由愿意合作转变为积极合作等，都是态度强度的改变。

态度的改变受很多因素的影响，从公关活动和公关语言运用的角度看，比较重要的因素有公众需要的满足度、信息的权威性、公众对认知协调的需求等。

1. 公众需要的满足度

心理学实验证明：对人的需要的满足总是与肯定的态度关联在一起的，越能满足需要的对象，越有助于达到理想目标的对象，越能使人产生赞成和喜爱的态度。根据人的这种心理倾向，要使公众改变态度的方向，放弃原有的态度，就应该设法使他们感到在满足自身需要上新态度比原有态度更为有利；要使公众提高已有态度的强度，就应该使他们更充分地了解这一态度对满足自身需要的积极意义。

2. 信息的权威性

信息的来源和内容越具有权威性，在公众中的可信度就越高，就越能使公众信服，改变公众态度也就越容易。例如，国家质量技术检查部门发布的产品质量监督抽查公告，由于信息来源具有权威性，在公众中有很高的可信度，一个品牌的商品不论多么畅销，只要被公告指出有质量问题，公众立刻就会避而远之，生产企业马上就会陷入困境。2004 年 11 月中旬有人向媒体报告，称巨能钙含双氧水，长期服用可诱发多种疾病。随后，农业部农产品质量监督检验测试中心对巨能钙样品进行了检测，检测结果表明，样品中有 3 种巨能钙产品的确残留少量双氧水。这一消息在各媒体披露后，立刻在消费者和经销商中引起恐慌，全国各地的药店纷纷将巨能钙下架，停止销售，经过长期广告宣传、耗费巨额资金建立起来的巨能钙声誉顷刻间遭到损毁。约 20 天后，卫生部向社会通报了此事的调查结果，称巨能钙的双氧水残留量在安全范围之内，无足够证据认定该产品含致癌成分。但此时巨能公司已遭受沉重打击，据 2004 年 12 月 9 日《北京晨报》报道，在短短 20 多天的时间里，巨能钙在全国各地的下架率达 81.2%，该公司的直接经济损失以千万元计，而巨能品牌和形象所遭受的损害更是难以在短时间内得到弥补。

3. 公众对认知协调的需求

当代认知失调理论认为，认知的不同结果之间以及认知结果和行为之间时常会出现不一致、不协调的状态，这种矛盾和失调会给人带来心理上的不安和压抑感，迫使人们去设法减轻乃至消除这种心理状态，而且这种失调的强度越大，人们减轻乃至消除这种心理状态的愿望就越强烈，从而转变原有态度的可能性也就越大。例如，一个人抽烟，但又认识到抽烟有导致肺癌的危险，抽烟的行为与抽烟有害的认知结果之间产生矛盾和失调。如果这个人抽烟抽得很厉害，同时又对抽烟致癌的危险有充分的认识，就会使这一失调具有较大的强度，从而迫使其转变对抽烟的原有态度，把烟戒掉，以消除心理上的不安和压抑感。在现实生活中，很多人正是通过各种渠道的宣传，认识到抽烟的严重危害后才把烟戒掉的。

认识公众态度的作用以及公众态度转变的相关因素，对公关活动及其语言运用有积极的意义。了解公众态度的作用可以使人们认识到，公关活动及其语言运用的目的是要影响公众，使其理解和支持公关主体的意见和建议，并予以充分的合作，这种影响首先应该是对公众态度的影响。了解公众态度转变的相关因素，可以使人们有意识地合理利用这些因素，通过调整表达内容，通过选择恰当的传播渠道和表达形式，有效地促使公众形成有利于公关主体的态度，改变不利于公关主体的态度。

【关键概念】

需要　动机　心理定势　群体效应　公众认知　公众印象　公众态度

【复习思考】

1. 什么是需要？作为一个动态系统，人类的需要具有什么样的特点？

2. 认识公众的需要对公关活动及其语言运用有什么意义?

3. 什么是动机? 动机具有哪些特点?

4. 认识动机的作用以及动机产生的条件对公关活动及其语言运用有什么意义?

5. 什么是心理定势? 心理定势有哪些常见的表现形式?

6. 各种心理定势的特点、作用和制约因素是什么? 认识它们对公关活动及其语言运用有什么意义?

7. 什么是群体效应? 群体效应的类型和制约因素主要有哪些? 在公关活动中应该如何利用公众的群体效应?

8. 公众的认知、印象、态度的制约因素主要有哪些? 认识它们对公关活动及其语言运用有什么意义?

第四章

公关语言的常用方法

[本章提示]

(1) 认识幽默产生的基本规律，了解幽默法在言语交际中的作用，掌握幽默法的常用技巧；(2) 了解委婉表达在言语交际中的作用，掌握委婉法的常用技巧；(3) 领会语义模糊的性质，认识模糊表达在言语交际中的作用，掌握模糊法的基本原则和一般技巧。

第一节　幽默法

一、幽默的产生

幽默是以愉悦的方式使人获得快感的行为，幽默法是运用令人轻松愉悦的语言表达形式传递信息的方法。幽默法的运用目的是产生幽默诙谐的表达效果，但幽默的效果是如何产生的，至今还没有完全令人满意的答案。不过，我们感觉到，语言表达的幽默效果与人在言语理解过程中的心理预期与结果（即实际出现的话语）之间的错位有关。言语理解过程是一个不断根据逻辑、知识、经验以及习惯对后续内容进行推测的过程。每个人都有这样的经验，有时候对方的话并没有说完，可人们已经猜出他下面可能说的是什么，因为下面的话虽然还没有说出来，但人们知道哪些内容在下面出现才是“顺理成章”的，这就是心理预期的作用。如果下面出现的话语内容并不符合人的心理预期，就会导致结果与心理预期的错位，如果这种结果虽然并不“顺理成章”，但从某个角度看却又似乎言之有理，幽默的效果就可能产生。这种错位越严重，幽默效果越明显。下面这个故事的幽默就产生于这种错位：

有一次，伟大的生物学家达尔文应邀参加一个宴会。在宴会上，他和一位年轻貌美的女士坐在一起。那位女士带着调侃的口吻问达尔文："听说您断言人类是由猴子变来的，那么在您看来，我是不是也在您的论断范围之内呢?"达尔文彬彬有礼地答道："那当然喽！但您不是从普通的猴子变来的，而是从长得非常漂亮的猴子变来的。"

在阅读这个故事的过程中，人们会对达尔文的回答做出两次预期。一次是对"那当然喽"后面内容的预期，根据众所周知的常识，人们很可能会预期下面的话是"您是从猴子变来的"，但这一预期落空了；一次是对"您不是从普通的猴子变来的"后面内容的预期，当人们把这句话当作一个一般命题接受下来时，自然预期达尔文会进一步解释人（包括这位女士）是从哪个类属的猴子变来的，但这次预期又落空了，达尔文的回答竟是如此出乎意料，但仔细想想又似乎有点道理，这时幽默的效果也就产生了。下面是老舍先生写的一段自嘲文字，读起来也很幽默：

那时候（一晃几十年了!），我的英语就很好。我能把它说得不像英语，也不像德语，细听才听得出——原来是"华英官话"。那就是说，我很艺术地把几个英国字匀派在中国字里，如鸡兔之同笼。英国人把我说得一愣一愣的，我可也把他们说得直眨眼；他们说的他们明白，我说的我明白，也就很过得去了。

（老舍《头一天》）

这段文字幽默效果的产生也与预期与结果的错位有关。当看到"我的英语就很好"时，读者自然会预期老舍先生接下来会具体描述他的英语是如何如何好，但下面的结果却全不是这么回事，他说的英语"不像英语，也不像德语"，读者这时才明白原来老舍先生年轻时英语说得很糟糕，于是又预期他也会像读者那样评价自己年轻时的英语水平，但又让人意外的是老舍先生对自己年轻时英语水平的评价竟然完全是"正面"的，他先是给自己十分蹩脚的英语起了一个十分堂皇的名字——"华英官话"，然后又把自己汉英混杂的表达戏谑为"很艺术"，而"英国人把我说得一愣一愣的，我可也把他们说得直眨眼，他们说的他们明白，我说的我明白"，更是显得英国人的英语也强不到哪儿去，大家不过彼此彼此，也算得上是旗鼓相当了，这样看来，老舍先生说自己年轻时的英语"很过得去"，也可算是"顺理成章"的了。下面这个故事的幽默效果显然也与预期和结果的错位有关：

某马戏团正在进行驯狮表演，一个年轻漂亮的女驯兽员，手拿驯兽棒，指挥狮子做出各种高难度的动作，表演进行到高潮时，女驯兽员口中含糖，让狮子用舌头接过去。表演完成后，马戏团的经理问观众："哪位先生敢上来试一试?"台下一片沉默，良久，一位男士站起来答道："我敢！"观众的目光顿时集中到他身上，停了片刻，他接着说："我说的是演狮子。"

读者读到"一位男士站起来答道：'我敢！'"时，自然会预期他接下来也会像女驯兽员那样，口中含糖，与狮子亲密接触，但后面出现的结果却与这种预期完全相反，那位男士敢于尝试的，并不是驯兽员的角色，而是当狮子，而这是任何一个人都敢做的事情。正是这种读者预期与实际结果的严重错位，使人体验到幽默情趣。

二、幽默法的功能

幽默法对营造良好的言语交际气氛可以发挥积极的作用。幽默是人际关系的润滑剂，幽默法的运用可以增添人们的快乐，活跃言语交际的气氛，缓解或消除紧张、不安、拘谨、尴尬等不利于言语交际顺利进行的状态，使言语交际取得良好的效果。下面这个历史故事可以说明幽默的这种作用：

1971 年，美国总统的国家安全事务助理基辛格来到北京，就中美建交的一系列问题与中方进行磋商。在磋商中，中美双方就台湾问题展开激烈争论。基辛格表示了美方的立场：我们绝不会背弃台湾的老朋友。周恩来总理则针锋相对地表明了中国政府的原则立场：中华人民共和国是中国唯一的合法政府；解放台湾是中国的内政；美军必须撤出台湾。并且声明这三条原则是不能变更的。双方互不妥协，谈判陷入僵局。这时，周总理说："毛主席说，台湾问题可以拖一百年。这表明我们是有耐心的，同时也是不让台湾问题成为中美关系正常化的障碍。"基辛格点头同意："是的，我们必须向着未来有所前进。"周总理敏锐地抓住基辛格的这句话，拿起记录美方观点的记录稿晃了晃："博士，你们的措辞'美国不会同台湾断交'，'中国必须保证不用武力解决台湾归属问题'，就不是如你所说，向着未来有所前进的。"基辛格被"将"了一"军"。于是他改变思路，提出了一个新的表述："在台湾海峡两边的所有中国人都认为只有一个中国，台湾是中国的一部分。"基辛格的这个提法比较圆滑，不直接违背双方的原则立场，又没有形成明显的对立。周总理思考了一下，笑着说："这可是一项绝妙的发明，博士到底是博士。"周总理幽默的话语使双方都笑了，原本紧张的谈判气氛变得轻松起来。

幽默法可以拉近交际双方的心理距离，改善人际关系，在一定程度上缓和人们之间的对立和矛盾。在拥挤的公共汽车上，私人空间受到过度的挤压，人们难免彼此埋怨，有时甚至会感到受到他人侵犯，这时车里的气氛会让人感到压抑。在这种情况下，如果有一位乘客幽默地说道："各位能不能吸口气，缩小点体积，我挤得受不了了，都快成相片了。"大家就会一起笑起来，紧张烦躁的心情也会随之放松下来，大家会觉得彼此都不容易，应该互相体谅，共同的感受使原本因为埋怨他人而扩大的心理距离缩小了，彼此间少了一些怨气和隔阂，多了一些友善和宽容。美国有一位黑人在面对白人听众做关于解放黑人奴隶的演说时，是这样开始的：

女士们，先生们，我来到这里，与其说是发表演说，还不如说是给这一场合增添一点"颜色"。

这是一个自嘲式的开场白。意思是说他的出现在全场的白皮肤中增添了一点黑颜色。

听众听罢，一起大笑起来。笑声中由于种族差异而造成的心理隔阂被冲淡了，现场沉重的气氛也随之变得轻松起来，这显然有利于演说者为黑人奴隶的解放争取到更多的同情者和支持者。

幽默法是摆脱窘境的有效手段。在现实生活中，人难免有时会陷入尴尬窘迫的境地，这时如果能够运用幽默的话语给自己解围，往往可以在笑声中摆脱窘境。有一位著名的中学教师应邀到外地讲学，当他跨上大礼堂的讲台时，不料脚下一滑跌了一跤，顿时全场哗然。这位教师站起来，从容镇定地走上讲台，幽默地说："看着你们一双双渴求知识的眼睛，我不禁为之倾倒。"礼堂里顿时爆发出热烈的掌声和笑声。青年时代的陈毅，有一次到亲戚家做客，进门后发现了一本自己想读的书，于是便躲到一个空房间里专心地读起来。亲戚几次催他吃饭，他都舍不得把书放下。亲戚只好将刚蒸好的糍粑和糖给他端过来。他一边读书，一边蘸着糖吃糍粑。他的眼睛只盯在书上，连手伸到砚台里蘸上了墨汁都不知道，结果弄得满嘴都是墨。有人发现后，便喊大家来看他的怪模样，人们笑得前仰后合。陈毅明白过来后，乐呵呵地说："好啊，我正觉得肚子里墨水太少呢，人要多喝点墨水才行呀。"原本会让人感到难为情的处境，就这样被幽默的话语轻松地化解了。

幽默法对提高语言表达的感染力和说服力也有着积极的作用。1938 年，新四军北上抗日，在浙江一个地方休整。在当地政府举行的欢迎大会上，主持人大声说道："请陈毅将军讲话！"陈毅便走到台前以洪亮的声音说道："我叫陈毅，耳东陈，毅力的毅。刚才司仪先生称我将军，并要我讲话，实在不敢当。我现在还不是将军。当然叫我将军也可以，我是受全国老百姓的委托，去'将'日本鬼子的'军'，这一'将'，要直到把他们'将'死为止！叫他们知道中国人民不是好欺侮的！"这一番幽默诙谐又掷地有声的话语，充分表现了中国人民不屈不挠的民族精神和抵御外侮的坚强意志，也鲜明地体现了陈毅所具有的幽默风趣和刚强果敢的人格魅力，因而极大地感染了在场的每一个人。这番话即使今天听来，仍然令人感奋。

幽默法在言语交际中的运用，可以巧妙而不失礼貌地回避不愿或不能谈论的话题，应付不愿或不宜以真实情况作答的提问。在社交场合中，有时对方发出的询问不便作答，用"无可奉告"来拒绝，显得生硬而不够礼貌，在这种情况下，运用幽默的语言表达则可以巧妙闪避。有一次，一位西方记者在招待会上突然问当时的外交部长陈毅："中国最近打下了美国的 U-2 高空侦察机，请问用的是什么武器？是导弹吗？"陈毅举起双手在空中做了一个动作，同时告诉那位记者："我们是用竹竿把它捅下来的！"这个幽默的回答引起一片笑声。陈毅既保守了国家机密，又机智巧妙地做了回答。

幽默法用在广告上，可以提高公众对广告的注意程度，使他们在欣赏广告作者的机智和幽默的同时，不知不觉地获得印象。例如，美国的一则电脑广告："这部电脑的特点是不能为您冲咖啡"；一家眼镜公司的广告："眼睛是心灵的窗户，为了保护您的心灵，请为您的窗户安上玻璃"；香港一家理发店的广告："虽是毫末技艺，却是顶上功夫"；佩利纳鸡饲料广告："如果'佩利纳'还没有使您的鸡下蛋，那它们一定是公鸡。"

三、幽默法的技巧

1. 幽默法的逻辑技巧

幽默法的逻辑技巧是指利用逻辑规律获得幽默效果的方法。

（1）以谬还谬

以谬还谬就是不正面批驳对方不合理的看法和观点，而是以对方荒谬的看法和观点为出发点，顺势推导，最后得出一个人人都不会预期的荒谬结果，或是通过类比的联系，给出一个同样荒谬的结果，这样，往往可以获得幽默的效果。下面这个故事的幽默效果就产生于这种以谬还谬：

19世纪末，有一位叫爱琴的科学家发现了X射线。有一天，他收到一封信，来信者说他的胸腔内有一颗子弹，需要用X射线来治疗。他请科学家寄一些X射线和一份使用说明书给他。科学家幽默地回复道："请把您的胸腔寄来吧！"

X射线是不可能邮寄的，邮寄X射线就如同邮寄人的胸腔一样荒谬，科学家本可以直接告诉来信者这个道理，但如果这样做，就毫无幽默情趣可言了。下面这个故事的幽默效果同样来自以谬还谬：

台奥多尔·冯达诺是19世纪德国著名作家。在他当编辑的时候，有一次收到一个青年作者寄来的几首没有标点的诗，作者在来信中说："我对标点向来是不在乎的，如一定要用，请您自己填上。"冯达诺很快将稿件退回，并附信说："我对诗向来是不在乎的，下次请您只寄些标点来，诗由我填写好了。"

只有诗而没有标点，就像只有标点而没有诗一样荒谬，"只寄些标点来"这一匪夷所思的提议，不仅使对方的荒谬昭然若揭，而且在出人意料之中产生了幽默效果。

（2）偷换概念

偷换概念包括偷换命题，就是在保持语言表达形式不变的情况下改变概念或命题的实际内容。由于语言表达形式相同，概念或命题的偷换便可不露痕迹，这样就可以让本来驴唇不对马嘴的两回事联系在一起，使结果超出人们的预期，从而获得幽默的效果。下面这个故事的幽默效果就来自偷换概念：

上语文课时，老师给学生们讲了一句格言："罗马不是一个白天就建成的。"随后在历史课上，老师问学生们："罗马帝国是什么时候建立起来的？""夜里！"学生们毫不含糊地齐声回答。

语文老师所说的"白天"不是用其本义，而是用的临时意义，这个临时意义是在特定的上下文中产生的，意指较短的时间，格言的完整意思是：非凡的成就或巨大的成功不是一朝一夕能够获得的，需要经过长期的努力，需要付出艰辛的劳动。然而学生在回答历史老师的问题时，却按字面意义来理解格言中"白天"的意思，偷换了概念的含义，造成读者的预期和说出的结果之间的严重错位，而这种错位又事出有因，幽默的效果就产生了。下面这个故事的幽默效果同样是出于偷换概念：

一位女教师在课堂上提问："'不自由，毋宁死！'这句话是谁说的？"一个日本学生用结结巴巴的英语回答说："1775 年，帕特里克·亨利说的。"女教师对面前的美国学生说："日本同学都能回答上来，你们生长在美国却不知道。"这时从教室后面传出一声喊叫："把日本人干掉！"女教师气得满脸通红，厉声喝问："谁？这话是谁说的？"教室里一片沉寂，良久，有人于角落里回答道："1945 年，杜鲁门总统说的。"

女教师所指的"把日本人干掉"，是当时课堂之内某个学生说的话，可那个学生回答时所指的"把日本干掉"，则是第二次世界大战时美国总统杜鲁门说过的话，两句话字面相同，但却不是一回事，他把女教师的所指偷换掉了，幽默诙谐的效果正是从这里产生的。

（3）加大落差

这里的"落差"是指说出的结果与人们心理预期之间的差距，加大落差就是设法加大说出的结果与人们心理预期之间的差距，使人们的心理预期落空。这种落差可以是从对高明的预期落向平凡，从对深刻的预期落向浅显，从对肯定的预期落向否定，等等。如果这种落差足够大，就常常可以获得幽默的效果。从具体方法上说，加大落差可以通过语言表达先将听者或读者引入一个思路，在说出结果时却陡然转入另外一个相反或相对的思路。著名相声演员马三立曾经讲过这样一个笑话：

有一个人得了瘙痒症，浑身上下痒得厉害。他到处寻医访药，但总是不见成效。一天，他走在街上，无意中看到一家门口挂着牌子，上面写着："祖传秘方，专治各种疑难杂症。"他走进门去，找到行医之人，诉说了自己的苦恼，希望对方能把自己的瘙痒症医治好。那人交给他一个纸包，说是医治瘙痒症的良药，保证药到病除，并嘱咐他要在瘙痒症发作时再打开使用。那人回家不久便病症发作，瘙痒难忍，于是拿出药包，一层一层地打开包装纸，最后在里面看到一张纸条，上面只写了两个字："挠挠。"

人们在听这个故事的时候有一种对高明的或者至少是与众不同的医治方法的预期，可最后的结果却平凡得不能再平凡，普通得不能再普通，这个笑话的幽默就是在这种预期和结果之间的巨大落差中产生的。又如下面一段父子间的对话：

爸爸：你问过你妈妈你可以吃这个苹果吗？

男孩（正吃着苹果）：问过。

爸爸：你可当心点儿，我会问你妈妈的，要是你撒谎，小心挨揍！

男孩：真的，爸爸，我问过妈妈。（继续吃苹果。停了一会儿。）她说我不能吃这个苹果。

男孩先把爸爸引到这样一个思路：男孩问过妈妈，既然问过，男孩又在吃这个苹果，那么妈妈当然是允许他吃的了。爸爸（包括读者）便顺着这个思路走下去，没想到男孩话锋一转，最后说出与这一思路完全相反的结果——"她说我不能吃这个苹果"，这一结果完全出乎人们的意料，男孩的机智幽默在这预期与结果的巨大落差中展现出来。

2. 幽默法的语言技巧

幽默法的语言技巧是指利用各种语言表达手段，特别是修辞手段来获得幽默效果的技巧。以语言表达手段获得幽默效果，归根结底依然是要造成结果与人们心理预期的错位。

（1）双关

双关就是在特定的语言环境中，利用词语的多义或谐音，使语言表达在字面意义之外另有所指。双关分语义双关和谐音双关。双关如能新颖，常常可获得幽默的效果。下面是词义双关造成的幽默：

> 为了订下一年的刊物，工会干事小王找主任商量："北京有些大型文艺刊物不错，大家都要求订《十月》。"主任把头一摇说："订杂志嘛，要么订一年，要么订半年，没听说订个十月的！"小王刚想解释，又怕领导下不来台，急忙岔开话题："《八小时以外》可以去订吧？"主任一听更生气了："八小时以外，人家邮局早下班了，你去订个屁！"

这位孤陋寡闻的主任把两个知名度很高的刊物名称误解为普通词语，因此造成对话的幽默效果。又如，钱钟书在小说《猫》中这样描写"李太太"：

> 李太太对养育儿女的态度，正像苏联官立打胎机关的标语："第一次光顾我们欢迎，可是请您别再来！"但是妇科医生严重警告她不宜生产，所以小孩子一次也没来投胎过。朋友们背后说她真是个"绝代佳人"。

把漂亮而无儿女的"李太太"称作"绝代佳人"，这是由谐音双关造成的幽默。"绝代佳人"中的"绝代"本是"当代独一无二"的意思，而根据上文中说"小孩子一次也没来投胎过"，读者又可以意会到"绝代"在这里还含有"绝了后代"的意思，作者巧妙地利用了"绝"和"代"两个字的字面意义，临时赋予"绝代"一个十分独特而又合乎情理的解释，幽默的效果也就产生了。相声《歪批三国》里有这么一段：

> 乙：那我问问你，这周瑜他姥姥家姓什么？
> 甲：姓纪。
> 乙：诸葛亮他姥姥家姓什么？
> 甲：姓何。
> 乙：张飞他姥姥家姓什么？
> 甲：姓吴。
> 乙："三国"原文里没有哇！
> 甲：有，周瑜在临死的时候，仰面长叹，说了一句。
> 乙：说什么？
> 甲：说："既生瑜，何生亮！"这就是说，纪氏老太太生的周瑜，何氏老太太生的诸葛亮。
> 乙：那张飞他姥姥家为什么姓吴哪？

甲：你没看老太太管小孩儿，不是有那么一句话嘛："你这个孩子，总出去惹祸！真是无事生非！这就是吴氏老太太生的张飞！"

"既然"的"既"与作为姓氏的"纪"谐音，"为何"的"何"与作为姓氏的"何"谐音，成语"无事生非"与临时杜撰的"吴氏生飞"谐音，相声正是利用这些谐音制造出幽默诙谐的表达效果。正是因为双关常常可以产生幽默诙谐的语言表达效果，在广告语的创作中经常可以见到这种方法的运用。例如，"快治人口"（华素药片广告），谐音"脍炙人口"；"食全食美"（某食品店广告），谐音"十全十美"；"趁早下'斑'，请勿'痘'留"（香港某化妆品公司广告），谐音"趁早下班，请勿逗留"。

（2）比喻

比喻就是利用不同事物之间的相似性以彼物来说明或描述此物。比喻可以把并不协调的事物或现象联结在一起，造成比喻的新颖和喜剧色彩，运用得当也可以获得幽默效果。钱钟书的小说《围城》中有许多机智幽默、妙趣横生的比喻，常常使读者开心一笑。小说写轮船上的鲍小姐，比喻巧妙而幽默：

她只穿绯霞色抹胸，海蓝色贴肉短裤，漏空白皮鞋里露出涂红的指甲。……那些男学生看得心头起火，口角流水，背着鲍小姐说笑个不了。有人叫她"熟食铺子"，因为只有熟食店会把那许多颜色暖热的肉公开陈列；又有人叫她"真理"，因为据说"真理是赤裸裸的"。鲍小姐并未一丝不挂，所以他们修正为"局部的真理"。

小说写轮船靠岸后，方鸿渐与鲍小姐上岸去吃西餐，一段生动的比喻让人忍俊不禁：

鲍小姐定要吃西菜，说不愿意碰见同船的熟人。便找到一家门面还像样的西菜馆。谁知道从冷盆到咖啡，没有一样东西可口：上来的汤是凉的，冰淇淋倒是热的；鱼像海军陆战队，已登陆了好几天；肉像潜水艇士兵，会长时期伏在水里；除醋以外，面包、牛奶、红酒无一不酸。

（3）夸张

夸张就是抓住事物的某一特点进行放大、强化和渲染，以给人更深刻的印象。由于夸张放大了事物的某一特点，造成这一特点与事物整体或周围环境的不协调，导致与人的心理预期之间的差距，运用得当也可以获得幽默效果。老舍的文学作品以幽默著称，夸张是他创造幽默的常用艺术手法之一。例如，小说《赵子曰》中描写赵子曰颓丧泄气的状态是"十万八千个毛孔，个个像火车放汽似的，飕飕的往外射凉气"；小说《二马》中描写伊太太的颐指气使是"不但嘴里出命令，干脆的说，她一身全是命令。她一睁眼，——两只大黄眼睛，比她丈夫的至少大三倍"。在广告语的创作中，夸张如运用得当，也可以增强表达效果，例如，"今年二十，明年十八"（白丽香皂广告），人不可能越活越小，但这种并不过分的夸张既鲜明地突出了这种香皂的美容效果，又在不合自然规律之中显现出合情合理的一面，并从中产生风趣诙谐的表达效果，使这一广告语更容易引起人们的注意，更容易给公众留下深刻的印象。又如，"我们的新产品极易吸引异性，因此随瓶奉送自卫教材一份”（一法国香水广告），使用了这种香水就要随时准备自卫，这显然是夸张，但这种夸张极力突出了这种香水增添女性魅力的功效，自然容易使女性消费者动心，“随瓶奉送自卫教材一份”的承诺使夸张别出心裁，出人意料，幽默诙谐的情趣由此产生。

（4）仿拟

仿拟又称仿词，就是仿照公众熟知的词句的格式，临时类推出一种新的说法，并与被仿拟的词语形成对照，由此产生一种特殊的表达效果。仿拟常常可以使语言表达具有幽默诙谐的色彩。相声《祝你成功》中有这么一段：

甲：在《诗经》上就这样记载过，说：“投之以木桃，报之以琼瑶。”

乙：这是什么意思呀？

甲：就是说小伙子你要送给我一只木桃，姑娘我要回赠给你一块美玉。这就叫“投之以木桃，报之以琼瑶”。

乙：哦，他给她块木桃嘛，她就给他块美玉。

甲：那么，您打算投之以什么哪？

乙：我打算投之以元宵。

甲：元宵？那报之哪？

乙：报之以切糕。

甲：切糕？

乙：我们都爱吃甜的。

相声仿照《诗经》名句“投之以木桃，报之以琼瑶”，类推出“投之以元宵，报之以切糕”，一雅一俗的对照，使人感到诙谐风趣。这种修辞方法在广告语的创作中经常运用，以增添幽默情趣。例如，“聪明不必绝顶”（某生发水广告），仿拟“聪明绝顶”；“专食人间烟火”（一抽油烟机广告），仿拟“不食人间烟火”。

第二节　委婉法

一、委婉法的功能

委婉是指语言表达含蓄婉曲而不直截了当。在言语交际中，有时人们不愿、不能或不便直接提及某个事物或某件事情，就需要拐弯抹角把话说得含蓄一些，委婉一些。《红楼梦》第十一回写秦可卿身患重病，已难以医治，凤姐儿与尤氏商议此事：

尤氏道：“你冷眼瞧媳妇是怎么样？”凤姐儿低了半日头，说道：“这个就没法儿了。你也该将一应的后事给他料理料理，——冲一冲也好。”尤氏道：“我也暗暗的叫人预备了。就是那件东西不得好木头，且慢慢的办着呢。”

尤氏所说的“那件东西”是指棺材，当时秦可卿尚未亡故，因而不便明说，只得委婉地以“那件东西”来指代。在现实生活中，委婉表达是经常需要的。例如，说“某某死了”，这是直截了当的表达，但有时会使人感到对死者不恭；说“某某已经不在了”，就比较委婉，不会使人觉得对死者不敬。在正式社交场合，直接问“厕所在哪儿?”就显得有点刺耳，问“洗手间在哪儿?”就委婉一些，听到的人就不会感到不舒服。语言表达的委婉可以有程度的差别，如说“例假”比说“月经”委婉，说“老朋友”又要比说“例假”委婉。委婉法则是运用迂回间接的表达方式传递信息，以减轻对听话人的刺激的方法。

委婉法的运用可以避免触犯他人的语言禁忌，保障言语交际可以顺利进行下去。人们有各种不同的语言禁忌，有些语言禁忌是全社会共同的，例如，世界上大多数语言社会中，直接说出人的排泄器官和行为都成为语言禁忌；有些则只是一部分社会成员所具有的，例如，在回民中，凡是与“猪”直接相关的词语都成为语言禁忌；有些语言禁忌是长久存在的，有些则只发生在特定的时期或时间内，例如，在“文化大革命”期间，任何对毛泽东的批评都成为最大的语言禁忌。语言禁忌的根源是复杂的，有些源于社会心理或民族心理，有些源于特定的意识形态，有些源于民俗，有些源于迷信，有的则与个人的遭遇有关。不管是哪一种语言禁忌，都是人们不愿意直接说出，也不愿意直接听到的。在言语交际过程中，触犯语言禁忌，轻则导致尴尬和窘迫，重则造成反感甚至愤怒。据2004年1月31日《海峡都市报》报道，福州市五里亭立交桥附近的福马路上，有两面大型灯箱广告引起附近的居民的愤怒，甚至有居民准备将其拆毁，原来这是某文化传播公司招租广告牌的广告，触犯众怒的是上面的广告语：“想占有我吗?！那就上吧……”广告的本意是说如果想占用这面广告牌，就请把广告内容登上来。但广告作者有意无意地使广告语产生歧义，人们完全可以对其做出另外一种理解，而这种理解又具有淫秽色情的挑逗性，这就触犯了人们的语言禁忌，难怪有人要拆毁它。又如，某甲刚刚下岗失去工作，在岗的某乙遇到他，却眉飞色舞地和他谈论起单位涨工资的事情，结果弄得某甲十分不痛快，因为对这时的某甲来说，这是一个他不能想也不愿听的话题，是他个人在特定境遇中的语言禁忌，某乙不明就里，触犯了他的语言禁忌，某甲自然不痛快。由于触犯语言禁忌会招致对方的反感，对言语交际产生不利影响，因而在公关活动中，应该了解对方有什么语言禁忌，并采取适当的对策。为了避免触犯语言禁忌，首先应该考虑能否回避相关的话题，如果无法回避，就需要运用委婉法，间接地涉及有关内容，尽可能减轻对对方的刺激，而不能直言不讳。1972年周恩来总理在欢迎美国总统尼克松的宴会上发表了祝酒辞，其中有这样一段：

> 由于大家都知道的原因，两国人民的往来中断了二十多年。现在，通过双方共同努力，友好往来的大门终于打开了。

“大家都知道的原因”就是双方心里都明白的原因，指的是过去二十多年间美国政府对中华人民共和国的敌对态度，正是由于这个原因，中美两国人民的往来才中断了二十多年。尼克松是美国的总统，他自然不愿意提到美国政府过去所犯的错误，那会使他感到难堪；但作为中国政府的总理和中国人民的代表，周恩来总理又必须指出美国政府应负的历史责任。在这种情况下，他没有直接批评美国政府过去的政策，而是采取委婉曲折的表达方式，含蓄地点出了造成中美两国人民往来中断的历史原因，既顾全了尼克松总统的面子，使欢迎宴会的气氛不致被破坏，同时又表明了中国政府的立场。

委婉法的运用可以使看法、观点的表达少一些锋芒，多一些谦逊和宽容，避免刺激对方，避免与对方发生直接的冲突，这样往往更容易得到对方的理解、认可和合作。下面的故事很能说明委婉法的这种功用：

> 汉武帝晚年很希望自己能够长生不老。有一天，他对身边的侍臣说："相书上说，一个人鼻子下面的人中越长，寿命越长，人中长一寸，能活100岁，这话是真是假?"侍臣东方朔听了汉武帝的话，知道皇上又做长生不老的梦了，心中很是不以为然。汉武帝见东方朔似有讥讽之意，心中不悦，问道："你是在笑话我吗?"东方朔毕恭毕敬地回答："我怎么敢笑话皇上呢？我是在笑彭祖的脸实在太难看了。"汉武帝不解地问："彭祖的脸有什么可笑的地方吗?"东方朔回答："传说彭祖活了800岁，如果事情真像皇上刚才所说的那样，那他的人中就有八寸长，他的脸不是就要有一丈长了吗？这样的脸难道还不可笑吗?"汉武帝听罢，觉得东方朔说的有理，于是哈哈大笑起来。

东方朔明知汉武帝希望长生不老是一种妄想，人中的长短与人的寿命也没有什么关系，但却没有直言，而是委婉地以汉武帝的话为前提，推演出一个荒谬可笑的结果，既避免了与皇上发生直接冲突，又表达了自己的看法。在公关活动中，公关主体的看法、观点可能与公众一致，也可能不一致。当看法、观点不一致的时候，要能够既不放弃预定的公关目标，不改变正确的看法和观点，同时又不激起公关对象的反感和抵触情绪，就需要特别注意表达的技巧，应对这种局面，委婉法可以发挥重要的作用。同样的内容，直言不讳还是委婉表达，对与公关主体意见不合的公众所产生的效果就可能不同。前者可能导致争执，后者则可能争取到理解。

委婉法的运用可以使语言表达更客气，更符合礼貌原则，可以使请求和拒绝更容易被对方理解和接受。公关活动常常需要对公众提出某种请求，希望他们能够采取具体的行动与社会组织合作，这种行动往往需要他们有所付出。在这种情况下，直接的要求往往会显得粗暴无礼，运用委婉法，间接地表示出希望对方合作的意愿，就显得客气、有礼貌，对方就能感受到对他的尊重和体谅，就可能不会甚至不忍拒绝请求了。例如，同是要求驾车者不要酒后驾车，如果直接提出要求："严禁酒后驾车"，这种命令的口吻就比较生硬，明明是为驾车者着想的要求，听上去却好像只是出于交通管理的需要，对这样的"命令"，人们要么心里感到不舒服而产生一定程度的抵触，要么无动于衷，不当回事；如果委婉地表达为："司机一滴酒，亲人两行泪"，虽并未直言禁酒，但酒后驾车所造成的不幸却使人警醒，交通管理者的关爱也让人心动，这样的公益广告自然更容易被人们接受。在公关活动中，出于社会组织自身利益和公众根本利益的考虑，对有些公众提出的要求需要加以拒绝，这时如果直言"不"，往往难以得到对方的理解和体谅，甚至可能伤害对方的自尊；如果运用委婉法，把话说得舒缓一些，含蓄一些，效果就会好得多。例如，某顾客到商场退货，但又没有购物小票或发票，如果值班经理只是简单地告诉他："没有购物小票不能退！"顾客就可能心里觉得委屈而和他争执起来。但如果值班经理对他说："您的心情我们完全能够理解，谁花钱买了不称心的东西都会心里堵得慌，不过我们也有我们的难处，退货必须有购物小票，这是商场的制度，我们虽然也想把货给您退掉，但违反制度我们也得挨批评。您看这样行不行，您先回去，再仔细找一找小票，找到了小票，您什么时候来退都可以，我们保证给您把货退掉。”这番话虽然只字未提没有小票不能退货的事，但值班经理的态度顾客完全能够明白，商量的口吻也会使顾客感到自己的要求得到了对方的理解和尊重，自己也应该体谅对方的难处。在这种情况下，相信只要不是无理取闹，顾客是会接受这位值班经理的建议的。

委婉法的运用在批评教育中，可以发挥既不伤和气，又指出对方问题和缺点的功效。例如，有个冷饮店的老板总是克扣给顾客的饮料分量，一天，有个顾客对他耳语道：“我有个办法可以叫你的饮料多卖三成。”老板心中一喜，急问是什么办法，顾客悄悄说道：“你只要把卖出去的每杯饮料都倒满就可以了。”这位顾客并没有直接指责冷饮店老板缺斤少两的不道德行为，而是以正面建议的方式间接地批评了这位老板的所作所为，这样做，既不会使老板太难堪而产生怨恨，又达到了批评告诫的目的。

二、委婉法的技巧

语言表达的委婉可以通过各种语言手段来获得，不管是哪一种手段和方式，所遵循的基本规律都是一致的，这个基本规律就是表达越间接，就越委婉，越客气，越有礼貌。试比较下面表达同一内容的不同形式：

a. 请你明天上午来参加我们的研讨会。

b. 你明天上午能来参加我们的研讨会吗？

c. 如果你明天上午能来参加我们的研讨会，我们将不胜荣幸。

a 句是一个直接表示请求的祈使句，该句没有给被请求者任何自主选择的自由；b 句是一个以征询方式间接表示请求的疑问句，该句给了被请求者一定的选择自由，可以选择肯定的回答，也可以选择否定的回答，选择权在被请求者手中，所以 b 句比 a 句委婉、客气；c 句是一个表示假设的陈述句，该句把请求转变为一种说话人所希望的假设，对请求的表达比 b 句更为间接，给被请求者的选择自由也更大，不仅可以选择肯定的回答或否定的回答，甚至可以根本不用回答，因而 c 句比 b 句更委婉，更客气。

委婉法的常用技巧主要有同义词语的运用、模糊词语的运用、弱化词语的运用、句式的选择、类比和双关等修辞手段的运用、引发语用推理等。

1. 同义词语的运用

同义词语的运用是指选择同义的或近义的词语替代或暗示对方不愿意听到的字眼。在言语交际中，当必须提及某个事物，而表示这一事物的词语人们又不愿意直接听到时，就需要选择同义词语来指称或暗示这一事物，以免引起人们的尴尬或不快。

同义词语的运用首先是委婉语的运用。委婉语是为了避免触犯社会的语言禁忌而产生的比较含蓄、婉曲的说法，这些说法的主要功能就是避讳。在社会交际中，为了绕开社会的语言禁忌，为了避俗求雅，常常需要用委婉语替代已成为社会语言禁忌的那些词语。例如，用“洗手间”或“一号”替代“厕所”，用“去方便一下”或“去洗手间”、“去一号”替代“去大、小便”，用“去世”、“不在了”、“走了”等替代“死”，把“屁股”叫作“臀部”，把“乳罩”叫作“胸罩”等。

同义词语的运用还包括一般同义词语的运用。一般同义词语指主要功能并非避讳的同义词语。有些同义词语所指对象基本相同，但在感情和评价色彩上却有所区别，它们有些是中性的，有些则具有褒扬、赞许的色彩，指称同一个事物或现象时，使用后者要比使用前者委婉而有礼貌。例如，说某人“富态”或“发福了”要比说他“胖”委婉，说某女士“苗条”要比说她“瘦”委婉。有些同义词语都具有贬义色彩，但语意的轻重不同，它们有的语意轻一些，有的语意重一些，指称同一个事物或现象时，使用前者要比使用后者委婉而有礼貌。例如，说某单位的工作尚有“不足”，要比说还存在“缺陷”或“缺点”委婉、客气一些；说某人“下岗”了，或者说他在“待业”，要比说他“失业”了委婉一些，刺激小一些；说某企业利润“负增长”，要比说他们“亏损”委婉一些，对自尊的损伤也要小一些。

同义词语的运用还包括临时同义词语的运用。临时同义词语是指有些词语原本并非意义相同或相近，但在特定的语境中却产生了同义关系。词语都有其比较稳定的含义，但有时在特定的语境中，词语的含义会发生变化，临时充当一些遭到禁忌的词语的替代品。曹禺的话剧《日出》的第一幕中，方达生与原来的女友、现在的交际花陈白露有这样一段对话：

方达生：竹均，怎么你现在会变成这样——

陈白露：这样什么？

方达生：呃，呃，这样地好客，——这样地爽快。

陈白露：我原来不是很爽快么？

方达生：哦，我不是，我不是这个意思。……我说，你好像比从前大方得——

陈白露：我从前也并不小气呀！哦，得了，别尽拣好听的话跟我说了。我知道你心里是说我有点太随便，太不在乎。你大概有点疑心我很放荡，是不是？

对话中方达生所说的“好客”、“爽快”、“大方”，以及陈白露所说的“太随便”、“太不在乎”，都是委婉地指“放荡”，在一般情况下，这些词语并不是“放荡”的同义语，词典一般也不会把“放荡”列为这些词语的义项，它们是在特定的语境中临时替代“放荡”一词的。

同义词语的运用还包括外交辞令的运用。委婉是外交语言的重要特征，美国总统罗斯福的夫人曾感慨地说：同样的话，在一般情况下是一种含义，但在外交场合中却可能是另外一种含义，“这像是学习另一种语言”。在外交交涉中，说对某事“表示关切”或“表示严重关切”，意味着对事件的发生不满或十分不满，并将根据事态的发展采取相应的步骤；说对某事“不能置之不理”，则暗示事态如果进一步恶化，势必进行干预；说“将不得不重新考虑我国的立场”，是警告对方：容忍已达底线，如果继续目前的所作所为，两国关系则可能破裂。在外交谈判中，说双方“在亲切友好的气氛中进行了交谈”，意味着双方的观点基本一致，关系良好；说双方“诚挚地交换了意见”，则暗示双方存在意见分歧；说双方“坦率地交换了意见”，则是说双方意见分歧严重；说会谈是“建设性的”，意味着双方取得了某些进展，但争议还远没有解决；说会谈是“有益的”，则暗指会谈未取得任何具体成果，但谈总比不谈要好。

2. 模糊词语的运用

模糊词语的运用是指运用含义难以精确定义的词语故意含糊其辞，以此达到表达委婉的效果。例如，在拒绝对方提出的要求时，不直言“不行”，而是委婉地说“我们再考虑考虑”、“再等等看”、“有机会再商议”等，这种含糊其辞既表示了拒绝，又不至于让对方下不来台。

有些不便或难以说得很翔实的内容，使用模糊词语来表达，可以留有充分的回旋余地。如推销商品时，说自己的价格是市场最低价，这固然说得比较确切，但常常要冒被控欺诈的风险，同一商品的销售商可能成千上万，谁能保证自己给出的是最低价？如果不能保证这一点，就不如说得模糊一点，可以说价格“比较低”，或者说价格“合理公道”。

3. 弱化词语的运用

弱化词语是指可以舒缓语气、减弱语意强度的词语。弱化词语的运用是指运用弱化词语使表达委婉、语气舒缓。弱化词语主要有两类，一类是表示程度较低和表示揣度的副词、助动词，常见的有“有点”、“有些”、“有所”、“似”、“略”、“稍”、“略微”、“稍稍”、“大约”、“大概”、“一些”、“或许”、“也许”、“可能”、“恐怕”等。在句子中使用这些弱化词语，可以降低谈论对象优劣多寡的程度，减弱表达的语气和语意强度。请比较下面两段商务信函中的文字：

a. 对此我们有不同意见：货物抵京日期应不迟于 2004 年 10 月 30 日。请贵公司考虑我们的意见，对协议草案进行修改。

b. 对此我们的意见稍有不同：货物抵京日期似以不迟于 2004 年 10 月 30 日为妥。希望贵公司能考虑我们的意见，对协议草案略作修改。

a、b 两段文字意思基本相同，a 段中没有使用弱化词语，语气直率，态度坚决，表意明朗，但略显生硬；b 段中使用了“稍”、“似”、“略”等弱化词语，弱化了表达的语气和语意强度，语气舒缓，态度温和，表达的意见似可商量，显得委婉客气得多。这两种表述方式并没有优劣之分，选择其中的哪一种，应根据具体情况而定。需要委婉的时候就要委婉，不需要时不妨直率一些。

另一类弱化词语是强调话语内容只是个人看法的词语，如“我个人认为”、“我觉得”、“在我看来”等，这类弱化词语隐含着“这只是我个人的看法，别人也许不这么看”的意思，不会使对方产生强加于人的感觉，因而往往可以弱化语气和语意的强度，显得比较委婉。试比较下面两句：

a. 这样处理是不对的，应该立刻纠正。

b. 我觉得，这样处理是不对的，应该立刻纠正。

a、b 两句所表达的态度和意见是相同的，a 句没有使用这类弱化词语，可能被看作某一组织的态度和决定，因而对当事人就可能产生比较大的压力；b 句使用了弱化词语“我觉得”，表明这只不过是发表个人的看法，并不代表任何组织，也不意味着大家都持这种意见，因而对听话人就没有那么大的压力。说得形象一点，a 句是下指示的口吻，b 句则是讨论的口吻。

4. 句式的选择

句式的选择是指选择具有委婉表达效果的句子形式。表达效果比较委婉的句子形式很多，比较常见的有功能扩展的句式、褒义词语的否定式等。

功能扩展的句式是指交际功能突破原有格局而延伸到其他句式功能范围之内的句式。句式都有各自基本的交际功能，句式和句子的交际功能之间有着比较严格的对应关系，形成比较稳定而严整的格局。陈述句的基本交际功能是表示陈述，疑问句表示询问，祈使句表示请求，感叹句表示感叹。但有时候在使用中句式的功能会扩展到其他句式的功能范围之内，实现了基本功能以外的功能，但这种功能的实现只能是间接的。例如，疑问句也可以用来表示请求，但这种请求是通过“询问”间接地表示出来的。间接表达比直接表达委婉，所以句式挪作他用往往可以产生委婉的表达效果。例如，利用疑问句或表示假设的陈述句来间接表示请求，就往往比直接使用祈使句要委婉。试比较下面 a、b 两组表示请求的句子：

a1. 请你把窗户关上。　　　　b1. 你可以把窗户关上吗?

a2. 请你帮我寄封信。　　　　b2. 请你帮我寄封信，可以吗?

a3. 请你把事情的经过告诉我。　b3. 你如果能把事情的经过告诉我，我将十分感激。

a 组句子都是直接表示请求的祈使句，b 组句子都是间接表示请求的疑问句或表假设的陈述句，b 组句子都要比相对应的 a 组句子委婉、客气。

褒义词语的否定形式是指通过对褒义词语进行否定来表达贬义词语所具有的含义。褒义和贬义是就人们对这些意义所反映的事物或现象所持的态度和评价而言的。如果人们对此持肯定、赞赏的态度和评价，那么就是褒义的；如果人们对此持否定、贬斥的态度和评价，那么就是贬义的。例如，“成功”是褒义词语，“失败”是贬义词语；“漂亮”是褒义词语，“难看”是贬义词语。同样一件事，使用褒义词语的否定形式要比直接使用贬义词语显得委婉，因为这种形式对贬斥态度的表达是间接的。例如，人们付出极大的热情和精力去做某件事情，但最后却没有做成。当谈论这一结果时，说“这件事未获得成功”，人们就觉得比较好接受；说“这件事失败了”，虽然意思一样，但人们就不爱听。当评价某单位对制度建设的态度时，说“你们对制度建设还不够重视”，要比说“你们忽视了制度建设问题”委婉。当批评一个企业业绩不佳时，说“你们今年的业绩并不理想”，要比说“你们今年的业绩比较差”显得客气。当评价一位女士的相貌时，说“她并不漂亮”，要比说“她长得难看”含蓄而不易伤害人的自尊。

5. 类比、比喻等修辞手段的运用

利用类比、比喻等修辞手段间接地表达自己的看法和观点，也常常可以获得委婉效果。下面是一个利用类比手段取得委婉表达效果的事例：

> 有一次，作家梁晓声接受英国一家电视台的采访。采访进行了一段时间之后，英国记者对梁晓声问道：“没有‘文化大革命’，就可能不会产生你们这一代青年作家，那么‘文化大革命’在你看来究竟是好是坏?”这个问题问得很刁钻，简单的肯定或是否定，都可能被记者抓住借题发挥。梁晓声很清楚这一点。于是他避开正面回答，而是反问道：“没有第二次世界大战，就没有以反映第二次世界大战而著名的作家，那么您认为第二次世界大战是好是坏?”英国记者顿时哑口无言。

把对一个历史事件的评价与描写这个事件的作家联系在一起，这显然是荒唐的。梁晓声虽然没有直接说明这个道理，但他的回答通过类比间接地指出了这一点，可以说做到了有理、有力、有节。下面是一个利用比喻手段委婉表达的事例：

> 1972 年 5 月，美国总统尼克松访问苏联。会谈中，苏美双方在限制战略核武器问题上分歧严重。苏共中央总书记勃列日涅夫便对尼克松讲了这样一个故事：从前有一个俄罗斯农夫，徒步到一个十分偏僻的乡村去。他只知道大致的方向，但不清楚究竟

要走多远才能到达目的地。当他穿过一片树林时，偶然遇到一位老樵夫，便向他打听到那个村子还有多远。老樵夫耸了耸肩膀说："我不知道。"农夫只好继续往前走。突然间，老樵夫高声喊道："顺着这条道，再走15分钟就到那个村子了。"农夫转过身不解地问："你明明知道，刚才为什么不告诉我呢?"老樵夫答道："我先得看看你的步子有多大，一步能走多远呀!"尼克松听罢，会心地笑了。

在这里，勃列日涅夫把自己比作"老樵夫"，把尼克松比作"俄罗斯农夫"，意思是让尼克松在谈判中先做出妥协和让步，他再根据美方妥协的程度做出苏方的承诺。但这个意思勃列日涅夫并没有直接表明，而是通过一个比喻含蓄地暗示出来，让尼克松自己去体会。

6. 引发语用推理

引发语用推理就是有意违反言语交际的合作原则，从而引导对方进行语用推理，推导出表达者的言外之意，或者是利用事物和现象之间的因果关系，引导对方推导出隐含的原因、动机或结果。由于言外之意和隐含的原因、动机、结果等，并不是语句的字面意义，甚至是与语句的字面意义相反的意义，因而这是一种非常间接的表达方式，运用得当，就可以获得委婉的表达效果。例如：

一个中文系的学生希望毕业后能进入文学研究所从事中国古代文学的研究工作，于是请某教授写信推荐。某教授并不认为这个学生适合从事这项工作，但碍于师生情面，推荐信又不能不写，于是他写道："某某同学是我系××××届毕业生，他本人有意进入贵所从事中国古代文学的研究工作。他政治上要求进步，有较强的组织能力，英语也很好。望贵所能对他本人的意愿给予考虑。"

作为学生的老师，这位教授对自己学生的情况当然是很了解的，但他故意违反合作原则的"数量准则"，只字未提这名学生的专业课程成绩如何，也未说明他是否具有一定的科研能力，即没有向用人单位提供足够的相关信息，用人单位收到这封信，自然可以从中推测出教授的言外之意：该生并不适合做中国古代文学的研究工作。

第三节 模糊法

一、模糊的本质

"模糊"即语义模糊，是指语义所反映的对象只有一个大致的范围，而没有明确的界限。模糊法就是运用不精确的语言形式造成语义模糊的表达方法。语义模糊是语言中普遍存在的现象，比如"学者"这个名词，词典上的解释是"在学术上有一定成就的人"，那么究竟取得多大的学术成就才称得上是"学者"，这并没有也不可能有可以精确计量的标准，也就是说学者与非学者之间并没有明确的、绝对的界限。正是因为"学者"的词义是模糊的，人们在评价一个人是不是学者时，才会出现见仁见智的情况。其他词语如"少年、青年、中年、老年"，"凌晨、早上、上午、中午、下午、晚上、夜里"，"敲、打、捶、砸"等词语的语义也都具有模糊性。特别是那些反映事物属性而具有程度差别的词语就更是只具有相对的价值，意义的模糊性就更大，比如“高”与“矮”就是相对的，从此到彼是逐渐过渡的，二者之间并没有绝对的界限，如果身高 1.8 米可以算高，那么 1.79 米呢？1.78 米呢？1.77 米呢？……人们对身高的“高”只有一个大致的标准，而说不清楚“高”与“矮”的绝对分界处在什么位置。类似的词语如“大”与“小”、“长”与“短”、“粗”与“细”、“多”与“少”、“远”与“近”、“胖”与“瘦”、“美”与“丑”、“好”与“坏”、“冷”与“热”等也都是如此。

模糊现象的一个重要特点在于它往往出现在语义所指范围的边缘区域，出现在不同语义的交界处，而语义所指范围的中心区域则是清楚的。否则，如果一切都是模糊的，人们将无法借助语言符号来区分不同的事物，语言也就会因此而丧失交际和思维功能。例如，“青年”与“少年”和“中年”的边界都不清楚，因此当有人问 17 岁算少年还是青年，35 岁算青年还是中年时，我们可能会感到不太好说，而且不同的人根据自己的理解有可能会做出不同的回答。但“少年”、“青年”和“中年”所指范围的中心区域还是明确的，因此如果有人问 15 岁算不算“少年”、25 岁算不算“青年”、45 岁算不算“中年”时，人们会毫不犹豫地一致做出肯定的回答。再如，“高”与“矮”的边界虽然不清楚，但它们所指范围的中心区域也还是明确的，因此在中国北方，对成年男子而言，身高 1.85 米以上算个子“高”，身高不足 1.6 米算个子“矮”，人们对此也不会有什么争论。

语言中有相当一部分词语的词义具有模糊性，但也不是所有词语都是模糊的。有不少词语的词义是精确的，也就是说它们所反映的对象的范围是明确的，不同词语所指范围之间的界限是清楚的。例如“一、二、三、四”等数字，“米、厘米、毫米、小时、分、秒”等度量单位，“大提琴、小提琴、电视”等器物名，“太阳、月亮、黄河、鲁迅、周恩来”等专名，就都是精确的。至于科学术语则一般都是精确的，至少人们要求它们应该是精确的，比如语言学中的“元音、辅音、音位”，物理学中的“电荷、电子、压强”，生物学中的“细胞、基因、染色体”等术语就都是如此。

词组和句子都是由词组合而成的，语义模糊的词语会把模糊性带入这些更大的语言单位，从而使由模糊词语构成的词组和句子也具有模糊性。比如“大电视”、“盛开的花朵”、“刻苦学习”、“慢点儿说”都是模糊的：尺寸多大的电视可以算“大”，花朵开放到什么程度可以算作“盛开”，学习努力到什么程度才称得上“刻苦”，每分钟说多少个音节才符合“慢点儿”，这些都没有明确的、绝对的量化标准。上面这些词组、句子之所以是模糊的，就是因为它们中的“大”、“盛开”、“刻苦”、“慢点儿”是模糊的。

二、模糊法的功能

模糊法的运用可以在无法精确测量有关事物的条件下，使语言能够实现区分不同事物的功能，保证言语交际正常进行。人们在社会交际活动中，不可能也没有必要时时、事事都像科学实验那样，对谈论的对象做出精确的测定，在这种情况下，如果没有语义的模糊性，而是要求对所有的语义都必须做出严格的、精确的规定，那么社会的交际活动将难以进行。例如，在谈论一个人的身高时，由于有了语义的模糊性，我们才可能在不知道他的确切身高的情况下，说他个子高或者不高。如果“高”的词义是精确规定的，身高 1.85 米以上才可以算是高，1.84 米就不行，那么我们只好先问问他的身高究竟是多少，或者找尺子给他量一量，然后才能说话，如果是这样，言语交际就难以正常进行。更何况许多对象根本就无法做出精确的量的规定，如“美”和“丑”、“好”和“坏”、“难”和“易”、“忙”和“闲”、“幸福”和“不幸”、“聪明”和“愚蠢”等等，如果不允许语义模糊的存在，这些人或事物的性质根本就是无法谈论的。

模糊法的运用可以在尚未确切知道有关事物量的特征的情况下，保证言语表达的准确性。在言语交际中，有时候人们尚未了解有关事物的确切数量，或者不能保证有关事物数量信息的绝对准确，在这种情况下，模糊法的运用可以保证传递的信息更符合客观事实，精确表达反而可能不准确。例如，当说话人知道班里多数同学都喜欢听王老师的课，但到底有多少人，他还没有进行调查，并不确切知道，这时他可以说“我们班许多同学都喜欢听王老师的课”，“许多”是一个模糊词语，只要达到多数就可以说是“许多”，不管具体数量是多少，是30位、32位、35位同学，还是40或41位同学等等，都算“名副其实”，但如果使用精确表达，说“我们班有32位同学喜欢听王老师的课”，反而可能与事实不符。特别是当人们还来不及确切掌握有关数字，但又必须发布相关的信息时，模糊法的运用更是不可缺少的。

模糊法的运用常常可以提高语言表达的效率，可以使语言表达更概括，更简洁。模糊词语往往比较概括，精确表达则常常需要使用更多的语句，因而在很多能够进行精确表达的情况下，模糊法可以用较少的言语传递足够的信息，使用精确表达则显得累赘啰嗦。2004年12月17日《北京晨报》有下面一则消息：

> 《北京市实施〈中华人民共和国道路交通安全法〉办法》立法听证会举行。这是北京历史上第一次立法听证会。从332名报名者中遴选出来的16名代表涵盖了众多不同的行业。

消息中的“众多不同的行业”是一个模糊表达，它概括地说明这16名代表来自许多不同的行业，如果把这些行业（如果每位代表来自一个行业，就有16个行业）统统罗列出来，精确倒是十分精确，但表达的效果会大为降低。对这样一个简短的新闻消息来说，如果把这些行业都罗列出来，势必大大增加文字的篇幅，甚至罗列行业的篇幅会超过消息的主要内容，这从篇章的结构安排上看显然是不合理的。而且对一般的读者来说，知道这些代表“涵盖了众多不同的行业”，因而有充分的代表性，信息量也就足够了，非要精确地把他们所在的行业都写在上面，只能使人感到累赘啰嗦。

模糊法的运用常常可以提高语言表达的礼貌程度。在言语交际中，语义的模糊性可以给言语接受者提供更多的选择，因而可以使语言表达更有礼貌，更得体。例如，某高校发给一位著名专家的邀请函：

> 素仰您在汉语言文字学领域见识高远，成就斐然，故诚挚邀请您于您认为方便的时候来我校讲学。

请柬中没有提出讲学的确切时间，而是模糊地表达为“您认为方便的时候”，这就给对方很大的选择自由，体现出对对方意愿的充分尊重，因而显得很有礼貌；如果不是这样，而是精确地表达为“邀请您于2004年12月17日来我校讲学”，对方则没有丝毫自主选择的自由，这种近乎命令的表达会给对方造成被强迫的感觉，因而显得失礼而不得体。

模糊法的运用可以使语言表达避免绝对化，更富于弹性，留有更大的回旋余地。例如，发表自己的看法时，说“我基本上同意老王的意见”，就比说“我同意老王的意见”留有更大的余地。“基本上”是一个模糊词语，用它来修饰限定“同意”，就会使“同意”在程度上具有较大的伸缩性，即使将来情况有所变化，这种语义上的伸缩性，也可以保证说话人当时的表态不至于大错，从这个意义上说，模糊法也是一种说话人自我保护的方法。

三、模糊法的技巧

模糊法运用的基本原则是：在言语交际中，应该根据表达的实际需要决定模糊法的运用与否，应该模糊时要模糊，应该精确时则要精确。模糊法虽然在言语交际中有着积极的作用，但也并不是在任何情况下都只要模糊，不要精确。例如，在日常生活里，人们所说的“大雨”和“小雨”是模糊的，雨的大小并没有精确的数量界定；但气象学为了气象研究和气象预报的准确性和科学性，规定 24 小时内雨量在 10 毫米以下的为“小雨”，10—25毫米的为“中雨”，25—50 毫米的为“大雨”，这又是非常精确的。语义的模糊性和精确性对语言来说都是不可缺少的，它们的存在保证了作为交际工具的语言能够很好地满足社会各种不同的交际需要。我们应该根据交际的不同要求，尽可能地做到该模糊时模糊，该精确时精确。2003 年 7 月 28 日《中国青年报》上的署名文章《立法应禁用模糊语言》，也谈到语言表达该精确时就不能模糊，现节录于下：

> 7 月 22 日上午，《广东省爱国卫生工作条例（草案）》提交广东省第十届人大常委会第五次会议“二审”。其中备受关注的关于“不吃野生动物”的规定被修改为“不滥吃野生动物”（据 7 月 23 日《中国青年报》）。
>
> “不滥吃”是模糊语言，将“不滥吃野生动物”这样的条文写入法规，法规在实施过程中将遭遇尴尬。由于怎么样才算滥吃，怎么样才算不滥吃，其中缺乏可供操作的界定标准。
>
> 实际上，这暴露出了一些地方在立法中的一个弊病：立法语言不掷地有声，法律法规条文的“自由度”和“可伸缩度”太大。
>
> 立法使用模糊语言的最大危害就在于法律法规难以操作。法律法规的条文应该一目了然。这不但有利于公民自觉遵守，同时，在法律法规的实施过程中，执法人员不会感到不可捉摸和无从下手。含混不清的规定，最终会使法律本身受到“伤害”。
>
> 其次，立法使用模糊语言，还会给一些执法者留下“权力寻租”的机会和空间。要是某个法律法规条文用语模糊，执法者在操作过程中就有了可以自由掌握的尺度，他可以放宽或者紧缩这种“尺度”。
>
> 立法使用模糊语言还有可能使公民的合法权利受到侵害，而给一些不法分子留下可乘之机。

可见，语言表达的模糊与精确，应该根据言语交际的目的、对象等因素来决定，只有这样，模糊法才能够发挥积极的作用。

模糊法的基本技巧就是使用模糊词语，而不使用语义精确的词语。语言中很多词语本身意义就是模糊的，模糊词语会把它们的语义模糊性带进由它们构成的词组和句子中，在表达过程中使用这样的词语就可以造成语义模糊的效果。

形容词的意义一般都是模糊的，用它们来修饰别的词语，可以使原本比较精确的语义变得模糊起来，原本模糊的就可能变得更加模糊。例如，“手机”的所指对象是比较明确的，但加上模糊修饰语“时尚”后，说成“时尚手机”，意思就不那么明确了，哪款手机称得上“时尚”，哪款并不“时尚”，不同的人就可能有不同的看法；“修改”的意义是比较明确的，“修改”与“不修改”的界限是清楚的，但加上模糊修饰语“适当”后，说成“适当地修改”，意思就模糊起来，修改到什么程度、修改哪些内容才算“适当”，就不明确了；“掌握”的意思是模糊的，了解并懂得运用达到什么程度才算“掌握”，是难以精确定义的，如果再加上模糊修饰语“熟练”，说成“熟练掌握”，意思就更加模糊，不仅“掌握”与“没掌握”不容易分清，“熟练”与“不熟练”也难以严格区别。

表示程度、频度的词语也往往具有模糊性，用它们来修饰别的词语，也可以使语义模糊起来。表示程度或频度的词语常用的有“稍微”、“略微”、“有点”、“特别”、“非常”、“很”、“十分”、“一般”、“大概”、“大约”、“大致”、“基本上”、“差不多”、“往往”、“常常”、“经常”、“通常”、“总是”、“再三”等等。例如，“赞成”的意义是比较明确的，“赞成”与“不赞成”的界限也比较清楚，但加上模糊修饰语“比较”、“基本上”，说成“比较赞成”、“基本上赞成”，意思就模糊了，人们无法精确确定赞成的程度；表示确定数量的数词意义明确，但如果加上模糊修饰语“大概”、“大约”等，意思就不那么明确了，如“50 人”、“40 天”意思是明确的，说成“大概 50 人”、“大约 40 天”就不那么明确了。

表示不定数量的概数词也具有模糊性，使用它们可以使事物的数量具有可伸缩性。概数词常用的有“一些”、“一点”、“几”、“很多”、“许多”、“若干”等等。例如，“有一些人”、“放一点糖”、“买几斤苹果”、“花很多钱”、“存在若干问题”等，其中事物的数量就都是不确定的。

【关键概念】

幽默　委婉　模糊

【复习思考】

1. 幽默的产生与什么因素有关？幽默法的主要作用有哪些？
2. 幽默法的逻辑技巧和语言技巧主要有哪些？
3. 委婉法的功能主要有哪些？
4. 委婉效果的产生规律是什么？委婉法的技巧主要有哪些？
5. 语义模糊的性质如何？
6. 模糊法的基本原则是什么？模糊法的作用和技巧主要有哪些？

第五章

公关语言的各种技巧

[本章提示]

(1) 了解称呼的作用和称谓的类型，掌握称呼的基本原则和技巧，了解介绍的类型以及自我介绍和介绍他人应注意的问题；(2) 了解提问的类型和功能，掌握提问和应答的一般技巧；(3) 了解说服和论辩的功能，掌握说服和论辩的常用技巧；(4) 了解批评的功能，掌握批评和拒绝的原则和常用技巧。

第一节　称呼和介绍的技巧

一、称呼的技巧

称呼是使用称谓词语来招呼他人的行为。称呼在公关活动中具有重要的作用。在言语交际中，人们最先说出的话通常就是对对方的称呼。称呼体现说话人对交际对象的态度，体现说话人对交际双方关系的定位，可以反映出说话人对当前交际的性质的认识，因而人们总是很在乎别人对自己的称呼。称呼不当，被称呼者就会不满，甚至产生反感，就会影响言语交际的效果，因而在言语交际中选择恰当的称谓形式来称呼对方，对建立良好的人际关系，对取得理想的交际效果都有重要意义。

1. 称谓的类型

称谓可以分为亲属称谓和社交称谓两类。

(1) 亲属称谓

亲属称谓是专门用于或者原本专门用于亲属成员的称呼。亲属称谓有辈分的区别，以体现“长幼有序”。长三辈的称谓有：“老祖儿”，长二辈的称谓有：“爷爷”、“奶奶”、“姥爷”、“姥姥”等，长一辈的称谓有：“爸爸”、“妈妈”、“叔叔”、“大伯”、“舅舅”、“婶婶”、“姑姑”、“大姨”、“舅妈”、“公公”、“婆婆”等，平辈的称谓有：“哥哥”、“弟弟”、“姐姐”、“妹妹”、“表哥”、“表弟”、“表姐”、“表妹”等。亲属称谓还有面称和背称的区别，面称就是当面的称呼，背称就是背后的称呼。这两类称谓有交叉，但不完全一致。北京人对“父亲”的称呼，面称通常用“爸”，例如，“爸，您坐这儿吧”；背称则用“爸”、“爸爸”或“父亲”，例如，“我爸爸今年 80 了”，也可以说“我爸今年八十了”或“我父亲今年八十了”。北京人对“哥哥”的称呼，面称用“哥”，例如，“哥，你今天怎么没去学校呀？”背称用“哥”或“哥哥”，例如，“我哥不在家，他出差了”，也可以说“我哥哥不在家，他出差了”。亲属称谓中有一些也可以用来称呼非亲属成员，例如，“叔叔”、“伯伯”、“大爷”、“大妈”、“大婶”、“伯父”、“伯母”、“爷爷”、“奶奶”等。总的来说，亲属称谓的非亲属用法多用于非正式的交际场合，而且往往表现出说话人对称呼对象比较亲近的态度。

(2) 社交称谓

社交称谓是用于非亲属成员的称呼，例如，“师傅”、“老师”、“大夫”、“主任”、“经理”、“校长”、“连长”、“先生”、“女士”、“小姐”、“同志”等。社交称谓也包括亲属称谓的非亲属用法。在社交活动中，交际双方的关系不同，交际对象的社会特征不同，交际场合不同，使用的社交称谓也有所不同。根据正式程度的差异，社交活动可以分为家常社交活动、事务性社交活动和正式社交活动三类。家常社交活动是发生在关系比较亲近的熟人之间的交际活动，朋友、邻里、同学、同事之间的日常交际活动都属于这类社交活动。事务性社交活动是发生在因某种事务而相互接触的初次见面或不太熟悉的人之间的交际活动，政府公务人员与民众之间、公关人员与公众之间、推销员与顾客之间的一般交际活动都属于这类社交活动。正式社交活动是发生在比较隆重的社交场合，如会议、谈判、宴会、典礼等隆重场合的交际活动。与这些不同类型的社交活动相应，社交称谓也可以分为家常社交称谓、事务性社交称谓和正式社交称谓三类。

1) 家常社交称谓

家常社交称谓是对关系密切的朋友、邻里、同学、同事使用的称呼。平辈之间的家常社交称谓主要有以下几种形式：

①称名，就是直接用对方姓氏之外的名来称呼对方。例如，称张志强为“志强”，称李建国为“建国”，称王雅洁为“雅洁”等。

②称老＋姓或小＋姓，就是在对方姓氏前加上“老”或“小”，例如，称张志强为“老张”，称李建国为“小李”等。

③称姓名，就是直接用对方的姓名称呼对方。例如，称张志强为“张志强”，称李建国为“李建国”，称王雅洁为“王雅洁”等。

④称姓＋职业，就是在对方从事的职业名称前加上他的姓氏，以此作为称呼。例如，称张志强为“张老师”，称李建国为“李师傅”，称王雅洁为“王大夫”等。不过，并不是任何职业名称都可用于这种称谓形式，常见的是一些社会声望较高的职业名称，如“老师”、“大夫”、“工程师”(通常简称“工”，如“王工”、“李工”)、“师傅”等，这些名称

除了表明被称呼者的职业外，还带有一定的尊称意味，但像“炊事员”、“清洁工”、“电工”、“木匠”这些社会声望不太高的职业名称就不能这样用。

以上称谓形式所体现出来的亲疏关系并不完全相同，大致说来，称名最为亲近，称老＋姓或小＋姓次之，称姓名又次之，称姓＋职业则较为疏远。

晚辈对长辈的家常社交称谓常常采用“姓＋亲属称谓”的形式，如“王叔叔”、“张大伯”、“张伯伯”、“李大爷”、“赵阿姨”、“王大妈”、“李奶奶”等。

长辈对晚辈的家常社交称谓没有“姓＋亲属称谓”的形式，常常采用直接称名或称姓名的方式。例如，某人叫刘桂英，街坊邻里的长辈可以称她“刘桂英”或者“桂英”。

2）事务性社交称谓

事务性社交称谓是在办理事务过程中或在公共场合，对不太熟悉或初次相遇的人使用的称呼。事务性社交称谓主要有以下几种形式：

①用通称，就是使用不区分称呼对象的职业、职务、年龄、辈分而可以普遍适用的称呼。常用的这类通称有“先生”、“同志”、“小姐”等。例如，“先生，请进”，“同志，我跟您打听个事儿”。在特定的范围内，还可能有特定的通称。例如，在学校里，“老师”就可以当作通称来用，见到学校的工作人员，不管是不是教师，都可以称其为“老师”；在医院里，“大夫”也可以当作通称来用，见到医院的工作人员，不管是不是医生，都可以称其为“大夫”。通称一般是在双方初次见面，而且以后也不大可能相互来往的情况下使用的，售货员或服务员接待顾客、向他人问路、到医院看病、到政府部门办理各种手续等就都属于这种情况，在这些场合，人们一般都使用通称来称呼对方。

②称姓＋通称，就是在称呼对象的姓氏之后加上通称。如“王先生”、“李同志”、“张小姐”、“赵女士”。使用这种称谓形式时必须说出对方的姓氏，这会向被称呼者传递两种信息：一是表明说话人对被称呼者有所了解，二是表明说话人此次交际的对象是确定的，并非任何一位“同志”、“先生”、“女士”或“小姐”都可以。因此，使用“姓＋通称”的形式往往比使用通称更容易引起对方的关注。例如，某人到某机关咨询有关个人所得税的规定，推开办公室的门，里面坐着五位男士，如果他问“先生，我想咨询一下有关个人所得税的规定，可以吗?”这句询问对在座的五位男士都是有效的，但同时又都是无效的，因为他们每个人都可能以为在座的其他人会去回答来访者的询问，结果常常是在一段时间里没有任何一个人站起来接待来访者，来访者不得不问第二遍。如果他知道五位男士中某一位姓什么，问道“王先生，我想跟您咨询一下有关个人所得税的规定，您现在有时间吗?”结果就会大不一样，这时姓王的男士绝不会以为别人会去接待来访者，不管他愿意还是不愿意，他都知道必须由他也只能由他对来访者的询问做出回答。此外，由于带上对方的姓氏表明说话人对被称呼者有所了解，因而与使用通称相比，使用“姓＋通称”的称谓形式显得亲近一些。

③称姓＋职称/职务/职业，就是在被称呼者的姓氏之后加上他的职称、职务或职业的名称。如“王教授”、“李处长”、“杨总（经理）”、“周工（程师）”、“张老师”、“赵大夫”、“孙教练”等。使用这种称谓形式需要对被称呼者有更多的了解，不仅需要知道他的姓氏，而且还要知道他的职称、职务或职业情况。但并不是任何一种职称、职务或职业的名称都可以用在这种称谓形式里，通常只有那些社会声望较高的名称才可以这样用，社会声望较低的名称就不能用在这种称谓形式里。例如，姓氏后面加上“教授”是很常见的称

谓形式，如“王教授”、“李教授”，但姓氏之后加上“讲师”或“助教”就不好听，“张讲师”、“赵助教”这样的称谓形式就没有人说；姓氏之后加上“局长”、“处长”、“科长”也是很常见的称谓形式，如“赵局长”、“李处长”、“孙科长”，但姓氏之后加上“科员”就让被称呼者不受用，“周科员”、“张科员”这样的称谓姓氏也就没有人说；姓氏之后加上“老师”、“大夫”、“教练”是很常见的称谓形式，如“王老师”、“李大夫”、“孙教练”，但姓氏之后加上“木匠”、“裁缝”就不那么好听，“王木匠”、“钱裁缝”这样的称谓形式就很少有人说。由于在“姓＋职称/职务/职业”这种称谓形式里，职称、职务和职业的名称都具有较高的社会声望，因而这种称谓形式带有一定的尊称色彩，这也是它之所以成为下级对上级的常见称谓方式的主要原因。

3）正式社交称谓

正式社交称谓是在比较隆重的社交场合使用的称呼。正式社交称谓主要有以下几种形式：

①称姓/姓名＋通称。如“李建国先生”或“李先生”、“张志远同志”、“王娟小姐”或“王小姐”、“赵霞女士”或“赵女士”等。

②称姓/姓名＋职称/职务/职业/学衔。如“李建国教授”或“李教授”、“张志远总经理”或“张总经理”、“王娟老师”或“王老师”、“孙立新博士”或“孙博士”。在这种称谓形式中使用职称、职务、职业或学衔的名称，所受限制与上文所述事务性社交称谓相同，即只有社会声望较高的职称、职务、职业或学衔的名称才可以用于这种称谓形式。

2. 称呼的原则和技巧

在公关活动中，称谓的使用要充分考虑到公众的“尊重需要”，要恰如其分地体现出对被称呼者的尊重，这是称呼的基本原则。具体说来，称谓的使用要注意以下几个方面：

首先，称呼要符合交际双方的关系。人际关系是复杂的，复杂的人际关系可以从两个维度去分析，一是从辈分或尊卑的角度去看，一是从亲疏远近的角度去看。从辈分或尊卑的角度看，人际关系大致可以分为两种类型，一种是权势关系，一种是等同关系。权势关系就是上与下或者尊与卑的关系，长辈与晚辈、上级与下级、老师与学生之间的关系都是这种权势关系。等同关系就是地位平等或者主观上认为彼此平等的关系，平辈之间、朋友之间、同学之间、同事之间的关系都是这种等同关系。从亲疏远近的角度看，人与人的关系有亲有疏，有近有远，一般而言，亲属关系要比非亲属关系亲近，非亲属关系中，朋友关系、同学关系和良好的邻里关系要比一般的工作关系亲近，而因偶然接触而形成的短暂关系则是一种比较疏远的关系。在人际关系中，上下尊卑与亲疏远近这两个方面的因素是交织在一起的。同是上下尊卑关系，其中还会有亲疏远近的区别，领导者与被领导者之间是上下尊卑关系，父母和子女之间也是上下尊卑关系，但二者在亲疏远近的性质上不同，所以人们才会感到它们是两种极为不同的关系。称呼要符合交际双方的关系，就是在称呼他人时要照顾到上下尊卑和亲疏远近两个方面的因素。在言语交际中，与这两类关系都不相符的称谓形式往往会使被称呼者感到反感。曹禺的话剧《日出》中，大丰银行职员李石清拿住经理潘月亭的短处，潘月亭不得已把银行襄理的职位给了他，李石清便有些得意忘形，对潘月亭的称呼也随便起来，不再叫“经理”或“潘经理”，而是直呼其名“月亭”，后来潘月亭辞退了李石清，并对他说了下面这段话，这些话表现出潘月亭对李石清称谓使用不恭的不满：

潘月亭：好，我不陪了，你以后没事可以常到这儿来玩玩，以后你爱称呼我什么就称呼我什么，你叫我月亭也可以；称兄道弟，跟我“你呀我呀”地说话也可以；现在我们是平等了！再见。

潘月亭是银行老板，李石清原只是一个普通职员，无论从上下尊卑关系，还是从亲疏远近关系上看，他对潘月亭都不能使用直呼其名的称谓形式，但他得到升迁后，自以为和老板的关系已由原来的权势关系转变为等同关系，并相应地调整了称谓方式，这自然会引起潘月亭的不满。称谓形式的选择要受到上下尊卑和亲疏远近两类关系的制约，但需要说明的是，在一定的条件下，这两类关系中可能只有一类关系对称谓的选择起支配作用，而另外一类关系则处于从属地位。例如，某甲是局长，某乙是他的下属，但二人又是朋友，那么在正式场合，某乙会称呼某甲为“李局长”或“李局”，这时上下尊卑关系对称谓的选择起支配作用；但在私人聚会的场合，某乙会称呼某甲为“老李”，或者直呼其名，如“建国”、“志远”之类，这时亲疏远近关系对称谓的选择起支配作用。

其次，称呼要符合交际对象的社会特征或社会属性。任何人都是社会中的人，每个社会中的人都具有一定的社会特征或社会属性，如职业、受教育程度、地位等级等。一个人，不论其社会地位高低，都不愿意自己的社会属性被低估。一旦这种情况发生，人们就会感到自尊心受到伤害，严重的甚至可能产生被侮辱的感觉。称呼要符合交际对象的社会特征或社会属性，就是在称呼他人时宁可高估而千万不要低估对方的社会属性。前些年，“师傅”一词很流行，几乎成为一种对成年男性的通称，当时不少人见到谁都称对方为“师傅”，如果对方是一位体力劳动者，一般不会引起什么不好的感觉，但如果被称呼者是一位大学教授，他心里一定不痛快，原因就在于他会明显感到自己的社会属性被对方低估了。还有一种社会上常见的现象，就是人们在使用“姓＋职务/职称”这种称谓形式时，除了特殊情况，一般都不会带上一个“副”字，特别是当不十分了解对方，不清楚他的职务或职称究竟是“正”还是“副”时，尤其如此。例如，只称“王主任”，而不称“王副主任”；只称“李局长”，而不称“李副局长”；只称“张经理”，而不称“张副经理”；甚至像“张副科长”、“孙副处长”、“赵副教授”这样的称谓形式都不大能成立，其原因同样在于人们宁可高估被称呼者的社会属性，而不愿意由于低估对方而使其不快。

最后，称呼要符合交际场合的性质。交际场合的性质可以从各种不同的角度来分析，但对称谓的选择有直接影响的主要是交际场合的正式程度。从正式程度上看，交际场合可以分为家常社交场合、事务性社交场合与正式社交场合。家常社交场合指关系密切的朋友、邻里、同学、同事进行日常生活交际的场合，如朋友、同学聚会、邻里街坊聊家常等。事务性社交场合指不太熟悉或初次见面的人为办理事务进行交际的场合，如到政府部门咨询有关事宜、到公司办理业务、到医院看病等。正式社交场合指比较隆重的社交场合，如会议、谈判、宴会、典礼等。上述三类交际场合的正式程度是不同的，正式社交场合的正式程度最高，事务性社交场合次之，家常社交场合的正式程度最低。称谓形式也有正式程度的差别，大致说来，在社交称谓中，正式社交称谓的正式程度最高，事务性社交称谓次之，家常社交称谓的正式程度最低。称呼要符合交际场合的性质，就是在称呼他人时要使称谓的正式程度与交际场合的正式程度保持一致，称谓的正式程度偏高或偏低都会使被称呼者产生不良感觉。例如，某甲和某乙是多年的老邻居，关系很密切，平常见面都是以“老王”和“老李”相称，突然有一天二人在门口相遇，一个说“王教授，去上课呀?”另一个说“是呀，李处长，去上班呀?”如果真这么说，二人肯定觉得别扭，旁人看着也觉得可笑。如果进一步提高称谓的正式程度，说成“王志远教授，去上课呀?”“是呀，李建国处长，去上班呀?”简直就是滑稽了。这种不良结果是由将正式程度较高的事务性社交称谓和正式社交称谓用于正式程度很低的家常社交场合所造成的。

下面附带介绍一下人称代词的使用技巧。

广义地说，人称代词也是一种称谓形式。人称代词有通称、尊称和谦称三种不同的形式。通称形式是人称代词最普通的形式，只单纯指称说话人、听话人或第三者，而没有什么特殊的含义，如“我”、“你”、“他”。尊称形式除了指称意义之外，还表达对听话人的尊敬，如“您”。谦称形式除了指称意义之外，还表达说话人的谦恭，如以复数代替单数的“我们”。

人称代词的尊称形式，就汉语普通话而言，是指第二人称代词的尊称形式“您”。在言语交际中，对交际对象是使用通称形式“你”，还是使用尊称形式“您”，主要是由交际双方的上下尊卑和亲疏远近关系决定的。

从上下尊卑关系来看，选择“你”或“您”的一般原则是：如果交际双方处于权势关系之中，通常是权势较低的一方对权势较高的一方使用尊称形式“您”以表示尊敬，权势较高的一方对权势较低的一方则使用通称形式“你”；如果交际双方处于等同关系之中，则通常相互使用通称形式“你”。例如，晚辈对长辈、下级对上级、学生对老师应该使用“您”，这是权势较低的一方对权势较高的一方；长辈对晚辈、上级对下级、老师对学生应该使用“你”，这是权势较高的一方对权势较低的一方；平辈之间、朋友之间、同学之间、同事之间通常使用“你”，这是双方处于等同关系之中。

从亲疏远近关系来看，当双方关系比较疏远时，权势较高的一方有时候也可以对权势较低的一方使用“您”，使用“您”比使用“你”显得客气。例如，一位老年人在同一位不熟悉的中年人交谈时，为了表示客气，有时也会称对方为“您”。当双方关系比较疏远时，处于等同关系之中的双方也可以使用“您”，使用“您”比使用“你”客气。例如，年纪差不多的人初次交往时，如果双方都比较客气，就会相互称“您”。

人称代词的谦称形式，就汉语普通话而言，主要是指以第一人称复数代替单数，也就是以“我们”来代替“我”。使用“我们”淡化了说话人个人的意愿和作用，因而会使语言表达显得比较谦恭。这种用法在书面表达中更为常见。

二、介绍的技巧

介绍就是通过简明的话语说明某人的基本情况，使对方有一个初步的了解和印象。介绍是交际双方开始接触的一种常见的形式，人们初次见面，一般总是从介绍开始的，通过介绍，交际双方彼此有了初步的了解，知道了对方的姓名、职务、职称、工作单位、所从事的工作和专业等基本情况，有了这些了解，在后续的交谈中，人们才能够知道该如何得体地称呼对方，该怎样和对方谈。

从篇幅的长短上看，介绍可以分为概要式介绍和简述式介绍。概要式介绍是一种最为简洁的介绍方式，其内容通常只包括姓名、职务、职称、工作单位、所从事的工作或专业，概要式介绍通常在会面寒暄时使用。简述式介绍是一种篇幅比较灵活的介绍方式，其内容除了姓名、职务、职称、工作单位、所从事的工作或专业之外，还可以包括个人的主要经历、个人的主要成就、个人的爱好等，简述式介绍通常在会议、讲座、报告等面对群体的场合使用。

不论是概要式介绍，还是简述式介绍，从介绍对象上看，都可以分为自我介绍和介绍他人两种基本类型。

1. 自我介绍

自我介绍就是通过语言表达把自己的基本情况介绍给交际对象。在社交场合，自我介绍是建立人际关系、树立自我形象的重要手段和方法。自我介绍在公关活动中有着重要的作用，自我介绍通常发生在言语交际的开始，由于首因效应的作用，自我介绍的恰当与否会对人们的印象产生明显的影响，因此在进行自我介绍时应该注意以下几个方面：

自我介绍切忌人前夸耀，自我标榜，以免给人造成自吹自擂的不良印象。在进行自我介绍时，如果采取概要式介绍的方式，一般只需要将个人的一般情况告诉对方，不要涉及太多的个人情况，更不可谈及对自己的评价；如果采取简述式介绍的方式，虽然可以介绍得全面一些，具体一些，但也不要直接介绍自己取得的成就，不要去说自己得到过什么奖项和荣誉，也不要详细列举自己的各种头衔，最好也不要涉及对自己的评价，介绍这些情况会被人认为是在自夸。谦虚在中国人眼里是一种美德，自夸则是一种人品不高的表现。赞誉的言辞、积极的评价都应该由别人来说，那样才显得客观公正，自我夸耀只能使人反感。例如，在会议上发言时，如果像下面这段文字那样来进行自我介绍，给人造成的印象就很可能是负面的：

> 大家好，我叫×××，是××大学的教授、博士生导师，××市语言学会的会长，××省语言学会常务理事。我长期从事语言学理论的研究，并有一定的建树，发表过不少论文，并出版了多部学术专著，这些研究成果在学术界产生广泛影响，并多次获得××市哲学社会科学优秀成果奖。另外，我还被××大学聘为兼职教授。

这种自我炫耀、自我标榜的介绍，相信许多人听了都会感到不舒服。

自我介绍切忌给人造成缺乏自信的印象。在进行自我介绍时，语言表达应该从容不迫并充满自信，切不可羞羞答答，吞吞吐吐，以免给人造成拘谨自卑的印象。介绍的内容固然不能有自夸的成分，但也不需要一味贬低自己，以免给人造成缺乏自信的印象。

自我介绍要清楚明白，要尽可能避免误解和歧义。例如，报姓名时，最好能对同音字、近音字较多的或不常见、容易读错的姓和名略做说明，如“我姓张，弓长张”，“我姓章，立早章”，“我姓游，旅游的游”。

自我介绍要繁简适度，要根据交际场合的不同对介绍内容进行取舍。一般来说，会面寒暄时可以用来进行自我介绍的时间是很短的，因为这种场合的自我介绍常常会伴随双方握手的礼仪行为，如果介绍的时间太长，双方握着的手松开也不是，老握着也不妥，大家就会感到有些尴尬，所以在这种场合，自我介绍应该采用概要式介绍的方式，内容尽可能简洁，只要告诉对方自己的姓名、工作单位以及所从事的工作或专业就可以了。例如，双方握手时可以这样进行自我介绍：“您好，我是李××，××大学中文系教师，教古代汉语的。”一般来说，会议发言、做报告、演讲或举办讲座时，可以用来进行自我介绍的时间就灵活一些，既可以采用概要式介绍的方式，也可以采用简述式介绍的方式。

自我介绍，特别是简述式的自我介绍，语言表达也可以幽默风趣一些。如果是在轻松欢乐的场合介绍自己，幽默风趣一些，不仅可以活跃气氛，还可以展现自己的人格魅力。更重要的是，幽默的话语有时还可以使个人成就的谈论不显张扬。著名演员赵丽蓉在第四届东京电影节上获最佳女主角奖，在其后的新闻发布会上，她是这样自我介绍的：

> 我是唱戏曲的，退休后赶上改革开放，才“触电”拍电影电视，没想到还冲出亚洲，走向世界。老了，老了，到国外得了这么个大奖。范进八十中举，我才六十一，比他年轻多了！

赵丽蓉的自我介绍幽默风趣，虽然谈到自己所获得的荣誉，但并不会让人产生自鸣得意的感觉。这一方面是由于她把自己获奖与范进中举相提并论，对自己的荣誉做了“降格”处理，一方面也是由于她自我介绍时的那种诙谐幽默的自嘲口吻。

2. 介绍他人

在公关活动中，介绍他人也有重要的作用。一般来说，通过这种介绍，原本陌生的人开始正式认识，双方才知道该如何得体地称呼对方，后面的交际活动才能够自然地展开。如果由于某种原因，在这一介绍过程中遗漏了某人，这在一定程度上就等于将其排除在当前的交际活动之外，会使未被介绍的人十分难堪，自尊心也会因此而受到伤害，这是一种十分失礼的行为。

介绍他人应该注意以下几个方面：

介绍他人时要注意介绍的先后次序，要遵守“尊者优先了解情况”的原则。按照国际上社交礼仪的惯例，介绍他人时，应该先把地位较低者介绍给地位较高者，也就是应该先让位尊者了解位卑者的情况。具体地说，如果介绍人属于交际双方中的一方，应该先向对方介绍己方人员，这种卑己尊人的做法是为了表示对对方的尊重。如果介绍人处于交际双方之间而不属于任何一方，则应该先把职位低的介绍给职位高的，先把年轻的介绍给年老的，先把男士介绍给女士，以此来表示对地位较高者、年长者和女士的尊重。如果被介绍者在身份、年龄、性别上没有什么差别，则应该先把自己比较熟悉的介绍给比较陌生的，这样介绍是比较礼貌的。

介绍他人时要注意信息的繁简适度，要根据交际场合的不同决定介绍内容的长短。同自我介绍一样，会面寒暄时介绍他人宜采用概要式介绍的方式；面对群体介绍他人时，如会议发言、做报告、演讲或举办讲座时对他人的介绍，方式就可以灵活一些，既可以采用概要式介绍的方式，也可以采用简述式介绍的方式。

介绍他人要热情、典雅。热情的介绍有助于消除交际双方因初次见面而产生的拘谨感，从而使原本陌生的双方尽快熟识起来。介绍他人时语言表达的典雅程度与交际场合的正式程度应该成正比，与对方的熟悉程度则应该成反比。交际场合越正式，与对方越不熟悉，介绍所使用的语言形式应该越典雅。例如，在比较随便的场合，对方又是比较熟悉的人，就可以这样介绍他人：“这是老张，我们这儿的头儿，你有什么事只管跟他说。”但如果在一个比较正式的场合，对方又是不熟悉的人，则应该这样介绍：“这是张××处长，他是我们这里的领导，您有什么问题请和张处长谈。”

第二节　提问和应答的技巧

一、提问的技巧

1. 提问的功能

提问是言语交际双方进行沟通的有效手段。从功能角度看，提问可以分为求解提问和诱导提问两类。求解提问是指提问者心存疑惑，请求被问者答疑解惑。例如，一个外地人到北京，不知道新街口在什么地方，于是问路人："请问，新街口怎么走?"这一求解提问的目的是为了索得有关"新街口"地理位置的信息。诱导提问是指提问者并无疑惑需要解答，而是要通过提问诱导对方说出提问者想得到的回答，或者通过提问引出提问者想要表达的看法和观点。《孟子·梁惠王下》中有一个"王顾左右而言他"的故事：

> 孟子对齐宣王说："假若您有一个臣子，他把妻室儿女托付给朋友照顾，自己到楚国去了。等他回来时，他的妻室儿女却在挨饿受冻。对这样的朋友，该怎么办?"
>
> 齐宣王说："与他绝交!"
>
> 孟子又说："假若管刑罚的长官不能管理他的部下，那该怎么办?"
>
> 齐宣王："撤掉他!"
>
> 孟子又说："假若一个国家政治搞得很不好，那又该怎么办?"
>
> 齐宣王无言以对，只得转过头去左右张望，把话题扯到别处去了。

孟子批评齐宣王就采用了诱导提问的方式，他通过一步一步地提问，最后把齐宣王引向一个孟子事先设定的结论：如果一个国家治理得不好，国家的最高领导人理应承担责任。

求解提问是有疑而问，诱导提问是无疑而问。求解提问的功能是获取所需要的信息。在获取信息的过程中，被问者作为信息源，可能掌握着大量的信息，但这些信息对提问者来说未必都是需要的，因而要获得需要的信息，必须对众多的信息进行筛选，从中提取出有用的信息。恰当的求解提问就是对众多信息进行筛选的有效手段之一。提出一个好的问题，就是向对方发出一个明确的信息提供要求，这一要求对信息内容有具体明确的限定，被问者可以根据这一要求提供提问者所需要的信息。诱导提问的主要功能不是获取未知信息，而是要诱导被问者说出提问者事先设定的答案，或提问者想要表达的看法和观点，这是一种借他人之口表达提问者自己的思想的提问方式。诱导提问可以用于论辩、劝导和说服，让对方自己说出提问者的看法和观点，就等于他不得不承认这些看法和观点，这要比提问者自己来表达更具说服力。求解提问和诱导提问功能不同，各有各的用途，如果该用求解提问的时候却采用诱导提问的方式，就会严重影响言语交际的效果。下面这个事例就属于这种情况：

> 某报记者去采访一位劳模，打算采访后写出一篇能够产生轰动效应的报道。
>
> 记者问劳模："您一定经常加班加点、废寝忘食地工作吧?"
>
> 劳模答："不，我很少加班加点。现代社会讲求高效率，而不是光靠延长工作时

间。我每天的工作任务都要求自己在工作时间内完成。休息时间我都抓紧时间看书学习，希望能不断提高自己的素质和水平。”

记者问：“那么，您是不是生了病总不休息，而是把病假条塞在口袋里照常工作?”

劳模答：“不是这样的，有了病就应该好好休息，身体好了，才能更好地工作。拼身体不是好办法。”

记者有些失望，但仍锲而不舍地挖掘想得到的“豪言壮语”，于是又问：“您爱人在外地工作，您去探亲时，是不是心里总放不下工作，没等探亲假到期就提前赶回来?”

劳模答：“一个人除了要对工作、事业负责之外，还应该担负起对家庭和亲人的责任。我和我爱人团聚的时间很少，亏欠她的太多，我非常珍惜和她在一起的每一天。”

记者语塞。

这位记者的采访完全失败了，其原因就在于他在提问之前就想当然地构思了劳模的“动人事迹”，提问时便试图一步一步地诱导对方说出自己想听到的那些“豪言壮语”，把本应是求解提问的询问变成了诱导提问。

2. 求解提问的技巧

求解提问的目的是为了从被问者那里索取信息，因此从本质上说，求解提问同一般的祈使句一样，也是一种表达“请求”的语言形式，只不过一般祈使句所“请求”的可以是要对方做出某种行为，如“请把窗户关上”，也可以是要对方提供某种信息，如“请你告诉我这件事的经过”，而求解提问所要求的只是让对方提供某种信息。既然求解提问是有求于对方，就必须设法使对方愿意合作，否则，提问就难以得到有效的回应。要想获得满意的提问效果，就不能不讲究策略和技巧。大致说来，在公关言语交际中，求解提问应该注意以下几个方面：

提问时要注意交际场合的性质，不要问在该场合不宜提的问题。有些问题在某些场合问没有什么不合适，但在另外一些场合问就可能使被问者感到为难或难堪，因而是不礼貌、不恰当的。例如，1992 年，新加坡的一位学者应邀来到河南某大学做学术报告，报告开始前他介绍自己的祖籍是广东梅县，3 岁时随父亲来到新加坡。报告会进入最后的提问阶段，在七八百人的礼堂里，有个大学生问道：“请问教授，您是喜欢中国还是喜欢新加坡?”这样的问题私下问也许并不会使被问者为难，但在大庭广众之下，特别是当着这么多中国师生问，就会使这一问题变得十分敏感，回答时稍有不慎，就可能引发政治问题，在这种情况下，被问者就会因难以回答而感到紧张，言语交际的气氛也会因被问者的沉默而变得令人尴尬。

提问时要注意交际双方的关系，不要问与双方关系不和谐的问题。人际关系有尊有卑，有亲有疏，有些问题如果是上级问下级或长辈问晚辈就没有什么不妥，但反过来就不合适。例如，“总公司关于推进人事制度改革的指示，你们是不是认真落实了?”上级可以这样问下级，但下级这样问上级就不合适了。有些问题，关系亲近的人问没有什么关系，关系一般的人问就非常不礼貌。例如，一般来说，人与人之间的关系越亲近，提问时可以涉及的个人隐私就越多，人与人之间的关系越疏远，提问时就越应该远离个人隐私。

提问时要注意选择恰当的语言表达形式。选择恰当的语言表达形式首先要注意对问句形式的选择。提问可以在一定程度上控制对方的回答，一个问题提出后，对这个问题的回答就被限定在一定的范围之内。不同的问句形式对回答的控制程度是不同的，据此，可以把问句分为封闭性问句和开放性问句两类。封闭性问句就是答案封闭的问句，即通常只需要简单地用肯定或否定来回答的问句，封闭性问句对回答的控制程度较高，被问者回答时的选择余地很小，是非问句和选择问句都属于这类问句；开放性问句就是答案开放的问句，即回答内容比较灵活而通常不是简单地用肯定或否定来回答的问句，开放性问句对回答的控制程度较低，被问者回答时的选择余地较大，特指问句属于这类问句。例如，用是非问句问“你喝茶吗?”对方回答时只有“喝”或者“不喝”两种选择；用选择问句问“你喝茶，还是喝咖啡?”对方回答时只有“喝茶”、“喝咖啡”或者“都不喝”三种选择，如果对方想喝茶和咖啡之外的饮料，就难以提出来了。用特指问句问“你想喝点什么?”则可以给对方最大的选择余地，对方回答时可以提出他想喝的任何一种饮料。在言语交际中，提问要根据交际目的和需要选择控制程度适当的问句形式。一般来说，如果要引导对方充分发表意见和看法，最好使用开放性问句而不要使用封闭性问句，这样对方回答时就可以有比较大的自由，回答的内容也不那么受限制。例如，某公关人员向消费者询问对某产品的评价，若问“您觉得这种产品怎么样?”这种开放性问句就可能引导对方充分发表自己的看法，消费者很可能滔滔不绝地从这种产品的性能说到外观，又从外观说到价格，再从价格说到售后服务；若问“您喜欢这种产品吗?”这种封闭性问句难以引导对方把自己的看法充分表达出来，消费者很可能只说一句“喜欢”或者说一句“不喜欢”就完了。如果要证实某件事情，最好使用封闭性问句而不要使用开放性问句，这样可以使对方的回答集中在一点上，从而保证获得明确的答案。例如，某公关人员想要确定消费者是否能来参加明日的新产品发布会，若问“您愿意参加明日的新产品发布会吗?”这种封闭性问句要求对方要么做出肯定的回答，要么做出否定的回答，这样公关人员就有可能马上得到明确的答复；若问“您对明日的新产品发布会有什么打算?”这种开放性问句会给对方太多的选择余地，对方可能说出各种各样的“打算”，这样公关人员便难以得到明确的答复。选择恰当的语言表达形式还要注意语序的调整。有时候，同样的词语，仅仅由于排列的顺序不同，提问的意味也就不同，下面是一则笑话：

有个牧师问：“做祷告时可以抽烟吗?”结果遭到一顿训斥。另一个牧师则问：“抽烟的时候可以做祷告吗?”结果不但得到允许，而且还受到褒奖。

“做祷告时可以抽烟吗?”给人的感觉是：提问的牧师对宗教信仰很不虔诚，想着上帝时还忘不了抽烟；“抽烟的时候可以做祷告吗?”给人的感觉却是：提问的牧师对宗教信仰十分虔诚，抽烟的时候还想着上帝。

选择恰当的语言表达形式还要注意提问隐含的意义，避免因言外之意的不当而引起被问者的不快。有时候，一个问句从字面上看没有什么不当之处，但字面意义背后的言外之意却令人不舒服。例如，买肉时问肉铺老板：“你这儿卖的肉新鲜吗?”这话卖肉的保证不爱听，因为他会觉得提问者对肉的质量有怀疑，若问“你卖的肉哪块更新鲜一点?”这话保证卖肉的爱听，因为这句话蕴涵着“你卖的肉都是新鲜的”的意思。再如，开会时间已到，但还有人未到，会议主持者问道：“该来的怎么还不来?”在场的人听了就可能有人不痛快，因为他们可能会认为这句话有言外之意，即“不该来的来了”。

3. 诱导提问的技巧

诱导提问的目的不是为了索取未知信息，而是要通过诱导被问者的回答来彰显提问者自己的看法和观点。诱导提问的主要技巧是有意识地通过巧妙的提问控制对方的回答，引导对方的回答一步一步地接近提问者想要表达的观点。《孟子·滕文公上》中记载了这样一件事，有一位研究神农氏学说的人叫作许行，他认为贤明的君主应该一边治理国家，一边同老百姓一同耕种。有一个叫陈相的人完全赞同许行的观点，他来见孟子，并向孟子宣传许行的主张，于是孟子和他有了下面一段对话：

孟子问：“许行一定自己种庄稼才吃饭吗?”
陈相回答：“对。”
孟子问：“许行一定自己织布才穿衣吗?”
陈相回答：“不，许行只穿粗麻织成的衣服。”
孟子问：“许行戴帽子吗?”
陈相回答：“戴。”
孟子问：“他戴什么帽子?”
陈相回答：“戴白绸布做的帽子。”
孟子问：“白绸布是他自己织的吗?”
陈相回答：“不是，是用谷米换来的。”
孟子问：“他为什么不自己织呢?”
陈相回答：“因为会妨碍种庄稼。”
孟子问：“许行也用锅甑做饭，用铁器耕田吗?”
陈相回答：“对。”
孟子问：“锅甑和铁器都是他自己制作的吗?”
陈相回答：“不是，是用谷米换来的。”

孟子又问：“……许行为什么不亲自烧窑冶铁，制作各种器械，什么东西都存放在家中以便随时取用呢?为什么许行非要这样用谷米一样一样地和各种工匠做买卖来换取所需的物品呢?难道他就不怕麻烦吗?”

陈相回答：“各种工匠的工作本来就不是可以一面耕作一面来做的呀。”

孟子于是说道：“那么，难道治理国家就能一面耕作一面来做吗?有官吏的工作，有百姓的工作，只要是一个人，各种工匠制作的物品他都需要。如果每件东西都要自己生产才可以用它，这就是率领天下的人疲于奔命。”

孟子不赞成许行的主张，但他并没有一上来就直接批评许行的荒谬，而是通过诱导提问，控制陈相的回答内容，一步一步地将对方诱导到预设的结论。从逻辑上看，从一步一步的提问和回答到最后的结论，实际上是一个从前提到结论的完整推论过程，由于结论的每一个前提都是对方在诱导下自己说出来的，那么既然对方已经承认了所有的前提，也就不得不承认最后的结论。可见，作为一种论辩方法，诱导提问常常可以产生很强的说服力量。

二、应答的技巧

应答是指对提问的回应，应答的技巧包括提问的理解技巧和提问的回答技巧。

1. 提问的理解技巧

正确把握提问的真实含义，是正确回答的基本前提。有时候对方的提问只有字面意义，在这种情况下，对提问真实含义的把握就相对容易一些；有时候对方的提问的真实含义在字面意义之外，对提问真实含义的把握就要难一些，这就需要掌握一些方法和技巧：

通过特定的语境，把握提问的语境意义和提问者的真实意图。有时在特定的语境中，提问者话里有话，言外之意才是他提问的真实意图，在这种情况下，就需要通过特定的语境来把握他提问的实际意思。例如，某人问："你们冷不冷？"如果回答："一点都不冷"，那他可能就白问了，因为他提问的真实意图并不是想知道别人是否感到冷，而是另有所图，在特定的语境中，他可能是希望大家同意他把窗户关上，或者是希望赶快回到温暖的房间里去，还有可能是希望把房间里的暖气开大一点，等等，这只有根据具体的语境才能确定。又如，一位客人在某单位会议室里与该单位领导交谈，会议室里明明张贴着禁烟标志，但客人仍小心翼翼地问道："这里能抽烟吗？"客人提问的真实意图显然不是想知道这个会议室是否禁烟，而是希望主人能破例让他在这里抽烟。

揣摩提问者的心理，把握提问者的心理动机。同样一个问题，不同的人来问，关注的方面就可能不同，因为他们提问的心理动机不同。例如，有顾客问："这肉多少钱一斤？"如果回答："六块五一斤"，他可能就不满意这样的回答，因为消费者往往更关心价格的涨跌，更想知道的是价格是否和以前一样，而不是商品的绝对价格。所以，如果回答："还是六块五一斤"，顾客就可能比较满意。

运用语义推理，把握提问的预设和前提。在很多情况下，提问隐含着某种前提或预设，要是简单地做出肯定或否定的回答，就等于认可这一前提或预设，而这一前提或预设可能是虚假的。例如，"你是用撬杠撬开的保险柜吗？"这一提问隐含着"保险柜是你撬开的"这个预设；"你昨天是骑车去学校的吧？"这一提问隐含着"你昨天去过学校"这个预设；"刚才那个人找到你了吗？"这一提问隐含着"刚才那个人找过你"这个预设。无论对这些问题做出肯定的回答，还是做出否定的回答，都等于承认这些提问中所隐含的预设。再如，有一个人从来没有富裕过，某人问他："你现在是不是更有钱了？"他不论回答"是"，还是回答"不是"，都等于承认他过去是有钱人，而这显然不是事实。他明白这一点，所以回答："我从来都没钱"。

2. 提问的回答技巧

（1）直言作答

直言作答就是直截了当地回答对方的提问。一般来说，公关人员对公众的询问，如果不是事关机密，对方也不是有意为难，就应该直言相告，不应该躲躲闪闪，遮遮掩掩。例如，1994 年 6 月 26 日《文汇报》登载了西安电影制片厂副厂长童刚答记者问的情况：

记者：西安电影制片厂的影片出口情况如何？

童刚：西影厂出口势头不错，1989—1993 年我国共出口故事片 125 部次，西影厂占了 25%，名列第一。

记者：传闻西影厂债台高筑，有这回事吗？

童刚：我们的三产管理不善，几年前借债 4000 多万元，现在偿还了近一半，没有出现新的债务，正在积极想办法扭亏为盈。

童刚的回答既不故作谦虚，也不回避问题，而是实事求是，坦诚相告，这样既显得大度、真诚，又可以增加信息的可信度，避免公众因心存疑惑而胡乱猜测。

（2）岔题作答

岔题作答就是采用转换概念的方式以别的内容作答。当不愿意或不便正面回答对方的提问时，常常可以采用岔题作答的方式来回答。例如，一家企业的推销员向一位顾客介绍了本企业的各种产品的优点，然后问道："请问您需要什么？""钱！"这位顾客答道。推销员的意思是问在介绍的这些产品中您想买些什么，这位顾客却转换概念，扩大了回答的范围。再如，一个中国代表团访问美国，在费城逗留期间，陪同的主人问："你们爱费城吗？"说"爱费城吧"，不恰当；说"不爱费城"吧，又担心会让热情的主人不快；说"无可奉告"吧，又太生硬。于是代表团中的一位同志回答说："这儿的商店真多"，用这种答非所问的回答将一个难以正面回答的问题巧妙地搪塞过去了。

（3）模糊作答

模糊作答就是有意含糊其辞来作答。当碰到一些不宜回答或不能回答的问题，而又不得不说时，常常可以采用模糊作答的方式来回答。例如，一位推销员热情而又不厌其烦地向一位顾客介绍了某一品牌的空调，最后问道："您是不是考虑买一台呢？"那位顾客并没有决定要买，但又不愿意直接拒绝这位热情的推销员，因而含糊其辞地答道："差不多吧。"

（4）委婉作答

委婉作答就是不直言相告，而是采用迂回间接的方式作答。当回答的内容有可能刺激对方或有可能使对方陷入尴尬难堪的境地时，常常可以使用委婉作答的方式来回答。例如，在家长会上，一位家长问老师："我孩子的学习成绩怎么样？"老师知道这个孩子学习不太努力，学习成绩也不太好，但怕直言相告会令这位家长在其他家长面前感到难堪，于是答道："如果他再努力一点，学习成绩会更好一些。"这种委婉的回答既不会损伤家长的面子，又点出了孩子存在的问题。又如，主人问客人："我做的这个菜你喜欢吗？"客人实际上并不喜欢，但这不能直说，直说了主人肯定觉得扫兴，于是答道："这个菜很不错，只不过我不太习惯这种味道。"客人先肯定了这个菜，然后用语意较轻的"习惯"替代语意较重的"喜欢"，再加上"不太"这样的弱化词语，虽然表达的意思是"我不喜欢这个菜"，但由于比较委婉，主人也就不会因此而感到不快了。

（5）幽默作答

幽默作答就是以幽默诙谐的话语作答。当遇到不便或难以回答的提问时，常常可以采用幽默作答的方式，在大家的笑声中将问题搪塞过去。例如，在下面这个事例中，基辛格就使用了这种回答问题的技巧：

1972 年 5 月，在维也纳的一次记者招待会上，《纽约时报》的一位记者向基辛格询问美苏会谈的“程序性问题”。

记者问基辛格：“您是打算点点滴滴地宣布呢？还是来个倾盆大雨，成批地发表美苏间的协议呢？”

基辛格回答：“我们打算点点滴滴地发表成批声明。”

会场顿时爆发出一片笑声，在笑声中，这个不便直接回答的问题被巧妙地搪塞过去了。

对记者的问题基辛格不能不给予回答，否则有失政治家的风度，但又不能将实情公之于众，于是将记者提出的两种发表协议的方式糅合在一起，造成风趣幽默的表达效果。虽然他的回答差不多等于什么也没回答，但笑声中，记者也就不便再追究了。

（6）以问代答

以问代答就是不正面回答对方提出的难题，而是以同样难以回答的问题反问对方，使对方陷于被动，使其知难而退。例如，在下面这个事例里，基辛格就使用了这种回答提问的技巧：

有一次基辛格向记者介绍苏联生产导弹的情况，他说道：“苏联生产导弹的速度每年大约 250 枚。”这时一位记者问基辛格：“那我们的情况呢？我们有多少潜艇导弹在配置多弹头导弹？有多少‘民兵’导弹在配置分导式多弹头？”基辛格回答：“我不确切知道这些数字，至于潜艇，我的苦处是，数目我知道，但我不知道这是不是保密？”那位记者马上说：“这不保密。”基辛格答道：“既然不保密而是公开的，那你说有多少呢？”记者无言以对。

基辛格并没有简单地拒绝将有关潜艇的情况告诉记者，而是问“这是不是保密？”无论记者如何回答这个问题，都会对他不利：如果他回答“这是保密的”，那自然就不该再问下去；如果他回答“这不保密”，那自然就没有必要再问下去，所以当他说“这不保密”时，基辛格就可以反问他“那你说有多少？”记者自然就哑口无言了。

第三节　说服和论辩的技巧

一、说服的技巧

1. 说服的功能

说服是以理由充分、道理显明的话语使对方从内心深处相信并接受说服者的观点的一种行为。公关活动的目的，说到底是为了对公众的心理施加影响，从而巩固和强化有利于公关主体的态度和行为，弱化乃至改变不利于公关主体的态度和行为，说服则是达到这一目的的基本手段。

说服具有引导功能。在公众尚未形成明确的态度时，通过说服工作，可以促使他们逐步坚定支持公关主体并与之合作的主观意向；在公众尚未产生行为动机或犹豫不决时，通过说服工作，可以帮助他们进行合理的选择，做出正确的决定。

说服具有劝诫功能。在公众对公关主体持消极甚至否定的态度时，通过说服工作，可以帮助他们分辨是非，知晓利害，转变不正确的主观意向；在公众的行为动机产生偏差时，通过说服工作，可以帮助他们调整心理倾向，回到正确的轨道上来。

说服具有解释功能。在公众对公关主体产生误会时，通过说服工作，可以帮助他们消除误解和偏见，弥合他们与公关主体之间产生的裂痕，使公关主体重建良好的公共关系。

总之，一切公关活动，包括宣传、广告、演讲、辩论、推销、谈判等，其核心目标都是为了说服公关对象。因此，掌握说服的技巧，是公关人员必备的基本能力之一。

2. 说服的技巧

(1) 说服与公众的需要

公众的需要在很大程度上决定公众的态度和行为，因此是否能够说服公众，使他们对公关主体的诉求持肯定和支持的态度，并采取合作行动，这往往取决于公关主体提供的产品、服务或建议对公众需要的满足程度。在公关活动中，紧紧围绕公众的需要进行说服工作，是说服的基本技巧。

要说服公众，就要尽可能提高公关目标与公众需要之间的相关程度。这种相关程度越高，公众越容易被打动，越容易被说服；反之，公众就可能无动于衷。例如，一种生发水的广告做得再好，也只可能对脱发者产生说服效应，并引起购买行为，而对没有脱发苦恼的公众就不会产生什么影响，更不可能说服他们去购买，因为他们根本就没有这种需要。

要说服公众，就要设法促使公众的需要转化为与公关主体合作的强烈动机。动机是以需要为基础的，但动机的产生和强弱还与人们对特定目标的认知和判断密切相关。影响动机产生和强弱的主观因素主要包括两个方面，一是对实现该目标可能性的估价，一是对实现该目标的意义和价值的估价。只有当对实现目标的可能性和意义的估价都比较高时，人们才会对实施这一行为产生比较强烈的动机，才会有比较高的积极性。如果人们认为这一目标不可能实现或者即使实现了价值也不大，他们就不会产生行为的动机；即使产生了，也会比较微弱，不足以推动他们积极地去行动。所以在说服的过程中，要充分说明公关目标对公众的重要意义和实现这一目标的可行性，提高公众的认知程度。举个最浅显的例子，一件商品价格昂贵，一般公众根本买不起，那么即使需要，他们也不会有购买的动机，在这种情况下，做再多的说服工作也难以收到成效；一件商品价格虽然不算太贵，一般公众也有能力购买，但如果不能让他们感到物有所值，他们同样不会有购买的动机。苏联《消息报》的一则订阅广告就体现了这种说服技巧：

> 亲爱的读者：从 9 月 1 日起开始征订《消息报》。遗憾的是今年订户不得不增加负担，全年订费为 22 卢布 56 戈比。订费是涨了，在纸张涨价、销售劳务费提高的情况下，我们的报纸要生存下去，我们别无出路。而你们有办法。你们完全有权拒绝订阅《消息报》，将 22 卢布 56 戈比的订费用在其他地方。《消息报》一年的订费可以用来：在莫斯科的市场上购买 924 克猪肉，或者在列宁格勒购买 1 102 克牛肉，或者在车里宾斯克购买 1 500 克蜂蜜。……这样的“或者”还可以写上许多，但任何一种“或者”只有一次享用，而您选择《消息报》——将全年享用。事情就是这样，亲爱的读者。

这则广告首先以诚恳的态度说明订费涨价的无奈和歉意，并以“你们完全有权拒绝订阅”的坦言相告表达出对公众选择权利的充分尊重，从而赢得公众的理解和好感，然后以“一次享用”和“全年享用”的对比说明：即使订费上涨，订阅《消息报》仍物有所值，从而从性价比的角度说服公众订阅《消息报》。

（2）说服与公众情感

人既有物质需要，也有情感需要，在一定条件下，情感需要甚至比物质需要更为迫切。情感需要与物质需要一样，也会影响和左右人的态度和行为，因而说服工作也应该切合公众的情感需要。

从说服过程本身来看，要说服公众，首先必须赢得公众的信任。信任是沟通和理解的基础，缺乏信任，正确的道理就可能被当作偏见，真实的介绍就可能被看作欺骗，善意的规劝就可能被认作另有所图，动听的话语就可能被视为虚伪。公众的信任是说服的前提，情感沟通则是赢得公众信任的有效手段。古人云：“感人心者，莫先乎情”，亲情、友情、爱情、战友之情、同胞之情、师生之情、对祖国之情、对故乡之情等情感，常常具有打动人心的强大力量。说服工作诉诸这些情感，常常可以引发公众心理上的共鸣，拉近双方的心理距离，从而赢得公众的信任。在此基础上，说服工作才可能取得成效。当年在洋品牌彩电充斥中国大陆市场，许多国人只认洋彩电的情况下，长虹彩电以“长虹，以振兴民族工业为己任”的广告语激发了国人强烈的爱国之情，唤起了国人对民族工业发展前途的忧患意识，从而使长虹彩电的发展备受广大公众关注。

在说服过程中，如果与公众发生情感上的冲突，那么不仅得不到公众的信任和认同，甚至可能引起强烈的反感，使为说服而付出的一切努力付诸东流。曾经有一则关于某种福星酒的电视广告，画面上一位成功男士西装革履，派头十足，拿着手机边走边与人“OK，OK”地说个不停。不远处，一口打开井盖的下水井正静静地等候在那里。成功男士边走边说，眼看就要掉入下水井中。突然间，一顶黄色安全帽从井口冒了出来，原来是一位头戴安全帽的工人在施工中直起腰来。成功男士一脚下去，正踩在这位工人的头上。被踩个正着的工人看了看践踏自己的人，一脸木然。成功男士却潇洒地继续说着“OK”扬长而去。此时，画外音播放出广告词：“喝了福星酒，运气就是好！”践踏了他人，不仅没有任何歉意的表示，还自鸣得意地说“运气就是好”，这种对他人没有丝毫尊重的处世态度势必引起公众的普遍反感，这种令人厌恶的广告，又怎么可能产生良好的说服效果？

（3）说服与事实的普遍性

事实胜于雄辩，用事实说话是说服的常用技巧，但事实的说服力量也有强有弱。一般来说，越具有普遍性的事实，就越容易使人认同，因为事实的普遍性越高，就越可能接近客观规律，就越能够排除特殊条件的作用，就越具有普遍适用性。所以，利用具有普遍性的事实作为有力证据，促使被说服者改变态度和看法，是说服的重要技巧之一。战国时，秦王接受宗室大臣的建议，下令驱逐从外国来秦做事的客卿，李斯也在被逐之列。李斯闻讯，即作《谏逐客书》上奏秦王。文中对秦王说：泰山不拒抔土才能成其大，河海不捐细流方能成其深，王者不却众庶才能成其德。过去秦穆公从西方的戎得到由余，从东边的宛得到百里奚，从宋国迎来了蹇叔，从晋国迎来了丕豹和公孙支，依靠这些人的帮助，才最终成就霸业。秦孝公用商鞅之法，秦惠王用张仪之计，秦昭王重用范雎，同秦穆公一样，这四位国君也都是依靠客卿才取得成功的。客卿有什么对不起秦国的？假如以上这些国君将外国来的客卿拒之门外而不任用，那么秦国也就不会有“富利之实”和“强大之名”了。李斯的上书终于打动了秦王，遂下令废止逐客令，并恢复了李斯的官职。李斯的上书之所以能够收到很好的说服效果，主要原因之一就是他一连列举了五位秦国国君重用客卿的历史事实，表明这些事实具有相当的普遍性。如果他只举出一两位国君的事例，这些事实就可能被认为是偶然的、特殊的，是不足为据的，那么说服的效果就可能受到严重影响。

（4）说服与数字效应

统计数字具有显著的客观性、概括性和确定性，准确的统计数字往往比个别事实更能说明问题，更有说服力，人们也往往更容易受统计数字的影响。所以，以统计数字为依据进行说服，是说服的常用技巧之一。例如，劝导机动车驾驶人遵守交通法规，以免给他人和自身的生命安全造成严重危害时，与其进行空洞的说教或列举一些个别事例，就不如引述国家权威部门发布的下列统计数字更有说服力：

> 2003 年全国共发生道路交通事故 667 507 起，造成 104 372 人死亡，494 174 人受伤，直接经济损失 33.7 亿元。机动车驾驶人违章肇事是造成交通事故的主要原因。2003 年因机动车驾驶人违章造成交通事故 576 162 起，占事故总数的 86.3%；造成 80 710 人死亡，占事故死亡总数的 77.3%；417 876 人受伤，占事故受伤者总数的 84.6%。

（5）说服与权威效应

公众对信息的认可和接受程度与信息来源的权威性有很高的相关性，信息来源的权威性越高，信息就越容易被公众认可和接受，因而也越具有说服力。因此，在说服过程中尽可能采用权威性较高的信息，以增加可信度，是说服的常用技巧之一。例如，就被社会公众认可的程度而言，企业自己评出来的质量奖不如省市评出来的，省市评出来的质量奖不如国家评出来的，原因就在于企业的权威性不及省市政府主管部门，省市政府主管部门的权威性不及国家主管部门。因而在宣传企业、塑造企业形象时，可以利用由权威部门评定的奖项和各种认证来证明企业所取得的成就，但对缺乏权威性的各种奖励和认证，即使有，也不宜采用，以免给人造成滥竽充数的不良印象。

心理学研究表明，从众效应和众从效应的产生都与权威效应有关。群体地位、威望越高，越具有权威性，个体越有可能产生从众心理；少数人地位、威望越高，越具有权威性，多数人越容易产生众从效应。所以，在说服过程中，无论是要利用公众的从众心理，还是要促其发生众从效应，都可以充分发挥权威人物、权威部门的作用。例如，在企业或产品宣传中，可以引证专家和权威部门的评价，这对赢得公众对企业和产品的认可是有积极作用的。

（6）说服与认知失调

公众的认知结果和他们的态度、行为之间常常会出现不一致、不协调的状态，这种认知失调状态会带来心理上的压力，从而迫使人们改变原有的态度和行为以减轻乃至消除这种心理上的不快。认知失调越严重，给人造成的心理压力就越大，人们改变这种失调状态的愿望就越强烈。在说服过程中，可以通过对利与害的剖析进一步加剧公众的认知失调，给他们造成更大的心理压力，迫使他们积极行动起来，改变原有的态度和行为。例如，有些人明明知道酒后驾车有出车祸的危险，却经常因管不住自己而酒后驾车，这样他们的认知结果与行为就处于失调状态，心理上就会有压力，所以事后他们常常会后悔和自责。为了说服这些人遵守交通法规，不要酒后驾车，可以加大宣传力度，通过各种说服技巧让他们充分认识酒后驾车的危害，从而使他们陷入更严重的认知失调状态之中，给他们造成更大的心理压力，巨大的心理压力最终会迫使这些人改变酒后驾车的恶习。

二、论辩的技巧

1. 论辩的功能和原则

论辩是观点对立的各方就某一问题阐述自己的看法，反驳对方的观点的行为。论辩可以分为是非之辩和高下之辩。是非之辩是正确与错误、真理与谬误之间的论辩，通过这种论辩，正确的观点能够得到充分的阐发和彰显，错误的看法能够得到彻底的揭露和批驳。高下之辩是好与更好之间的论辩，这种论辩并非是与非之间的较量，论辩双方不存在谁对谁错的问题，双方争论的只是哪一方的观点、方法、计划或方案更合理、更有效或更完善。通过这种论辩，双方可以取长补短，不同的观点可以综合为一种更为合理、更为完善的意见。

论辩的基本原则是立论正确，持之有据，以理服人。立论正确是指提出的主张要符合事物的发展规律，要顺应社会前进的方向，要维护社会公众的根本利益。持之有据是指公关主体提出的主张应该具有充分的理由和根据。以理服人是指只能通过摆事实、讲道理的方式，而不能采用以势压人的方式来使公众接受自己的主张。在下面这个事例中，周恩来总理对荒谬观点的反驳就体现了上述论辩的基本原则：

> 1950 年，有一位英国记者向周恩来总理提出："一个国家向外扩张是由于人口过多。"周总理当时便予以反驳："我不同意这种看法，英国人口在第一次世界大战前是 4 500 万，人口不算多，但是英国长时期内曾经是不断向外扩张的'日不落'帝国。美国人口不及中国的三分之一，但是美国到处扩张，军事基地遍布全球，海外驻军就达 150 万。中国人口虽多，但是，至今没有一兵一卒驻在外国领土上。可见一个国家是否向外扩张，并非决定于它的人口多少，而决定于它的政治制度。"

对那位英国记者提出的观点，周总理并没有简单地批判其如何荒谬，而是列举一系列历史和现实的事实，然后从中归纳出相反的结论：一个国家是否向外扩张与它的人口多少并没有必然的关联，真正起决定作用的是国家的政治制度。这一结论有充分的事实依据，正确性不容置疑，而与之相反的观点自然是荒谬的。

2. 论辩的技巧

(1) 逻辑分析

逻辑分析就是从逻辑的角度对自己和对方的观点进行分析。对自己的观点进行逻辑分析，是为了确保没有违背逻辑规律的漏洞，使自己的论辩无懈可击。对对方的观点进行逻辑分析，是为了寻找其中的逻辑错误，以便进行反驳。逻辑分析涉及的问题包括：概念的使用是否准确，论述中是否偷换概念或论题，是否有自相矛盾之处，推理的前提是否真实，推理的形式是否正确，等等。例如，有人说："物质是永恒不灭的，恐龙是物质，所以恐龙应该是不会灭绝的。”通过逻辑分析可以知道：前一个“物质”是指哲学上一般的物质概念，即在人的意识之外并且不依赖人的意识的客观实在，后一个“物质”指具体的物体，说话人犯了偷换概念的逻辑错误。有了这一逻辑分析的结果，要反驳他就不难了。又如，有人说：“某人犯过错误，所以，他是不值得信任的。”通过逻辑分析，可以知道他的推理过程是“所有犯过错误的人都是不值得信任的，某人犯过错误，所以，他是不值得信任的。”知道了这一推理过程，就很容易发现他所犯的逻辑错误在于推理所依据的前提是虚假的。前提虚假，结论自然不可能正确，要反驳他也就很容易了。

（2）归谬论证

归谬论证就是以某种错误观点为前提推导出一个荒谬的结论，从而证明作为前提的观点是错误的。这是一种常用的论证方法。这种论证方法可以通过推导出一个明显荒谬的结论，将前提的错误“放大”，使原本不太明显的错误充分暴露出来。例如，上面提到，有人说：“某人犯过错误，所以，他是不值得信任的。”这种看法的逻辑前提是“所有犯过错误的人都是不值得信任的”，要证明这个人的看法是错误的，就可以采用归谬论证的方法。具体说就是从他的逻辑前提出发，进行这样的推理：“所有犯过错误的人都是不值得信任的，任何人都难免会犯错误，所以，任何人都是不值得信任的。”推理的结论明显荒谬，从而使这个人的错误充分暴露出来。下面这个故事中，俄国著名文学批评家赫尔岑反驳“凡是流行的，就是高尚的”时也采用了归谬论证的方法：

> 赫尔岑有一次参加一个晚会，晚会上演奏的轻佻音乐使他十分厌烦，他不得不用手捂住耳朵。
>
> 主人见状便向他解释：“现在演奏的是流行音乐。”
>
> 赫尔岑反问他：“流行的乐曲就是高尚的吗?”
>
> 主人听了一脸吃惊地问：“不高尚的东西怎么能够流行呢?”
>
> 赫尔岑笑着反问道：“那么流行性感冒也应该是高尚的了?”

“不高尚的东西怎么能够流行呢?”这句话等于说“凡是流行的都是高尚的”。赫尔岑以这句话为前提，推导出“流行性感冒也应该是高尚的”这一十分荒谬的结果，将“主人”的荒谬揭示出来。

（3）二难论证

二难论证就是利用二难推理的逻辑形式进行论证。二难推理就是先说出一个具有两种可能的大前提，对方不论肯定或否定其中的哪一种可能，结果都会陷入进退维谷、左右为难的境地。二难论证是论辩时经常用到的一种方法。例如，20 世纪 70 年代，苏州曾发生了一场旷日持久的遗产继承案。死者顾××是解放前的工商业者，杜××是死者的养女，她长期服侍顾××，并与之一起生活。然而死者入葬后，原与顾××素无往来的两家远亲却急匆匆赶来。他们合伙伪造死者遗嘱，企图剥夺杜××继承遗产的权利，由他们瓜分遗产。后来这两家远亲都想独吞遗产，双方打起官司。诉讼中，一方又进一步提出死者生前曾向他家借过 50 两黄金和 200 条被面，这些债务必须先从遗产中扣除，然后再按伪造的遗嘱平分遗产。审判员接到这一要求后问：“写遗嘱时顾××神志清楚吗?”对方一愣，随即想到，如果说神志不清楚，立的遗嘱便没有法律效力，于是连忙回答：“清楚。”审判员接着又问："既然她神志清楚，这么一大笔债务她应该不会忘记吧？更何况，按照你们的说法，当时你们日夜守护在她的身旁，她既然能够将遗产如何分配都写得如此详细，为什么不写明偿还欠你家的债务呢?"面对审判员论证严谨的反驳，对方哑口无言。审判员通过一连串的提问，揭露了遗嘱伪造者的自相矛盾，戳穿了他们的谎言，也使伪造遗嘱的破绽暴露出来。在审判员的提问中，包含这样一个二难推理：如果顾××写遗嘱时神志清楚，那么索还债务就没有法律依据；如果顾××写遗嘱时神志不清楚，那么遗嘱就不发生法律效力。顾××写遗嘱时要么神志清楚，要么神志不清楚，所以，顾××的遗嘱或者使索还债务没有法律依据，或者本身就不具备法律效力。对方无论怎样回答审判员的提问，都会陷入不利的境地。

（4）易位论证

易位论证就是变换对方的位置，用"如果你是他，或者如果你处在这种情况下，你又该如何?"的假设迫使其从对方或当事人的角度考虑问题，从而不得不接受论说者的主张。在论辩时，易位论证是一种很常用的方法。美国某州议会曾经进行过一场关于是否废除死刑的论争。许多议员从所谓"人道主义"精神出发，主张废除死刑。一位主张保留死刑的议员反驳道："请问各位先生，如果有一天罪犯闯入您家，杀死您的孩子，强暴您的妻子，劫掠您的财物，您是对罪犯从宽处理呢，还是将他送上电椅?"对方无言以对。再如，有人在公路上违章挖坑而未设任何警示标志，夜间，一位骑车人跌入坑中受伤。挖坑者却拒绝任何赔偿，理由是：骑车人自己不小心摔伤，与他无关。有人路见不平，仗义执言，对挖坑者说："如果有人在河里投放农药毒鱼，污染了河水，又没有及时通知别人，致使你饮用河水中毒，那么按照你的逻辑，就该怪你自己喝水不小心，自作自受，投放农药的人不需要负任何责任，你觉得这样公正吗?"挖坑者理屈词穷，不得不自认理亏。

（5）类比论证

类比论证就是从两个或两类事物的相似性出发，根据其中一个或一类事物具有或没有某种属性来证明另一个或一类事物也具有或没有此项属性。在下面这个"曲高和寡"的故事中，战国时代的文学家宋玉就是用类比论证的方法为自己辩护的：

> 宋玉曾事楚襄王，为大夫。他恃才自傲，独往独来，因此不少人对他不满意。有一次，楚襄王把宋玉传到廷上，问大臣们："你们为什么不愿意和宋玉来往呢?"有臣下回答："他品行不端，故我等不愿和他交往。"面对指责，宋玉说："曾有一个人在我国的都城中歌唱，开始唱的是《下里》和《巴人》，几千听众都跟着同声唱了起来；后来唱《阳阿》和《薤露》，能跟着唱的只有几百人；再后来唱《阳春》和《白雪》，能跟着唱的只有几十人；最后唱更复杂、更高雅的歌曲时，能跟着唱的不过数人而已。由此可见，乐曲的格调越高，能跟着唱的人就越少。"楚襄王听完，就明白了宋玉的意思。

宋玉没有直接为自己辩护，而是以"曲高和寡"类比自己品格高雅而为朝中同僚所不容，从而委婉而巧妙地为自己进行了辩解。再如，下面这个故事中，作家刘绍棠也是运用类比论证的方法反驳对方的：

刘绍棠有一次在国外访问，有西方记者问他："中国共产党那么伟大、英明，为什么一点自由化的东西都不能容纳?"刘绍棠反驳道："尽管我体壮如牛，但要我吃下一只死苍蝇，我决不干!"

如果直接回答西方记者的问题，也许费许多口舌，还不一定说得圆满，但刘绍棠只是用寥寥数语的一个类比，就把其中的道理说得很透彻。

论辩的方法和技巧除了上述几种之外，前面介绍过的各种说服的技巧以及诱导提问也都可以用到论辩之中。

第四节 批评和拒绝的技巧

一、批评的技巧

1. 批评的功能和原则

批评是通过语言表达指出他人的缺点和错误并提出意见的行为。批评一般用于社会组织内部，是对组织内部成员进行教育和激励的常见方式之一。得当的批评可以限制、制止和纠正不正确的思想和行为，可以帮助组织成员明辨是非，将组织内部的看法和意见统一到正确的轨道上；得当的批评可以弘扬正气，抵制歪风邪气，有利于形成并维护组织内部的良好风气，从而为组织在社会公众中树立良好的形象奠定可靠的基础；得当的批评可以帮助组织成员克服自身的缺点和不足，不断进步，成为组织和社会需要的人才。批评也可以用于社会组织与公众之间。对公众中个别人的错误思想和行为，社会组织应该坚持原则，予以指出，并促其改正。这种批评有利于净化社会环境，有利于形成和维护良好的社会风气，也有利于维护大多数人的利益。

批评的基本原则是与人为善，讲求实效。与人为善就是批评要以教育人、帮助人为出发点，要充分尊重被批评者的人格，避免伤害他们的自尊心，尽可能保全他们的面子和上进心。只有这样，批评才易于被对方接受，被批评者才不至于因受到伤害而产生不满和怨恨情绪。从这一原则出发，批评一定要注意场合和方式方法是否合适。一般来说，除非错误严重，批评应该私下或在小范围内进行，即使必须当众进行批评，也不宜指名道姓。否则就可能事与愿违。例如，某单位有位领导发现一个平时表现较差的下属，近来经常在工作时间上网聊天。于是在一次职工大会上，当众点名批评了他，说他一贯把工作当儿戏，没有责任心，不求上进，像他这样的人永远也不可能有出息，等等。这位领导点名批评他的初衷，是想让他对自己的错误在思想上引起足够的重视，可是由于批评的方法不恰当，这位下属的表现不仅没有因为受到批评而有所好转，反而因自尊心遭到严重伤害而产生"破罐子破摔"的逆反情绪，工作态度和表现进一步恶化。

讲求实效就是批评不能只图痛快，不看效果，不能是发泄不满，更不能搞人身攻击，而应该使批评收到提高认识，转变态度，改正错误的良好效果。批评的目的不是为了一棍子把人打死，而是为了治病救人，社会组织内部的批评更应该成为一种激励组织成员勤奋工作、努力进取，保证顺利实现组织目标的手段。如果得不到这样的实效，批评就是没有意义的，甚至可能产生负面效应。例如，上面提到的那位单位领导，他对下属的批评就不但没有起到应有的作用，反而对单位的工作产生副作用。

2. 批评的技巧

常言道："良药苦口，忠言逆耳。"每个人都有情感和自尊，因而许多人对于旁人的忠言劝告和批评，往往难以接受，有时甚至会因批评而产生怨恨情绪。如何才能使忠言不逆耳，令受批评的人心悦诚服呢？这就要讲究批评的技巧。

（1）委婉曲折的批评

委婉曲折的批评是指不直接或不正面提出批评，而是以各种委婉表达含蓄地指出对方的缺点或错误。委婉曲折的批评既可以让被批评者意识到自己所犯的错误，又可以避免刺伤他们的自尊心。运用这种批评方式，就是要在指出对方错误和顾全对方面子之间找到一个最佳的平衡点。下面这个事例中，查尔斯·史考伯就运用了这种批评方式：

查尔斯·史考伯是美国著名的企业管理者。有一次他经过一家由他管理的钢铁厂，看到几个工人正在工作场地抽烟，而在他们头上悬挂着一块标语牌，上面写着"禁止吸烟"。史考伯走了过去，他并没有大声斥责这些工人违反厂规的行为，而是递给他们每人一支雪茄，然后对他们说："诸位，如果你们能到外面去抽这只雪茄，我将感激不尽。"这些工人听了顿觉惭愧，立刻将手中的香烟掐灭。

这些工人违反了规章制度，史考伯却没有说一句指责他们的话，而是先表示了对他们个人嗜好的尊重，然后以请求的方式委婉地指出他们在工作场地抽烟是错误的。这种批评方式既指出了被批评者的错误，又充分表现出对他们的尊重，进行了批评而又不会伤害对方的自尊，其效果自然要比粗暴训斥好得多。

（2）批评与肯定、鼓励并举

批评与肯定、鼓励并举就是在进行批评的同时，对被批评者的优点和正确的方面进行肯定和鼓励。这种批评方式可以防止被批评者因受到批评而灰心丧气，可以使他们在受到批评时仍可以感到对方的信任和期待。这种批评方式可以是批评与肯定、鼓励相结合，例如下面这个事例：

一个刚从基层调到机关工作的年轻干部，由于业务不熟悉，有一次在接听上级业务部门的电话中出了差错，造成了领导工作的被动。错误发生后，这位干部心里十分紧张，担心领导会对他进行组织处理。没想到，领导在当众批评他的错误时，首先肯定了他到机关工作以来的勤奋和努力，并把他缺乏工作经验和他的能力素质分开，表示相信他今后一定能够接受教训，把工作做好。听了这样的批评，这位年轻干部既内疚又感动，决心不辜负领导的信任，努力熟悉业务，决不再犯同样的错误。

这种批评方式也可以是将批评寓于肯定、鼓励之中，例如下面这个事例：

有一学生逃学，后来在家长的压力下回到学校。老师没有直接批评他，而是对他说："我们大家都欢迎你回到我们中间，你能重新回到课堂，说明你是愿意学习科学文化知识的，希望你以后能够珍惜学习的机会，努力学习，不断进步。"

老师并没有说一句直接批评学生逃学的话，而只是充分肯定他重新回到课堂上来的正确做法，并鼓励他珍惜学习的机会，努力学习，不断进步，而对他的批评实际上就包含在这些肯定和鼓励之中。

(3) 批评与自我批评并举

批评与自我批评并举就是批评别人时，自己也主动承担一定的责任，也做出一定的自我批评。当一个人受到批评和指责时，有可能认为过错和失误只由自己承担责任有失公正，因而产生不平衡的心理和抵触情绪，如果批评者能够全面而公正地分析错误产生的原因，在批评对方的同时，对自己工作中存在的问题也做出检讨，就可以在一定程度上避免这种情况的发生。下面是周恩来总理以这种方式进行批评的一个事例：

> 1954 年日内瓦会议期间，中国代表团举行首次新闻发布会，"台湾中央社"驻巴黎记者意外地出现在会场门口，要求入场参加新闻发布会，但这一要求被有关方面的负责人拒绝了。周恩来总理知道此事后，批评了这位负责人。他说："把人家拒之门外，这是不合情理的。"接着又说："这次工作你做了准备，但没想到国民党的记者会到日内瓦来，你没想到，我也没想到，所以我也有责任。"听了周总理的话，那位负责人不仅接受了批评，而且深受感动。

周恩来总理在批评那位负责人的同时，也诚恳地做了自我批评，对工作中出现的失误，主动承担了自己的责任，这就让被批评者感到他的批评不仅有道理，而且客观公正，这样的批评自然容易被接受。

二、拒绝的技巧

1. 拒绝的原则

拒绝就是通过语言形式，表示不接受他人的意见、建议或要求。在社会交往中，对别人的意见、建议和要求，不可能每次都认同和接受，人和人之间总会有意见不一致、想法不统一、观点有分歧的情况，因而尽管人们知道拒绝会给对方造成不快和失望，但拒绝仍常常是难以避免的。

拒绝，从一般意义上说是一种失礼的行为，这种行为会程度不同地刺伤被拒绝者的自尊心，会损伤他们的面子，会使他们的希望落空，会影响乃至破坏双方的友好关系。所以，拒绝的基本原则是尽可能降低失礼的程度，尽可能减轻对方的不快和失望，最大程度地争取对方的谅解和认可。在下面这个故事中，麦金尼的拒绝就体现了上述原则：

> 1896 年麦金尼竞选美国总统时，共和党的一位重要人物为他起草了一篇竞选演说稿。起草者自以为这篇演说稿写得很高明，便得意地大声念给麦金尼听。麦金尼听后觉得文稿中有些观点十分不妥，这样的观点一旦公之于众，很可能招致各方面的批评。显然，这篇演说稿不能采用。但是演说稿的起草者是共和党内的重要人物，与麦金尼的关系也很密切，简单地拒绝采用他写的演说稿，很可能影响双方的关系。于是麦金尼对他说："我的朋友，这是一篇精彩而有力的演说稿，我听了很兴奋。在许多场合，这些话都是完全正确的。不过用在目前这种特殊的场合，是不是也合适呢？我

没有什么把握，但我们必须保证这次竞选演说万无一失。因此，还是请你根据我的提示再写一篇吧，你看怎么样?”听了麦金尼的话，那位重要人物立刻就照办了。

在麦金尼的拒绝中，可以看到他为了降低失礼程度所进行的种种努力。演说稿的起草者地位显要，又与麦金尼关系密切，如果直接对他花费心血完成而又自认为是得意之作的文稿说“不”，一定会使他的自尊心和工作热情受到伤害，这样做显然是有失礼貌的。麦金尼的做法则是先通过对文稿的肯定和赞扬，充分满足对方希望得到认可的心理需求，为后面的拒绝提供足够的缓冲，以尽可能减轻拒绝给对方造成的心理冲击。肯定和赞扬之后，麦金尼用委婉的话语表示了对文稿的轻度质疑，最后以商量的口吻建议对方重写一篇，而且强调自己这样要求也是出于不得已（竞选演说必须万无一失)。

2. 拒绝的技巧

(1）无奈策略

无奈策略就是在拒绝对方时，充分说明自己的难处，使对方感到拒绝不是由于不愿意，而是出于无奈。这种拒绝方式可以通过强调拒绝的不得已而减轻对被拒绝者自尊的伤害。例如，某复印机厂推销员向一家办公用品商店的经理推销复印机，经理有心拒绝，便说：“谢谢你的推荐和关照，但我们已经同另一家工厂签订了复印机购买合同，库存已满，如再进货，一来周转资金有限，二来店里有规定，凡是超预算订货，必须经各位经理全票通过，而现在其他几位经理都不在，实在对不起了。”

(2）贬己策略

贬己策略就是在回绝对方的同时，故意贬低自己的能力，让对方感到回绝不是由于不愿意，而是由于能力不够，水平不高。这种拒绝方式可以通过故意贬低自己而减轻对被拒绝者自尊的伤害。例如，在某庆典上，主人请某客人题字，客人推托道：“别！别！别！我那笔破字，根本登不了大雅之堂，您就别出我的洋相了。”

(3）拖延策略

拖延策略就是不直接拒绝对方，而是将决定接受还是拒绝的时间拖延到以后，让对方在拖延中自己放弃提出的要求。这种拒绝方式并不对被拒绝者说“不”，表面上只是表示接受还是拒绝现在难以决定，所以，对拒绝的表示常常是不明确的，虽然显得比较客气，但也有可能使被拒绝者误以为还有机会而不肯放弃提出的要求。例如，某推销员对某公司经理说：“我们厂生产的设备技术先进，质量可靠，价格合理，你们公司现在又需要这种设备，您看是不是可以考虑购买我们厂的设备?”那位经理此次并不想订购这家工厂的设备，可又不愿意完全断绝双方的业务联系，于是回答：“我们研究研究再说吧。”那位经理的话可以理解为回绝，但也可以理解为既没有同意，也没有拒绝。那位推销员如果想到的是后一种理解，就可能再次上门推销，发生这种情况，拖延策略就需要使用多次才能奏效。

(4）建议策略

建议策略就是在拒绝对方时，不直接说“不”，而是建议对方采取另外的解决办法，以此暗示回绝。这种拒绝方式，一方面可以达到拒绝的目的，一方面又表示出对对方要求的关注，使对方感到是在为他着想，因而显得比较有礼貌。例如，某推销员向某公司经理推销一种产品，那位经理对这种产品并不感兴趣，于是对那位推销员说：“我听说××公司正打算订购这种产品，你是不是去那里看一看?”听他这么说，那位推销员自然知道已被对方回绝，但对方至少还给自己提供了有用的信息和解决问题的新线索，尽管遭到拒绝，他还可能会说一声“谢谢”。

(5) 先肯定后拒绝

先肯定后拒绝就是先对对方的建议或要求进行肯定和赞扬，然后再转向拒绝。这种拒绝方式通过先肯定，可以表示出对被拒绝者的尊重和理解，从而减轻因被拒绝而产生的不快。例如，“你说的很有道理，不过结合单位的具体情况，有些问题咱们是不是再斟酌一下?”“我理解你的用意，也同意你的看法，不过我们也许还可以找到更好的办法来解决这个问题。”“你们的想法不错，我也非常想去，但你知道，我最近实在太忙了，所以实在抱歉，我希望以后能有机会参加你们的聚会。”

(6) 委婉表达

委婉表达就是以各种婉曲的表达形式含蓄地表示拒绝。上述各种拒绝的策略，包括“先肯定后拒绝”，其目的和所要达到的效果都是使拒绝尽可能和缓一些，含蓄一些，但它们都主要着眼于表达内容的选择和安排，而委婉表达则主要着眼于语言表达形式的选择。委婉表达总的要求是：对拒绝的表达越间接就越有礼貌，越曲折对被拒绝者的伤害就越小。至于委婉表达的具体技巧，第四章第二节中介绍的各种委婉方法都可以使用，这里不再赘述。

【关键概念】

称呼　权势关系　等同关系　求解提问　诱导提问　说服　论辩

【复习思考】

1. 称谓可以分为哪些类型？称呼的基本原则和技巧是什么？
2. 介绍可以分为哪些类型？自我介绍和介绍他人应该注意哪些问题？
3. 提问可以分为哪些类型？提问的功能和常用技巧有哪些？
4. 应答的技巧体现在哪些方面？这些方面的常用技巧有哪些？
5. 说服的功能是什么？说服的常用技巧有哪些？
6. 论辩的功能和原则是什么？论辩的常用技巧有哪些？
7. 批评的功能和原则是什么？批评的常用技巧有哪些？
8. 拒绝的原则是什么？拒绝的常用技巧有哪些？

第六章

演讲的语言艺术

[本章提示]

(1) 了解演讲的特点和功能，了解演讲的不同类型及其特点；(2) 了解演讲稿起草前的准备工作，了解演讲稿的结构以及起草演讲稿时要处理的主要问题，并掌握相关的方法和策略；(3) 了解各种语音表达手段的特点及其在演讲中的作用，了解体态语在演讲中的作用和技巧。

第一节　演讲的功能与类型

一、演讲的特点和功能

1. 演讲的特点

演讲是对数量较多的听众发表见解、阐明道理、传播信息的言语交际活动。演讲和一般的言语交际一样，是由说话人、听话人、信息等要素构成的。演讲中的说话人就是演讲者，演讲中的听话人就是听众，演讲中的信息包括演讲者传达给听众的内容，也包括听众通过表情、体态、举动等反映出来的对演讲者和演讲内容的态度和看法。

演讲与对话不同，这种不同首先表现在：对话是双向的言语交际，演讲则是单向的言语交际。在对话中，交际双方都既是说话人，同时又是听话人，说话人和听话人的角色随时可以转换；在演讲中，说话人与听话人的角色是固定的，演讲者说，听众听，说话人和听话人的角色不能像对话那样随时转换，演讲者通常要在没有中断的情况下完成全部演讲。演讲的这一特点决定演讲的内容需要有较长的篇幅，需要有完整的篇章结构。

其次，演讲与对话的不同表现在：就对话而言，交际场合的正式程度可以有很大的弹性，既可以发生在正式程度很高的场合，如外交磋商和谈判；也可以发生在正式程度很低的场合，如家常聊天。交际场合的多样性决定了对话的语体选择可以有较大的范围，在保证语言表达形式得体的前提下，既可以选择正式程度较高的语体，也可以选择正式程度较低的语体。就演讲而言，交际场合通常具有较高的正式程度，因而一般只能采用正式程度较高的语体。一般来说，演讲在遣词造句上可以更接近书面语，过于俚俗的词语和句子形式则不宜采用。

再次，演讲与对话的不同表现在：在对话中，参与言语交际的人一般不会太多，而且说话人和听话人的角色总是随时转换，而一般不会长时间保持在一个人身上，因此，说话人通常不会感到特别的紧张和不安，也不必总是特别注意自己的言谈举止。在演讲中，说话人，也就是演讲者，要面对几十、几百甚至成千上万的听众，而且说话人和听话人的角色又不能转换，演讲者始终是场内唯一的说话人，在这种情况下，演讲者就会长时间成为大庭广众之中所有人注意的焦点，他的一举一动、一言一行完全展现在众人面前，这会使得所有的演讲者产生程度不同的紧张情绪，同时也要求演讲者不能有任何不得体的言谈和举止。

最后，演讲与对话的不同表现在：在对话中，听话人的反馈既可以通过非语言手段来表示，也可以通过语言手段来表示；在演讲中，听众的反馈通常只能通过表情、体态、举动等非语言手段来表示。例如，在对话中，听话人可以直接说“我不同意你的看法”、“我对这个问题不感兴趣”；在演讲中，同样的态度通常只能通过在座位上来回扭动身体，或是和旁边的人不停地交头接耳，或是低头做别的事情等非语言手段表现出来。因此，在演讲过程中，演讲人应该注意观察听众的表情和体态动作，以获得听众对演讲内容的反馈，从而发现问题及时调整。

2. 演讲的功能

在公关领域内，演讲作为一种信息传播和说服的重要方式具有多方面的功能：

（1）告知功能

演讲的告知功能是指演讲具有传播信息，使公众知晓的作用。在公关活动中，广而告之是一件经常性的工作，演讲往往可以在这方面发挥重要的作用。随着科学技术的飞速发展，人际交流手段、交际方式也日益现代化、多样化，计算机网络技术的广泛应用，更是使人际交流方式发生了革命性的变化。但是演讲作为一种直接面对社会公众的信息传播方式，在公关活动中仍然具有不可替代的重要地位。与电话、电报、电子传真、互联网等现代化交际手段相比，演讲具有这样一些优势：一是直接面对社会公众，演讲者与听众之间没有时间和空间上的阻隔，有利于提高信息的可信度和搜集反馈的速度；二是对物资条件的依赖程度较低，因而实用方便；三是信息传播的覆盖面较大，信息传播的效率比较高。

（2）说服功能

演讲的说服功能是指演讲具有说服公众认同、接受公关主体的观点、意见和建议的作用。公关活动的基本目标是要说服公众理解和支持公关主体，演讲在这方面可以发挥积极的作用。在公众的态度尚未明确时，通过演讲，可以讲事实，摆道理，答疑解惑，促使他们摆脱摇摆不定的状态，坚定支持公关主体并与之合作的主观意向；在公众对公关主体持消极或否定的态度时，通过演讲，可以分辨是非，陈说利害，动之以情，晓之以理，帮助他们转变态度，变消极为积极，变否定为肯定；在公众对公关主体产生误会时，通过演讲，可以澄清事实，阐明道理，解释公关主体的意图，帮助他们增进理解，消除误会和偏见。

（3）认知功能

演讲的认知功能是指演讲具有提高人的认识水平的作用。演讲无论对演讲者来说，还是对听众来说，都可以发挥这种认知作用。对演讲者来说，要发表自己的观点和主张，并要得到听众的共鸣和认可，从而影响他们的态度和行为，就必须对演讲所涉及的事物和现象有透彻的了解，对有关因素之间的关系有深刻的认识，这就需要在演讲前对所涉及的事物有一个观察、分析、综合和判断的认识过程。演讲是为听众而发表的，听众是演讲活动的中心，听众的态度和反应是判断演讲是否成功的根本标准，要想获得良好的演讲效果，就必须了解听众，知道他们关心什么，需要什么，因而演讲的准备过程也是一个认识社会公众的过程。对听众来说，聆听演讲是一个获取信息、认识事物的机会。通过他人的演讲，听众可以增广见闻，丰富知识，了解不曾了解的事物，提高对已知事物的认识水平。

（4）组织管理功能

演讲的组织管理功能是指演讲在公关活动的组织和管理方面可以发挥积极的作用。在公关活动中，对社会公众，可以通过演讲激发他们的参与热情，强化他们与公关主体合作的动机；对公关主体的内部成员，可以通过演讲鼓舞他们的士气，调动他们的工作积极性，增强他们的责任感。在公关活动中，社会组织的要求和活动的规则也需要通过演讲清楚地交代给每一个参与者，活动的结果和进一步的计划也需要通过演讲告知人们。

二、演讲的类型

演讲的内容和目的是多种多样的，演讲的方式也可以有不同的选择，因此，演讲可以分为各种不同的类型，不同类型的演讲具有不同的特点。演讲类型可以从内容、功能和方式等不同角度进行划分。

1. 从演讲内容的角度划分

（1）政治性演讲

政治性演讲是内容涉及社会政治问题的演讲。政治性演讲可以是阐明某一政党或政治集团的政治主张、政治立场、政治策略、施政纲领的演讲，如竞选演讲、就职演讲等；也可以是就社会政治、社会意识形态以及社会生活的某个方面提出分析、评论和看法的演讲，如针对政治制度、民主进程、民族团结、思想道德、价值观念以及就业、婚姻、教育等问题发表的演讲。政治性演讲要求观点鲜明、论证缜密、逻辑严谨、条理清晰、表达准确。

（2）学术性演讲

学术性演讲是讨论学术问题、阐释学术见解、介绍学术动态的演讲。学术性演讲通常是面向专业人员的，一般具有较强的专业性，如学术会议上的发言、高校的学术讲座等。学术性演讲应该有独到的见解，或者能够提出新的问题、新的方法或新的研究角度。这种演讲一般使用专业术语较多，表达平实、严谨。

（3）知识性演讲

知识性演讲是介绍有关知识的演讲。与学术性演讲不同，知识性演讲通常是面向广大公众的，一般不宜有太强的专业性，如科普讲座、文史知识讲座、介绍和宣传新产品、新技术的演讲等。知识性演讲应充分考虑听众的学识基础，要与他们的理解能力和接受能力相适应，内容要深入浅出，语言表达应浅显易懂、具体生动，尽可能少用专业术语，不要太专业化，不要太抽象。

（4）礼仪性演讲

礼仪性演讲是在各种社交仪式上为表达情感、表示礼貌而发表的演讲。礼仪性演讲包括喜庆迎送演讲、答谢告别演讲、慰问凭吊演讲等，如庆典讲话、祝酒辞、欢迎辞、答谢辞、悼词等。礼仪性演讲一般篇幅短小，内容凝练，不宜有复杂的论述或详尽的介绍，表达上特别要注意语体选择与演讲场合的和谐统一，要注意情感表达的分寸。

（5）组织管理演讲

组织管理演讲是为实施组织管理行为而发表的演讲。组织管理演讲在公关活动中对活动的组织和顺利展开有重要的作用，组织者的意图、计划、要求、规则都可以通过演讲传达给参与者，并可以通过对演讲的反馈，掌握人们的态度和积极程度，需要时便可及时做出适当的调整，保证活动可以顺利完成。组织管理演讲应简明扼要，条理清楚，不要横生枝节，东拉西扯，语言表达应该平实自然。

2. 从演讲功能的角度划分

（1）告知性演讲

告知性演讲是旨在使听众知晓的演讲，如各类知识讲座上的演讲、新产品发布会上的演讲等。告知性演讲应该保证传递的信息是听众所需要的和未知的，否则演讲的内容就毫无意义，演讲也就没有必要进行。告知性演讲应该保证传递的信息是听众有能力理解的，否则听众会不知所云而感到茫然，演讲的目的就不可能达到。

（2）说服性演讲

说服性演讲是旨在说服听众认同和接受演讲者的观点、建议的演讲，如各种政治性和学术性演讲、产品促销会上的演讲等。说服性演讲要达到预期的目标，演讲者应该表现出良好的素质和与所谈话题相关的能力，提高自己在听众中的可信度，应让听众感觉到演讲者有足够的资格谈论这一话题，所发表的演讲是有分量的；演讲者应能提供可靠有力的证据，提高论证的说服力；演讲者的推理方法和过程应该使听众信服，使他们感到演讲中的结论是符合事物发展规律的必然结果；演讲者还可以通过诉诸听众情感的方式增强说服的效果。

（3）娱乐性演讲

娱乐性演讲是旨在营造喜庆欢乐气氛，使听众愉悦的演讲。如在联欢会上发表的演讲等。娱乐性演讲的主要作用是活跃气氛，制造欢乐，因而这种演讲应该是轻松的、愉悦的，而不能是刻板的、过分严肃的。

3. 从演讲方式的角度划分

（1）有备演讲

有备演讲是指有预先准备的演讲，即演讲前已准备好演讲稿或已有详细提纲的演讲。这类演讲又包括照稿演讲和脱稿演讲两种情况。照稿演讲就是逐字逐句地按照演讲稿来发表演讲，也就是以宣读的方式进行演讲。这种演讲方式适合在演讲内容关系重大，不允许有丝毫差错的情况下使用，因为照稿宣读一般不会出现说错话的情况；这种演讲方式也适合在演讲时间有严格限定的情况下使用，因为照稿宣读可以通过事先排练严格控制演讲时间的长短。照稿演讲要求演讲者对演讲稿的内容有透彻的理解，要求演讲者有较高的口头表达技巧，否则，这种演讲轻则枯燥乏味，重则结结巴巴，断断续续，甚至可能因停顿错误而闹出笑话。脱稿演讲就是虽有演讲稿，但不照着演讲稿念的演讲。脱稿演讲可以是背诵演讲，也就是事先将演讲稿完全记在脑子里，演讲时再背诵出来；也可以不靠死记硬背，而是在演讲稿提供的要点、论据和结构的基础上临场发挥。在后一种情况下，演讲者比较容易进入一种“创作”状态，智慧和情感最容易被激发出来，听众也最容易受到感染，但显而易见的是，与背诵演讲相比，这种演讲方式对演讲者有更高的要求。

（2）即兴演讲

即兴演讲是指在对说什么和怎么说没有充分准备的条件下进行的演讲。即兴演讲具有这样一些特点：一是演讲难以做充分的准备。即兴演讲的请求是临时提出的，演讲者通常难以进行准备，即使能够有所准备，在时间和空间上也有苛刻的限定，即给演讲者的准备时间很短，而且准备只能在现场进行，这些限制决定即兴演讲不可能进行充分的准备。二是演讲的话题选择余地很小。即兴演讲总是在特定的活动中发生的，特定的活动内容就是演讲的话题，不管演讲者是否熟悉有关情况，都只能就这类话题发表演讲，如果演讲的内容与现场进行的活动毫无关联，就会被认为是“跑题”了。即兴演讲要求演讲者必须能够在很短的时间内理清思路，形成观点和看法，并将自己记忆中保存的相关事实和数据搜索出来，并和观点、看法组织在一起，构成一个有条理的篇章，此外还要考虑在眼下这样的场合，就这样一个话题，面向这样一些听众，选择什么样的语言表达形式进行表达才是最恰当、最得体的。可见，即兴演讲对演讲者的思维能力、认知水平和表达能力都有很高的要求。

第二节　演讲的预先准备

一、演讲稿起草前的准备

演讲的预先准备可以分为两个主要阶段，一是演讲稿起草前的准备，一是演讲稿的起草。演讲稿起草前要做的准备工作主要有：演讲话题的选择、演讲目标的确定、演讲材料的搜集和对听众的分析。这些准备工作要解决的问题分别是演讲要讲什么，演讲为何而讲，演讲用什么来讲，演讲对何人而讲。

1. 话题的选择

演讲话题的选择是要解决讲什么的问题。受演讲目的、场合、对象和要求等因素的制约，演讲话题选择的自由度存在种种差别。有些演讲是命题演讲，同命题作文一样，演讲者在话题选择上受到限制，没有太多的选择自由。不过，同一个事物或现象有不同的侧面，同一个话题可以从不同的角度去谈论，何况大的话题还可以分解为更为具体一些的话题，因此即使是命题演讲，演讲者在话题上仍然可以有自己的选择。例如，以“中国高等教育的改革”为题的命题演讲，既可以从教育管理者的角度去说，也可以从教师的角度去说，还可以从国家机关、企事业单位等社会组织的角度去说；既可以从转变教育理念的方面去谈论这一话题，也可以从改革教育体制的方面去谈论这一话题，还可以从人才培养模式的创新方面去谈论这一话题。有些演讲是自由演讲，也就是对话题没有限定的演讲，演讲者在话题选择上比较自由，可以选择任何自己熟悉且适合于演讲的话题。有些演讲在话题选择的自由度上介于命题演讲和自由演讲之间，演讲话题有一定限制，演讲者也有相当的选择自由。公关演讲总是受制于、服务于特定的公关目标的，因此，公关演讲更多的是命题演讲或是话题比较受限的演讲。

在公关活动中，演讲话题的选择应该遵循目标原则、需要原则、适中原则和可行原则。

目标原则是指演讲话题的选择应该符合公关活动的特定目标，应该有利于这一特定目标的实现。违背了这一原则，再精彩的演讲也是没有意义的。

需要原则是指演讲的话题应该是听众所需要的，所谈论的应该是听众关注并期望得到解答的问题。违背了这一原则，演讲就很难抓住听众，引起他们的兴趣，而没有听众的积极参与，演讲就不可能获得成功。举个极端的例子，如果听众都是中年的成功人士，演讲者却对他们大谈“青年成功之路”，这样的演讲就很难引起这些听众的共鸣和反响。

适中原则是指话题的大小和演讲内容的容量应该与演讲时间的长短相适应。一般来说，演讲的话题宜小不宜大。演讲通常都是有时间限制的，在规定的时间里，要把问题讲深讲透，就必须将话题限制在较小的范围内，这样可以保证将有限的话语集中到一个或几个点上，从而使这一个或几个点得到充分而深刻的阐述。如果话题太大，涉及的问题太多，虽面面俱到，却难免蜻蜓点水，缺乏深度。

可行原则是指演讲话题应该是演讲者有能力驾驭的，违背了这一原则，即使有了很好的话题，也不可能有成功的演讲。从可行原则出发，演讲者应该选择自己比较熟悉的话题，或是选择自己比较熟悉的角度和侧面去谈论某一个话题。

2. 目标的确定

演讲目标的确定是要解决为何而讲的问题。公关演讲总的目标就是公关活动要达到的目标，这对任何公关演讲都是一样的。但是每一次演讲还应该有自己的具体目标，也就是演讲者希望自己的演讲能够发挥什么样的作用，收到什么样的效果。从公关活动的角度看，演讲的主要功能是告知和说服。在公关演讲的准备阶段，演讲者应该确定演讲的主要目标是什么，是告知还是说服，还是二者兼而有之。如果是告知，演讲者应主要考虑演讲的内容对公众而言是否是新信息，公众是否需要这些信息；演讲的内容是否过于专业化，公众是否有能力理解和接受；等等。如果是说服，演讲者应主要考虑公关主体与公众之间可能存在的分歧究竟有多大，分歧的焦点是什么，采取什么方法、使用什么样的数据和事例可以促使公众理解、认同和接受公关主体的观点和建议。如果是二者兼而有之，演讲者就应该考虑上述所有的问题。所以即使是同一个演讲话题，目标不同，演讲的内容或内容的侧重点也应该有所不同。

3. 材料的搜集

演讲材料的搜集是要解决用什么来讲的问题。话题和目标明确之后，剩下的重要问题之一就是用什么材料来支持演讲的话题，以便使演讲的内容充实丰满起来。从性质和搜集渠道上看，演讲材料主要可以分为经验材料和文献材料。经验材料是指演讲者直接感知的材料。这类材料来源于演讲者自身的生活和工作，是演讲者的亲身经历和体验，是演讲者亲耳所听、亲眼所见的事物或过程，因而是最生动、最真实的材料。不过，这种材料的搜集会受到演讲者人生阅历和工作经验的限制，并不是每个演讲者，也不是每次演讲中，都可以从个人的亲身经历中搜寻到适合演讲需要的经验材料。文献材料是指从报刊、书籍、广播电视、互联网等信息载体上获得的材料。这类材料内容广泛，可以满足任何演讲的需要，不会像经验材料那样受演讲者个人经历的限制，而且搜集的渠道多样化，可以翻阅报刊，可以利用各种工具书，可以去图书馆查询，特别是有了互联网后，这类材料更加容易获得。不过，由于一些报刊内容的真实性、一些书籍的编写和出版质量存在严重问题，由于互联网上的信息发布过于随便，文献材料常常以真假混杂、良莠不齐的状态存在，因而在搜集这类材料的过程中，必须做一番去伪存真的工作，否则，不仅会使演讲本身的真实性和说服力受到影响，还会使虚假的信息和传闻通过演讲在更大的范围内扩散，对社会产生更恶劣的影响。

4. 听众的分析

听众的分析是要弄清对何人而讲的问题。许多事实证明，成功的演讲都是以听众为中心的。公关活动也好，公关演讲也好，最终的目标只有一个，那就是在社会组织和社会公众之间建立并保持良好的公共关系。是否能够赢得社会公众的理解和支持，是衡量一切公关活动，包括公关演讲成效的根本标准，因此，以听众为中心应该成为公关演讲的重要原则。这一原则要求：在坚持正确的原则和观点的前提下，通过对演讲话题的调整、对演讲内容的剪裁、对表达方式的选择等，使演讲最大限度地适应听众。人们对事物的态度和关注程度，会由于社会特征的不同而呈现出明显的差异，年轻人不大会关注“养生之道”，老年人不大会关注“MP3 音乐如何下载”；向男性听众介绍“美容护肤的方法”，愿意听的人不会多；对女性听众大谈“戒烟的方法与效果”，感兴趣的人也一定很少。因此，要使演讲适应特定的听众，必须在演讲之前对将到场的听众有所了解，了解的内容包括听众群体的年龄、性别、职业、受教育程度，还包括是否有特殊的文化或宗教背景等。在了解了听众的社会特征之后，还需要分析哪些特征有可能对听众接受演讲内容产生重要影响。在话题选择、目标确定、材料搜集以及演讲的整个过程中都应该充分考虑这一分析所得到的结果。

二、演讲稿的起草

从结构上看，完整的演讲稿应该包括开头、主体和结尾三个部分。

1. 演讲稿的开头

演讲稿的开头就是演讲的开场白。写好演讲稿的开头对演讲取得成功有重要意义。首先，根据心理学的首因效应理论，在对认知对象形成印象的过程中，最先出现的信息往往会给人留下较为深刻的印象，并影响和引导着对该认知对象的态度和评价。演讲的开场白是听众首先听到的部分，它的好坏影响听众对整个演讲的印象。其次，演讲的开头应该完成三个目标，这三个目标能否实现，对演讲是否能够取得成功意义重大。这三个目标，一是演讲的开头要能够抓住听众的心，吸引住他们的注意力，引发他们的兴趣。不管演讲的主题多么重要，后面的内容多么精彩，如果演讲的开头不能抓住听众，不能使他们有兴趣听下去，演讲就可能会失败。引起听众的注意是演讲的开头所要实现的最为重要的目标。

二是演讲的开头要交代或透露演讲的主题。如果不是这样，听众便不明白演讲到底要说什么，不知道演讲的内容是不是自己所关心的，在这种情况下，要引起他们的注意就比较困难。三是要通过演讲的开头提高演讲者的可信度。演讲的开头要设法使听众觉得演讲者有足够的资格和经验来谈论这一话题，否则听众可能从始至终对演讲的内容持怀疑态度。对内容涉及专业知识的演讲来说，这一点尤为重要。一个好的演讲开头应该能够实现上述目标中的全部或者大部分。

演讲开头的形式可以是多种多样的，从实现上述目标，特别是从实现最重要的引起听众注意的目标出发，可以有以下一些策略：

（1）突出与听众的关联

突出与听众的关联就是在演讲的开头就将演讲主题与听众的关联凸现出来。人们往往会对直接影响自己的事情产生兴趣，利用这种心理倾向，在演讲的开头将演讲的主题与听众联系在一起，让他们意识到演讲所讲述的事情在他们每个人身上都有可能发生，甚至可能已经发生过，就有可能吸引听众的注意，引发他们的兴趣。例如，有一个美国学生的演讲是关于收藏明信片的经济回报的，他的演讲是这样开头的：

> 这是一个星期六的早晨，你在帮助清理祖母的阁楼。干了一会儿活以后，你摸到一个箱子，然后打开了，结果发现里面有好几百张旧明信片。你想到足球赛马上就要开始了，因此就开始把这些旧明信片往垃圾箱里扔。祝贺你！你已经把自己一年的学费扔进垃圾箱了！

演讲的开头描述了一个对每个美国学生来说都不陌生的生活场景，所描述的行为对他们来说是再平常不过的了，但这种再平常不过的行为所造成的后果却令人震惊："你已经把自己一年的学费扔进垃圾箱了！"这种扔掉旧明信片的行为每个听众都可能有过，因而这种令人震惊的后果在每个听众身上就都可能发生过，这自然会让所有听众想知道其中的道理，他们的注意力自然就会被吸引到演讲的内容上。演讲的开头使用第二人称代词"你"，使听众有身临其境的感觉，进一步强化了听众与演讲主题的关联。

（2）唤起听众的好奇

人们都有好奇心，好奇会产生兴趣，兴趣会引起关注，利用这一点，在演讲的开头设法唤起听众的好奇，就可能吸引住听众，使他们愿意听下去。引发听众好奇心的方法很多，制造悬念是常用方法之一。制造悬念就是故意不交代事件中的某些重要信息，使听众产生探究真相的心理冲动。美国著名演说家戴尔·卡耐基在做题为《人性的优点——如何停止忧虑开始生活》的演讲时，是这样开始的：

> 1871年春天，一位注定要成为闻名全球的医生的青年威廉·奥斯勒拾到了一本书，读了21个字，结果对他的将来造成了深远的影响。

威廉·奥斯勒拾到了一本什么样的书？那21个字的内容又是什么？这些字又是如何影响他的未来的？这些悬念使听众迫不及待地想知道事情的究竟。又如，有一场关于狄更斯的小说《圣诞欢歌》的演讲是这样开头的：

1982年前，大约也正是在这个季节，伦敦出了一本被公认为不朽的小说杰作，很多人都称它为“举世最伟大的一本书”。该书刚一问世就引起轰动，伦敦市民，在街头巷尾朋友相遇，都要彼此问一声：“你读过这本书吗?”大家的回答竟然如此惊人的一致：“是的，我已经读过了。”该书出版的第一天就销出了1 000多部，两星期共卖出了15 000部。从那以后，它又无数次地再版，并被翻译成世界各国的文字。几年前，大银行家摩根以巨大的代价，买到了这部书的原稿。现在这本原稿和摩根的其他无价之宝一并陈列在他那庄严宏伟的艺术馆中。这部举世闻名的书究竟是什么呢?

演讲者故意先不交代这部不朽名著的书名是什么，作者又是谁，而是尽其所能渲染该书引起的轰动和产生的巨大影响，以此引起他们强烈的好奇，牢牢地抓住了听众的注意力。

(3) 引发听众的思考

演讲可以一开始就向听众提出问题，让听众和演讲者一起思索。听众如果想知道问题的答案是什么，想知道自己的看法是否与演讲者一致，是否正确，就必须集中精力听下去。只要提出的问题是听众所关心的，是听众感到困惑而又愿意去思考的，这种提问的开头方式总是可以开启听众的心扉，使演讲的内容深入人心。1918年，李大钊在《庶民的胜利》演讲中是这样开头的：

我们这几天庆祝胜利，实在是热闹的很。可是战胜的，究竟是那一个?我们庆祝，究竟是为那个庆祝?

李大钊在当时庆祝第一次世界大战协约国胜利的热烈气氛中，清醒地提出“胜利者是谁”和“该为何而庆祝”的问题，从而使喜悦之中的人们冷静下来与他一同思考这些问题，并急于想知道他对这些问题的看法，在抓住听众之后，李大钊接着对这次世界大战的结局进行了分析，指出获得胜利的不是协约国的武力，而是以俄国十月革命为代表的人类新精神。又如，在某高校举办的《青年与祖国》演讲比赛中，开始几位演讲者都未能吸引住听众，会场内始终人声嘈杂，这时一位同学走上讲台，这样开始了他的演讲：“我想提个问题，谁能用一个字来概括青年和祖国的关系?”问题一提出，大家都被这个睿智而又深刻的问题所吸引，陷入了深深的思考，同时也在静静地等待演讲者的回答，嘈杂的会场顿时变得鸦雀无声。停顿片刻后，这位同学回答说：“这个关系就是一个‘根’字。”随后他讲了中国不少地方的男人起名时都喜欢用“根”字，有传宗接代的意思，而“我们青年有一个共同的姓，就是‘中华’，有一个共同的名，就是‘根’，‘中华根’应是中国青年最光荣、最自豪的名字”。话音刚落，场内掌声雷动。

(4) 引起听众的重视

演讲的开头可以揭示演讲主题的重要性，或者强调某种事态的严重性，以此引起听众对演讲主题的重视，让他们觉得值得而且应该听下去。1978年，日本著名企业家松下幸之助在发表《培育人才》的演讲时，是这样开始的：

“事业在人”，这句话是千真万确的。任何经营只有在有了称职的人才后才能发展下去，无论具有怎样优秀的历史和传统的企业，如果没有正确继承其传统的人，也将逐渐失败。

松下幸之助在演讲的开场白中就揭示了人才对企业生存和发展的重要意义，以此唤起听众对这一主题的重视。美国公共演讲问题专家理查德曾列举过两组同一主题的不同开场白进行对比，第一组的两段开场白都是关于交通安全问题的，请比较：

a）今天，我要讲的内容是保障行人生命安全，减少交通事故。

b）上星期四，特购的450具晶莹闪亮的棺材已运到了我们的城市。

第二组两段开场白都是关于社会治安问题的，请比较：

a）我上午受到邀请，让我来谈谈社会治安问题，我没有充分的准备……

b）在一个小小的街角旅馆里，12个月里就发生了11起凶杀案。这给我们敲响了警钟。

两组中的开场白a都只是简单交代演讲的主题是什么，显得很平淡，这样的开场白要吸引住听众就很不容易；两组中的开场白b并没有直接交代演讲的主题，而是用惊人之语强调与演讲主题直接有关的事态的严重性，使听众在震惊之中，将注意力集中到演讲内容上。a、b两种开场白的优劣是显而易见的。

2. 演讲稿的主体

演讲稿的主体部分是演讲的中心，演讲的观点将在这里展开论述，论据和材料将在这里展现出来。主体部分的好坏与演讲能否获得成功有着直接的关系。演讲稿主体部分的起草需要解决好要点的选择和安排、论证材料的选择和组织、如何引起听众的共鸣三个主要问题。

（1）要点的选择和安排

演讲的主题需要一层一层地展开，一步一步地加以说明，演讲的观点需要从不同的方面和角度加以论证。演讲中论证或陈述的每一个层次、每一个步骤要表达的意思，就是演讲中的要点。例如，演讲的主题是“催眠的主要用途”，这一演讲内容可以包括三个要点：①催眠在外科手术中可以用作化学麻醉的辅助手段；②催眠可以用来帮助人们戒烟；③催眠可以用来帮助学生改善学习成绩。再如，演讲的主题是“提高工作效率”，这一演讲内容可以包括两个要点：①提高工作效率的必要性；②如何才能提高工作效率。

演讲的主题确定之后，就需要考虑选择和确定哪些要点来说明主题。要点的选择和确定，首先要看有关内容与主题的相关程度，相关程度越高，对说明主题越可能有意义。其次，要看有关内容本身是否有重要意义，与主题相关的不一定都重要，既相关又重要的内容才可作为要点。再次，要点之间要有明显的区别，不能相互混淆或相互包含，否则会导致演讲内容的混乱和重叠。最后，要点的数量要适度，要点过多，会使本该突出的要点被淹没掉，况且演讲的时间有限，也不允许有过多的要点。

要点确定之后，下一步需要考虑的就是如何安排它们的先后次序，也就是要点的安排。要点的出现次序会影响思想表达的清晰程度，要点安排不当会使演讲逻辑混乱，条理不清，或者会使听众跟不上演讲者的思路。安排要点的基本原则是：要点的先后次序要符合人们认识事物的一般认知习惯，要点与要点之间应该体现出清晰的逻辑关系。从这一原则出发，要点的安排可以有这样一些常见模式：

1）按时间先后顺序安排要点

按时间先后顺序安排要点，就是按照先怎么样，后来怎么样，再后来又怎么样的顺序来讲述事情的经过。演讲中介绍人物或讲述现实及历史事件时常常使用这种要点安排模式。

2）按空间顺序安排要点

空间顺序是指人们从空间上认识事物的认知习惯。按空间顺序安排要点，就是按照人们的空间认知习惯安排对事物的描述。演讲中描述静态物体时常常使用这种要点安排模式。进行描述时，通常先说左，再说右；先说上，再说下；先说外，再说里；但也可以按照相反的顺序说。无论按照哪一种顺序说，都应该遵守同一方向原则，即沿着一个方向说完后再沿着另一个方向说，不要将不同的方向交叉在一起。例如，可以先说左右，再说上下，但不要左右没说完就说上下，上下没说完，又回到左右。

3）按因果关系安排要点

按因果关系安排要点，就是按照事物之间的原因和结果的关系安排要点。采用这种要点安排模式时，可以先说因，再说果，也可以先说果，再说因。演讲中陈述事件或论证观点都可以采用这种要点安排模式。例如，演讲的主题是“反腐败刻不容缓”，如果按因果关系安排要点，可以先说明目前腐败现象滋生蔓延的严峻形势，然后再分析腐败现象给社会政治、经济等各个方面造成的恶果，最后提出遏制腐败现象的对策。

4）按问题和答案的顺序安排要点

按问题和答案的顺序安排要点，就是先提出问题和分析问题，再提出解决问题的方案。演讲中对观点、计划、方案的论述都可以采用这种要点安排模式。例如，演讲的主题是“北京乘车难的对策”，如果按照问题和答案的顺序安排要点，可以先说明北京目前乘车难问题的严重程度，再分析造成乘车难问题的各种原因，最后针对这些原因提出解决这一问题的设想或方案。

5）按事物的类属关系安排要点

人们在认识事物的过程中，把事物分成不同的类别，类别有大有小，类别的层次有高有低，一个大类往往还可以划分为若干个小类，一个上位类往往会包含若干个下位类，大类与小类、上位类与下位类之间是上下关系，小类与小类之间、下位类与下位类之间是平列关系，这些就是事物的类属关系。按事物的类属关系安排要点，就是依照要点的上下位关系或平列关系来安排要点。演讲中对观点的论述和对事物的描述都可以采用这种要点安排模式。例如，上文所举的以“催眠的主要用途”为主题的演讲，有三个要点，分别是催眠在外科手术中可以用作化学麻醉的辅助手段，催眠可以用来帮助人们戒烟，以及催眠可以用来帮助学生改善学习成绩。这三个要点与主题“催眠的主要用途”之间是上下位关系，要点之间是平列关系，按事物的类属关系来安排这些要点，就是让它们平列在主题之下。

（2）论证材料的选择和组织

演讲的要点还只是一些看法和观点，或者是某一事件的阶段性的结果，听众需要论证和说明材料的支持，才可能接受这些要点。论证材料的选择和组织，最重要的是要考虑这些材料是否恰当，是否典型，是否充分。论证和说明材料是否恰当，是指这些材料与有待论证、说明的要点之间是否统一，是否可以支持和说明这些要点。如果材料与要点不统一，演讲中的论证和说明就会南辕北辙，说得越多，可能离演讲所要达到的目的越远。论证和说明材料是否典型，是指这些材料是否有足够的代表性和说服力，如果材料虽然与要点是统一的，可以支持和说明要点，但代表性和说服力不够，要点就不能得到有力的支持和有效的说明，演讲要达到说服听众、影响听众的目的就很困难。论证和说明材料是否充分，是指这些材料是否可以完全满足论证和说明要点的需要。如果材料很单薄，即使恰当、典型，也会显得说服力不足。

（3）如何引起听众的共鸣

演讲是否能够引起听众的共鸣，这对演讲是否能够获得成功是十分重要的。只有当演讲使听众产生强烈的共鸣时，演讲者的观点、看法、主张才能够深入人心，听众才可能从内心里高度认同演讲的内容，演讲才可能获得成功。因此，如何才能引起听众的共鸣，是演讲稿主体部分需要设法解决的重要问题之一。

在演讲实践中，求同法是一种获得听众共鸣的常用方法。求同就是寻找并充分利用与听众的共同语言，寻找并渲染与听众的共同体验，以此缩短与听众的心理距离，引起他们的共鸣。共同的地位、共同的经历、共同的愿望、共同的理想、共同的信仰、共同的志趣、共同的爱好等，都可以成为求同法的诉求点。第二次世界大战期间，英国首相丘吉尔在美国所作的圣诞演讲，就运用了这种求同法，以引起美国人民的共鸣：

> 我今天虽然远离家庭和祖国，在这里过节，但我一点也没有身在异乡的感觉。我不知道，这是由于本人母亲的血统与你们相同，抑或是由于本人多年来在此所得的友谊，抑或是由于这两个文字相同、信仰相同、理想相同的国家，在共同奋斗中所产生出来的同志感觉，抑或是由于上述三种关系的综合。总之，我在美国的政治中心——华盛顿过节，完全不感到自己是一个异乡之客。我和各位之间，本来就有手足之情，再加上各位欢迎的盛意，我觉得应该和各位共坐炉边，同享圣诞之乐。

丘吉尔向美国听众述说了共同的血缘、共同的文字、共同的信仰、共同的理想，以及共同奋斗之中的同志情谊，这些共同之处和共同的体验，使分别属于不同国家的演讲者和听众的心连在一起，情感交融在一起，双方具有共同的感受，在这种心理状态下，演讲者的话自然容易得到听众的认同。

3. 演讲稿的结尾

演讲稿的结尾与演讲稿的开头一样重要。首先，根据心理学的近因效应理论，在对认知对象形成印象的过程中，最后出现的信息往往会给人留下深刻的印象。演讲的结尾是演讲的最后部分，它的好坏会影响听众对整个演讲的印象。其次，演讲的结尾应该达到两个主要目标，这两个目标能否实现，对演讲能否最后获得圆满成功有重要意义。这两个目标，一是自然圆满地结束整个演讲，二是强化听众对演讲主旨的理解和印象。自然圆满地结束整个演讲，就是结尾应能够自然地从演讲的主体部分过渡到结束部分，任何生硬的、游离的或拖拉的结尾都会破坏演讲整体结构的完美，影响听众对演讲的整体印象。强化听众对演讲主旨的理解和印象，就是结尾应帮助听众将全篇演讲的思想联结成一个整体，使他们抓住演讲的主旨并在头脑中留下深刻印象。从实现上述目标出发，演讲的结尾有以下几种常见方式可供选择：

（1）以总结全文结尾

以总结全文结尾，就是结尾时用简洁的几句话概括全篇演讲的要点，将演讲的主旨集中反映出来。这种结尾方式显得比较质朴，但有利于听众抓住演讲的核心内容。例如，有一篇题为《假如我是人事处长》的竞争上岗演讲，演讲者在主体部分提出了对人事制度改革的看法和设想，结尾时则对演讲的主要内容进行了概括和总结：

> 招才要有方，用才要有道，扶才要有法。这，就是我当了人事处长后的实施方案。

结尾用三句话概括了演讲的三个要点，加深了听众对演讲要旨的印象，而且由于结尾是对主体部分的总结，从主体向结尾的过渡也就显得比较自然。

（2）以呼吁号召结尾

以呼吁号召结尾，就是结尾时向听众发出呼吁和号召，唤起他们的某种情绪，推动他们去行动。邓小平同志在全国工会第九次代表大会上的致辞就是这样结尾的：

> 同志们，我们的事业无比壮丽，我们的前途无比光明。让我们高举毛泽东思想的伟大旗帜，在党中央的领导下，同心同德，一往无前，为实现中国工人阶级的伟大历史使命——本世纪内把我国建成现代化的伟大社会主义强国努力奋斗！

结尾先是通过对我们的事业和前途的描述，唤起听众强烈的使命感、荣誉感和胜利的信心，引发他们对美好未来的热切期望，在使听众情绪高涨起来的基础上，再发出强有力的号召。这样的结尾使人振奋，催人进取。又如，美国独立战争前夕，针对议会温和派屈服于英国武力的主张，裴特瑞克·亨利发表了一篇演讲，这篇著名演讲也是用这种方式结尾的：

> 我们的同胞已经身在疆场了，我们难道还要站在这里袖手旁观吗？先生们希望的是什么？生命就那么可贵？和平就那么甜美？甚至可以不惜以戴锁链、受奴役的代价来换取吗？全能的上帝啊，阻止这一切吧！在这场斗争中，我不知道别人会如何行事，至于我——不自由，毋宁死！

这一结尾在当时的会场上便唤起一片“拿起武器”的呼声，“不自由，毋宁死”随即成为人民争取独立和自由的战斗口号。这样的结尾即使今天读起来，仍让人感到心灵的震撼。

第三节　演讲的临场表达

一、演讲的口头表达技巧

演讲稿的起草是将演讲内容写成文章，演讲的临场表达则是通过口头表达和体态语，将演讲内容传达给听众。对有备演讲而言，演讲的临场表达将面临如何很好地将书面表达转化为口头表达的问题。语言的口头表达和书面表达存在着种种差异，最突出的是口头表达可以利用语音手段和体态语手段，而书面表达则基本上无法利用这些手段。语音手段主要包括停顿、轻重音、语速和句调等，这些手段在演讲中都可以发挥重要作用。

1. 停顿

停顿是发音上的间歇或音节的拖长。发音上的间歇是无声停顿，音节的拖长是有声停顿。停顿的一般原则是：一段话语在什么地方出现停顿主要是由表达上的需要决定的，关系非常紧密的词语间不能停顿，关系比较松散的词语间才可以出现停顿，关系越松散，停顿的时间就可以越长。例如，句子和句子之间可以有停顿，段落与段落之间也可以有停顿，段落间的停顿通常要长于句子间的停顿，因为段落与段落的关系不及句子间的关系紧密。

在演讲中，话语的意义通常是由若干个段落的意义构成的，一个段落的意义又是由若干个句群的意义构成的，一个句群的意义又是由若干个句子的意义构成的，一个句子的意义又是由若干个词组的意义构成的，一个词组的意义则是由若干个词语的意义构成的。如果从下往上看，从最下层的词语意义，到最上层的话语意义，一篇演讲要表达的意思是一层一层地逐步构成的，即由较小的意义片段构成较大的意义片段，再由较大的意义片段构成更大的意义片段，直到产生整个话语的意思。在这个话语意义逐层形成的过程中，停顿具有重要的作用。这种作用在于：通过停顿的有无和停顿的长短，可以把话语分成大小不等的意义片段，可以显示意义片段之间远近松紧的关系。换句话说，话语意义逐层形成的过程，或者说话语意义的这种层次结构，可以而且必须通过停顿表现出来。下面是一段话语的录音记录（“#”号表示停顿，“#”号的多少表示停顿的长短）：

> ###在人类语言中##有一些词语#被赋予了无限美好的意蕴##自由#就是其中之一###匈牙利著名诗人裴多菲#有一首脍炙人口的短诗##生命诚可贵##爱情价更高##若为自由故##两者皆可抛###自由的意义和价值#究竟有多高##由此可见一斑###然而##诗人所歌颂赞美的自由#毕竟是理想化的##而实际上#自由#乃是一个十分复杂的理论问题##

如果去掉这些长短不一的停顿，这段话的意思就会变得含混不清而难以理解了。

按出现的位置，停顿大致可以分为段落间停顿、句间停顿和句内停顿三类。

（1）段落间停顿

段落间停顿是指出现在段落与段落之间的停顿。段落与段落之间的关系比段落内句子之间的关系疏远，因而停顿也就可以长一些。段落间停顿只能使用无声停顿形式，不能使用有声停顿形式。段落间的停顿可以标志演讲内容的段落和层次。

（2）句间停顿

句间停顿是指出现在句子与句子之间的停顿。句间停顿在书面上一般用句号、问号和叹号表示。就一般情况而论，不论是有疑而问，还是无疑而问，都需要给听众留出一定的思考时间，所以疑问句句末的停顿应该比陈述句句末的停顿长一些。请比较：

a. 他走出家门，独自来到大街上。人们发现后，立刻把他围了起来。

b. 他为什么要独自走到街上去呢？人们为什么要把他围起来呢？

感叹句，特别是当句末有语气词时，句末的停顿一般应该比陈述句长一些，要是停顿太短，情感就难以充分抒发出来。请比较：

a. 在异国他乡，人们渴望有一天能够回到祖国。这种渴望在与日俱增。

b. “我多么希望能够回到祖国啊!”女孩用颤抖的声音说道。

陈述句和疑问句的句末停顿通常只能使用无声停顿，感叹句的句末如果有语气词，则可以使用渐弱的有声停顿，例如，“那些运动员多不容易啊!”“祖国的山河是多么的壮美啊!”句间停顿的主要功能是标志句子和句子的边界。

（3）句内停顿

句内停顿是指句子内部出现的停顿。句内停顿在书面上可以用逗号、顿号、分号、冒号等来表示，但也常常在书面上没有任何标志，这时就需要演讲者根据语句的结构和表达的需要来把握。

句内停顿可以出现在复句内部的分句与分句之间。这种停顿一般比句末的停顿短一些，而且不能使用有声停顿。在书面上，这类停顿用逗号或分号表示。

句内停顿也可以出现在主语和谓语之间。这种停顿可以比较长，在书面上有时用逗号表示，但更为常见的是不使用标点符号。如果主语比较短，音节数量比较少，这种停顿往往使用有声停顿，可以表示沉思、犹豫、惆怅等语气意义。例如，“他＃终于要走了，也许是明天，也许是后天，反正是要调离这个单位了”。

句内停顿也可以出现在动词和较长的宾语之间。如果宾语比较长，音节比较多，特别是当宾语本身是动宾结构、主谓结构等比较复杂的结构时，往往需要在动词和宾语之间停顿一下，这种停顿在书面上有时用逗号或冒号表示。例如，“实践证明，在社会主义市场经济条件下，对于一些关系到国计民生的重要商品价格，国家必须进行必要的调节和管理”。如果宾语很短，一般则不宜停顿。例如，“他正在吃苹果”，“小王常常自己洗衣服”。动词和较长宾语之间的停顿不宜使用有声停顿。

句内停顿也可以出现在较长的修饰成分和中心语之间，也可以出现在修饰成分和较长的中心语之间。如果定语较长，或者中心语较长，那么在定语和后面的中心语之间往往可以停顿一下，例如，“对香港、澳门恢复行使主权的＃各项准备工作”，“全方位的＃对外开放格局”。这类停顿在书面上通常不能使用标点符号来表示。如果状语较长，或者中心语较长，那么状语和后面的中心语之间往往也需要停顿一下，例如，“在改革开放和现代化建设进程中，必须始终不渝地坚持两手抓、两手都要硬的方针”。这类停顿如果出现在由“地”字结构充当的状语后，在书面上不能用标点符号表示，例如，“他简要而又令人信服地＃回答了记者的提问”。所有修饰成分与中心语之间的停顿都不宜使用有声停顿。

句内停顿还可以出现在并列成分之间。这种停顿一般也不宜使用有声停顿，在书面上常常用顿号表示。例如，“北京、上海和天津”，“建立、保持和发展两国间的友好关系”。但需要注意的是，在有些情况下，这种停顿在书面上不能用标点符号表示，如“北京、上海和天津”，“北京”后面有顿号固然需要停顿，“上海”后面虽然没有顿号，但也必须有相同的停顿，否则这三个词语的并列关系就不能得到明确的表现。

句内停顿的运用必须保证不破坏语句的结构，否则，表达就会让人难以理解。请比较：

a. 粟裕同志 1955 年被授予大将＃军衔。

b. 粟裕同志 1955 年被授予大将军＃衔。

按 a 句的停顿，这句话的意思是“粟裕同志 1955 年被授予‘大将’这种军衔”；b 句出自中央电视台某位播音员之口，按照这样的停顿，这句话的意思是“粟裕同志 1955 年被授予‘大将军’这种头衔”。b 句让人感到困惑而难以理解，对新中国军衔制度稍有了解的人都会知道，新中国只有过“大将”军衔，而从来没有过“大将军”的头衔。

句内停顿可以出现在不同的位置上，有时停顿出现的位置不同，语句的意思就可能不同，这在演讲中是需要特别注意的。请比较：

a. 他说＃不清楚。

b. 他说不＃清楚。

按 a 句的停顿，句子的意思是“他说：‘不清楚’”；按 b 句的停顿，句子的意思则是“他无法说清楚”。两种停顿使句子的意思完全不同。因此在演讲中，必须保证停顿出现的位置是正确的，是符合所要表达的内容的。

2. 轻重音

轻重音指轻音和重音，轻音是指音节的发音听上去比较微弱的现象，重音是指音节的发音听上去比较突出的现象。无论是重音还是轻音，都是相对而言的。所谓“重”，是说某个音节与它前后的其他音节相比显得比较突出；所谓“轻”，是说某个音节与它前后的其他音节相比显得比较微弱。只有在两个或两个以上音节的对比中，才可能产生轻重音现象，因此，重音和轻音虽然总是落在音节上，但是孤立的单个音节无所谓重音或轻音，轻重音现象只能出现在音节的组合之中。按照出现的环境，轻重音可以分为词的轻重音和语句的轻重音两类。

（1）词的轻重音

词的轻重音是指出现在词语上的轻音和重音。就汉语普通话而言，演讲中需要特别注意的是词的轻音。如果对词的轻音把握得不准确，对演讲的表达就会产生直接的不良影响。这种不良影响会发生在表意、语体色彩和规范程度三个方面。首先，有些词语的后一个音节是不是发成轻音，词义是不同的，请比较（“·”表示其后的音节读轻音）：

大·爷——对年长男子的尊称

大爷——指不好劳动、傲慢任性的男子

地·方——某一区域，某一部位

地方——各级行政区划的统称，与“中央”相对

地·下——地面上

地下——地面之下，秘密活动的

如果把这些词语的轻音读错了，意思就错了。

其次，有些词语的后一个音节是不是发成轻音，虽然不会造成词义的不同，但却可以具有不同的语体色彩。发成轻音就会显得比较随意，比较俚俗化；不发成轻音，就显得比较正式，比较典雅。“责任”、“安分”、“单薄”、“快活”等词语的发音就属于这种情况。

最后，有不少词语的后一个音节是不是发成轻音，虽不会引起词义或语体色彩的不同，但却涉及发音规范不规范的问题，轻重音读错了，要么让人觉得发音不标准，要么让人听不明白说的是什么。“漂亮”、“结实”、“聪明”、“批评”、“弟兄”、“告诉”等词语的后一个音节都应该发成轻音，如果发成非轻音，就会让人觉得发音怪异，或者干脆就让人听不懂。

（2）语句的轻重音

语句的轻重音是指出现在句子中的轻音和重音。就汉语普通话而言，演讲中需要特别

注意的是语句的强调重音。强调重音也叫“逻辑重音”，是指为了强调句中某个成分而有意识地特别加重某个词语的发音。强调重音不是自然而然地带上的，而是说话人根据表达的需要有意识地加上去的，所以，强调重音的位置不是固定的，而是可以根据表达的需要有所选择。强调重音在句中的位置不同，句子的意思也就会有所差别。请比较（黑体字表示强调重音的位置）：

a. **他**说他想学汉语。

b. 他说**他**想学汉语。

c. 他说他想学**汉语**。

a 句强调的是“说这话的是他而不是别人”，b 句强调的是“想学汉语的是他而不是别人”，c 句强调的是“想学的是汉语而不是别的语言”。这三个句子的差别仅在于强调的重点不同，语义上的差别不算太大，但有些情况下，强调重音的位置不同会使句子的意思产生比较大的差别，例如：

a. **我们**班就去了三个人。

b. 我们班**就**去了三个人。

a 句的意思是“光我们班就去了三个人”，这是说去的人多；b 句的意思是“我们班只去了三个人”，这是说去的人少。这两个句子的语义差别就比较大。因此，在演讲中，应该注意强调重音的位置，要保证强调重音出现的位置符合表达意义的需要。

强调重音在演讲的口头表达中可以具有多方面的作用。强调重音可以表现夸张的语气，例如，“我**一点儿**也不知道”，“雨下得**太**大了”。强调重音还可以表现惊异的语气，例如，“连**老高**你都不认识呀”，“**你**怎么在这儿”。强调重音还可以表现强烈的不满，例如，“你怎么把钱**都**拿走了”，“你怎么**才**来呀”。强调重音还可以表现确认的语气，例如，“他**一定**会来”，“他**是**个好学生”。

3. 语速

语速就是说话的速度，就是说话的快慢缓急。语速快，每个音节就发得比较短促，停顿减少，停顿时间缩短，音节与音节连接得更为紧密；语速慢，每个音节就发得比较长，停顿增加，停顿的时间加长，音节与音节连接得较为疏松。

在演讲中，语速的快慢有多方面的表达作用。语速的快慢可以表现人的不同情绪，例如，语速快可以表现出人处于兴奋、快乐、愤怒或慌乱的情绪之中，语速慢则可以表现出人处在从容、沉着、冷静、悲哀或惆怅的情绪之中。语速的快慢还可以烘托渲染演讲内容所需要的气氛，例如，语速快，可以烘托情节急剧变化的气氛，可以渲染人们展开争辩、争吵或发出叫喊、欢呼的气氛；语速慢，则可以表现情节发展平稳、舒缓的氛围，可以表现人们闲谈絮语时的气氛。语速的快慢还可以帮助刻画不同的人物秉性，人物对话语速快，常常可以用来表现人物的轻浮、活泼或机灵；人物对话语速慢，常常可以用来表现出人物的深沉、木讷或愚钝。在不需要表现特别的情绪、气氛和人物秉性的告知性演讲中，如果传递的信息是听众已经知晓的，演讲者的语速就应该快一些，以免听众厌烦；如果传递的信息是新的，特别是当这些新信息又比较复杂时，演讲者的语速就应该慢一些，以免听众听不清而造成理解上的困难。

4. 句调

句调是全句音高的高低起伏变化。句调是贯穿全句的，但总是在句末最后一个重读音节上表现得最为明显。句调是任何一个句子都具有的音高特征。

汉语普通话的句调有三种基本形式：高调、低调和甚低调。高调就是全句，特别是句末音高上升的句调，出于解疑目的的是非问句所使用的通常就是这种句调，例如，“你吃过药了?”这个是非问句的句调就是这种高调。低调就是全句，特别是句末音高下降的句调，陈述句、祈使句和特指问句所使用的一般就是这种句调。例如，“我已经吃过药了。”这个陈述句的句调就是这种低调；“请把门关上。”这个祈使句的句调也是这种低调；“谁吃过药了?”这个特指问句的句调也是这种低调。甚低调是句末音高下降到最低点的句调，出于求证目的的是非问句所使用的就是这种句调，例如，“你真的去啦?”这个求证问句的句调就是这种甚低调。

在演讲的口头表达中，句调和语句重音、语气副词、语气助词等表达形式互相配合，可以发挥多方面的表达作用。句调可以表达语句的使用目的。例如，低句调可以表示语句的使用目的是告诉听众某种事实，高句调可以表示语句的使用目的是就一个完全不知或知之甚少的问题而询问听话人，高句调加上强调重音则可以表示语句的使用目的是为了追究责任而质问对方，甚低句调表示语句的使用目的在于为一个已有所知而又不能十分肯定的内容求得证实。句调还可以表达人的各种态度和情绪。例如，低句调加上强调重音，可以表示一种蔑视的态度，如“把她美得!”低句调加上强调重音和语气助词，可以表示对事物的反感，如“有你这样的吗!”低句调加上强调重音和疑问代词，可以表示不满的情绪，如“哪有我的份儿!”低句调加上强调重音和选择问句形式，可以表达不耐烦的情绪，如“你去不去?”

二、演讲的体态语技巧

体态语是通过面部表情、手势和身体姿态来传递信息的交际手段。人们把这些交际手段称作“体态语”，这只是一种比喻的说法，并不意味着它们真的构成一种语言，而只是说它们在一定程度上也可以像语言那样传达一定的信息，在人与人之间起交流和沟通作用。在演讲过程中，体态语可以在情感的流露、情绪的表达等方面起一定的作用，但它只能是一种辅助手段，只能在配合语言表达的条件下发挥一定的表达作用。体态语的手段主要有目光、手势和身姿。

1. 目光

演讲是演讲者和听众面对面的交流，保持与听众的视线接触，对演讲者来说是十分重要的。许多成功的演讲证明，与听众建立交流关系最快的方法就是坦然地看着他们。与听众保持视线接触，可以让他们感到演讲者的友善、坦诚和自信；如果躲避听众的目光，他们会觉得演讲者犹豫不决、缺乏自信、紧张不安或者不够坦诚，这样就可能失去听众。

眼睛是“心灵的窗口”，听众可以从演讲者的目光中揣测出他的智力水平、自信程度、待人态度等心理特征，因而演讲者在与听众的视线接触中，不能使用凶狠、敌意和威吓的目光，也不能流露出紧张不安、不知所措的眼神，而应该以充满真诚、自信、友善的目光注视听众。

对人数不多的听众演讲时，演讲者可以短暂地直视听众，但要随时变换视线接触的对象，不可长时间盯着某一个听众，那样会使这个听众感到局促不安，同时会使其他听众觉得受到冷落。对人数很多的听众演讲时，一般只能扫视听众，或从会场的左方扫向右方，再从右方扫向左方，或从前方扫向后方，再从后方扫向前方，而不宜与某一个听众建立直接的视线接触，那样会使这个听众受到全场所有其他听众的注意，以为此人有什么特别之处，或者觉得某句话是针对此人的，这会使这个听众极其不安。

2. 手势

演讲者的手势可以强调和解释演讲的信息内容，也可以帮助情感和情绪的表达。演讲中常见的手势主要有三类：一是情意手势，这类手势用来帮助表达演讲者的情感和情绪，使之形象化。二是指示手势，这类手势用来指示具体对象。三是象形手势，这类手势用来模拟事物的形状，比划物体的大小。

演讲中手势运用的基本规则是：手势的运用不应过多地吸引听众的注意力，以免喧宾夺主，使演讲内容本身被忽视。从这一原则出发，在演讲中，对手势的使用应该注意的是：一要自然大方；二要简洁易懂；三要控制频率，不宜频繁使用。

3. 身姿

身姿就是身体的姿态和动作。一般来说，在演讲中，演讲者应该保持端正的直立姿态，要给人以落落大方的良好印象，不能给人造成委委琐琐、缩手缩脚的不良感觉。演讲者在台上，应该有一个基本的立足点，围绕这个立足点可以前后左右地进行小范围的移动。这种移动会使听众觉得演讲者能够轻松自如地驾驭演讲，还可以传达一些有用的信息。一般来说，演讲者向前移动，可以表示一种希望更清楚地了解听众反应的愿望；向左或向右移动，可以表示演讲者对某一侧听众的特别关注。要注意的是，演讲者的移动不可过于频繁。如果过于频繁，一是可能给听众造成忙乱的感觉，二是过多的视觉刺激可能分散听众的注意力，给听觉刺激的接收和理解造成干扰。

【关键概念】

演讲　停顿　轻重音　语速　句调　体态语

【复习思考】

1. 演讲的特点和功能有哪些？
2. 演讲可以分为哪些类型？不同类型各有什么特点？
3. 演讲稿起草前要解决哪些主要问题？解决这些问题的原则、策略和方法有哪些？
4. 演讲稿的结构和要求是什么？相关的策略和方法有哪些？
5. 演讲的语音表达手段主要有哪些？它们各有什么特点和作用？
6. 体态语的主要手段有哪些？它们在演讲中所起的作用如何？

第七章

谈判的语言艺术

[本章提示]

（1）了解谈判的特征和构成要素，了解谈判的不同类型及其特点；（2）了解谈判的过程，掌握谈判的常用策略；（3）了解倾听、陈述、提问、回答在谈判中的作用，掌握这些言语行为的常用策略和技巧；了解体态语在谈判中的作用。

第一节　谈判的性质和类型

一、谈判的性质

谈判是具有利害关系的双方或多方为谋求一致，为寻求解决问题的途径和方案而进行协商洽谈的交际活动。公关活动的重要功能之一就是协调社会关系，而谈判则是协调社会关系的重要手段。在社会生活中，社会组织之间或社会组织与公众之间有时会发生摩擦和冲突，只有消除分歧，达成相互谅解，才有可能进行有效的合作，当人们遇到这样的问题而又没有现成的规则和程序可以用来解决这些问题时，往往需要通过谈判来谋求共识，达成解决问题的协议。所以，谈判在社会生活中有着重要的作用。

1. 谈判的特征

谈判具有分歧性和一致性的统一、原则性和灵活性的统一、妥协性和获取性的统一等基本特征。

（1）分歧性和一致性的统一

分歧性和一致性的统一是指谈判双方既利益相关而有共同关注的问题，又存在分歧，谈判的目的是为了消除分歧，达成一致赞同的协议。只有当双方利益相关而有共同关注的问题时，谈判才可能有双方一起磋商的议题；只有当看法有分歧、利益有冲突但又可能取得一定的共识时，人们才会坐到谈判桌前。没有共同关注的问题，谈判就无话可说；没有分歧，就没有必要举行谈判；有分歧而不可能达成一致，谈判也不会举行，即使举行也不会达成协议。这就好比市场上的买卖双方，一个要买，一个要卖，特定商品的买卖就是双方共同关心的问题，没有这个共同点，买卖双方就不可能走到一起。在买卖过程中，卖方总是想方设法要以尽可能高的价格出手，买方总是希望以尽可能低的价格成交。如果卖方开出的价格太高，完全超出买方的承受能力，而且根本不肯还价，买方往往扭头就走，讨价还价的过程就不会发生，或者即使发生了，也不会成交。由此可见，谈判具有“合作”和“冲突”的两重性质。

谈判通常是在双方的观点、利益等方面既有一致性又存在分歧的条件下展开的。一致性使双方有合作的意向，分歧又使双方处于利害冲突的状态中。没有合作的意向，双方就不可能坐在一起；没有利害冲突，双方也就没有必要进行谈判。谈判双方实际上是一种既互相对立，又彼此合作的关系，如果双方都希望谈判获得成功，就必须设法消除或减少分歧，努力寻求一致。

（2）原则性和灵活性的统一

原则性和灵活性的统一是指谈判既要坚持基本的原则立场，在非原则问题上又必须有一定的灵活性。基本的原则立场体现的是社会组织的根本利益或重大利益，放弃这些原则和立场，就会丧失社会组织的根本利益或重大利益。如果是在国家与国家的外交谈判中，放弃这样的原则立场，就会丧权辱国。例如，在我国的外交谈判中，“世界上只有一个中国”、“中华人民共和国是中国唯一合法政府”、“中国的主权和领土完整不可侵犯”、“不干涉中国内政”等就是我国政府的基本原则立场，这些原则立场体现的是中国人民的根本利益，因此在任何外交谈判中都是不可动摇的，它们是达成一切外交协议的前提。因此，在任何谈判中，社会组织都不应该丧失基本的原则立场。但既然是谈判，既然是要谋求双方一致赞同的解决问题方案，只坚持原则，而在具体问题的磋商中缺乏灵活性，谈判就难以取得成果，要解决的问题就永远得不到解决。因此，在谈判中，既要坚持基本的原则立场，又要在具体问题的解决上保持足够的灵活性。

在重庆谈判中，国民党政府提出取消共产党解放区政权的合法地位，统一政令、军令，实际上就是要瓦解中国共产党及其政权和军队。毛泽东根据当时的情况，正确地分析了形势，在与国民党的交锋中表现出高超的斗争策略。在谈判中，毛泽东对原则问题，对关系到党和军队生死存亡的问题，据理力争，决不做出根本性的让步，同时在一些非原则问题上又做出一些灵活的处理。如在军队问题上，党对军队的领导权决不放弃，但对军队的数量做出了一些让步，同意将共产党军队的数量减至国民党军队的七分之一，并同意将军队从一些解放区撤出。由于毛泽东坚持了原则性和灵活性的统一，才得以在不损害党的根本利益的前提下，使重庆谈判取得进展，双方最终签订了《双十协定》。

（3）妥协性和获取性的统一

妥协性和获取性的统一是指谈判是既有让步，又有获取的过程。有的谈判学家认为

"谈判就是给与取"，谈判实践也证明，谈判中为了有所"得"，往往需要有所"给"。在利益不同而又利益相关的谈判中，谈判者总是以满足己方的某种利益需求为预期目标，维护己方的基本利益是谈判的中心任务。但为了达成双方满意的合作协议，使己方获得一定的利益，往往需要做出适当的让步，放弃己方的某些利益，以换取对方对己方重大利益的认可和保证。

第四次中东战争之后，1982 年，埃及和以色列就西奈半岛问题进行谈判。谈判中，双方立场尖锐对立。埃及坚决要求以色列归还西奈半岛，因为西奈半岛自古以来就是埃及的领土。以色列则坚决拒绝埃及的要求，理由是一旦以军撤出这一地区，以色列的边境安全便无法保证。双方针锋相对，各持己见，使谈判陷入僵局。为了打破僵局，使谈判取得实质性的进展，参与这次谈判的美国总统提出了一个解决方案，即西奈半岛的主权归还埃及，但在西奈半岛与以色列交界的埃及一方，划出一片非军事区，埃及不得在该区域内部署军队。埃以双方对此提案都感到满意，在此基础上，双方签订了埃以停战协议。以色列以归还土地的让步，换取了对国家安全的保障；埃及以放弃在西奈半岛进行军事部署的让步，换取了对西奈半岛的主权。双方在做出一定让步的同时，都争取到对自己重大利益的满足。

许多成功的谈判证明，谈判是双方为最终取得互惠协议而作的努力。因此，成功的谈判应该是互惠的，双赢的，谈判的最终结果应该对每一方都有利。如果不是这样，而是一心只想最大程度地满足己方利益，而完全不顾对方的要求，这样的谈判是不会获得圆满成功的，即使逼迫对方达成最终协议，对方也未必会认真地履行这一协议。

2. 谈判的构成

谈判是由一系列要素构成的有机整体。一般来说，谈判是由谈判主体、谈判议题、谈判方式三个要素构成的。

（1）谈判主体

谈判主体是指谈判的当事人。谈判的主体可以是社会组织，也可以是社会公众。不管是组织还是公众，谈判都是由代表这些组织或公众的谈判人员实施的。谈判成功与否，与谈判人员的经验和素质关系密切。谈判人员应具有良好的观察和思考能力、自控和应变能力、口头和书面的表达能力、敏捷的反应能力，应具有平和的心态、沉稳的心理素质和落落大方的言谈举止。谈判人员应该熟悉谈判所涉及的问题，对对方和己方的情况应有充分的了解，应具有相关领域的专业知识，对可能出现的问题解决方案应有足够的判断能力。这些素质和能力是谈判取得成功的重要保证。

（2）谈判议题

谈判议题是指谈判中双方所要协商解决的问题。一个问题要成为谈判的议题，需要具备四个方面的条件。一是这一问题必须具有共同性，必须关系到谈判双方的利益，是双方共同关注的问题，只同一方有关而与另一方的利益毫不相干的问题不可能成为谈判的议题。二是这一问题必须具有分歧性，谈判双方在这一问题上必须存在分歧，必须有不同的利益。没有分歧，双方已经取得共识的问题没有必要谈判，当然也就不会成为谈判的议题。三是这一问题必须具有可谈性，也就是谈判双方必须意识到对方在这个问题上有可能做出妥协和让步，双方虽存在意见分歧和利益冲突，但有可能通过谈判解决双方之间的这一问题。没有可能解决的问题，谈了也是白谈，也就不会成为谈判的议题。四是这一问题必然涉及双方的利害关系，对双方都无足轻重的问题不值得去谈，这样的问题也就不会成为谈判的议题。

(3) 谈判方式

谈判方式是指谈判双方对解决谈判议题所持的态度、策略和方法。谈判的方式很多，可以从不同的角度来分类。从策略、态度的角度来看，谈判方式可以有强硬型、柔弱型以及刚柔相济型三种。强硬型谈判方式是指在谈判中态度强硬，以强迫、威胁的方式使对方接受己方的意见和条件。采取这种谈判方式往往是因为己方处于强势地位而对对方所求不多，但也可能是由于谈判者个人的性格特点。例如，某企业拥有社会急需的紧俏产品，产品供不应求，由于这种强势地位，在与销售商的谈判中，就有可能采取强硬型的谈判方式，向对方提出苛刻的条件，在对方提出还价要求时，便可能以终止双方的合作关系相威胁，以此逼迫对方就范。柔弱型谈判方式是指谈判中态度温和，以商量、劝说的方式使对方接受己方的意见和条件。刚柔相济型谈判方式是指谈判中根据需要采取不同的态度，该强硬的时候强硬，该温和的时候温和，在策略上，则根据不同的情况采取软硬不同的对策。

二、谈判的类型

谈判的内容和形式是多种多样的，谈判主体的身份和数量也有各种不同的情况，因而谈判可以从不同的角度进行分类。

1. 根据谈判的内容划分

根据谈判内容的不同，谈判基本上可以分为商务谈判和非商务谈判两类。商务谈判是以某种经济利益为谈判议题的谈判，如国际贸易谈判、WTO 谈判、招商引资谈判、销售谈判、知识产权谈判、合作开发谈判、工程承包谈判等。非商务谈判是以某种非经济问题为谈判议题的谈判，如外交谈判、停火谈判、和平谈判、边界谈判等。

2. 根据谈判内容与最终谈判目的之间的关系划分

根据谈判内容与最终谈判目的之间的不同关系，谈判基本上可以分为实质性谈判和非实质性谈判两类。实质性谈判是谈判议题直接针对最终谈判目标而进行的谈判。非实质性谈判是谈判议题并不直接针对最终谈判目标而进行的谈判。非实质性谈判可以是事前就实质性谈判的议程、议题、时间、地点、范围、级别、人数等事项进行的谈判，也可以是事后对实质性谈判的结果进行技术处理的事务性谈判。

3. 根据谈判主体的性质划分

根据谈判主体的不同性质，谈判可以大致分为企业间的谈判、政府间的谈判以及社会组织与公众间的谈判。企业间的谈判通常是商务谈判，如生产企业与销售企业为产品销售问题而进行的谈判、生产企业与生产企业为零配件供应而进行的谈判等。政府间的谈判既有商务谈判，也有非商务谈判。政府间的商务谈判，如市场准入谈判、双边贸易协定谈判等；政府间的非商务谈判，如外交谈判、边界谈判、文化交流谈判等。社会组织与公众间的谈判较多的是为了解决二者之间的矛盾、纠纷而进行的谈判，如物业管理公司与业主的谈判。

4. 根据谈判主体的数量划分

根据谈判主体的不同数量，谈判可以分为双边谈判和多边谈判两类。双边谈判是谈判主体仅有两方的谈判。多边谈判是谈判主体为三方或三方以上的谈判。

第二节 谈判的过程和策略

一、谈判的过程

一般来说，正式的谈判活动可以分为准备、导入、概说、明示、交锋、妥协和协议七个阶段。

1. 准备阶段

成功的谈判固然离不开高素质和经验丰富的谈判人员，离不开各种谈判策略和技巧的正确运用，但同时也有赖于事先的充分准备。一般来说，谈判前的准备工作包括信息的收集和整理、谈判目标和谈判议程的确定等。

广泛地收集与谈判有关的信息并加以系统化的整理，是谈判准备阶段的一项重要的和基本的工作。《孙子兵法》云："知己知彼，百战不殆。"收集信息的目的，一是要充分了解对方的情况，二是要充分了解己方的情况，三是要充分了解与谈判内容有关的情况。对有关信息收集得越充分，谈判的准备也就越充分，谈判成功的可能性也就越大。因此，在谈判之前，谈判者要尽可能详尽地占有有关资料，尽可能多地获取有关信息。例如，当年在美国总统肯尼迪前往维也纳同苏共总书记赫鲁晓夫举行会谈之前，白宫工作人员就为此次会谈做了充分的准备。他们研究了赫鲁晓夫的全部演讲和公开声明，收集了能够得到的有关赫鲁晓夫的全部资料，这些资料甚至包括这位苏共领导人的早餐习惯和音乐爱好。这些准备工作为而后取得会谈成果奠定了坚实的基础。在谈判的准备过程中，信息收集的范围一般包括谈判对手的信息、己方的资料以及与谈判议题相关的信息。谈判对手信息的收集应该包括一切可能与谈判内容有关或可能对谈判结果产生影响的方面。例如，如果将进行的是一场商务谈判，就需要了解对方的生产规模、技术实力、市场占有率、资信情况、经营状况、财务状况以及对方谈判人员的具体情况。己方资料的收集也应该包括与谈判内容有关或可能对谈判有所影响的各个方面。与谈判议题相关的信息的收集，也应该尽可能广泛一些。例如，如果将进行的是一场进出口贸易谈判，就要了解有关商品的性能、价格、品质、规格、包装情况、供货数量、交货期限以及可能发生的各项费用，还要了解我国和对方国家的有关政策、法律和各种规章制度，还要了解有关的国际惯例和国际商法的有关条款等。信息收集工作完成后，还需要对这些信息进行系统的分析和整理，要去伪存真，去粗取精，并努力使其条理化，系统化。

任何一项谈判都是为了实现特定的目标，任何谈判都是目标驱动的活动，因而为谈判确定具体可行的目标，是谈判准备工作的重要任务之一。谈判目标的确定不能闭门造车，而是应该建立在对已获信息的正确、详尽的分析之上。谈判目标的确定要遵循合理性、层次性、具体化和可行性的原则。合理性原则是指谈判目标要符合双方的实际情况和条件，不能脱离实际，主观臆测。层次性原则是指谈判目标要分成不同的层次，要有最高目标、最低目标和中间目标。最高目标是期望得到的最佳谈判结果；最低目标是至少要达到的、不能再妥协的谈判目标，也就是通常所说的"底线"；中间目标是介于最高和最低目标之间的目标。谈判中，应该力争实现最高目标，确保实现中间目标，不能突破最低目标。谈判目标的层次性可以使谈判在保证己方基本利益的前提下，具有最大限度的灵活性。具体化原则是指谈判目标不能太笼统，太空泛，要尽可能明确，能量化的尽可能量化。谈判目标的具体化可以避免因目标的空泛而导致谈判难以取得实质性的进展。可行性原则是指谈判目标必须在己方能力和客观条件允许的范围之内，必须在对方有可能认同并接受的程度之内，否则，目标再诱人，也只能是水中月，镜中花。

谈判议程是谈判活动各项事宜的安排和各个环节的先后次序，是谈判活动展开的程序。一般来说，谈判议程的内容包括谈判的时间、地点、参加人员和坐位安排、谈判的议题、对各个要点进行磋商的次序安排以及各项善后事宜的处理等。

2. 导入阶段

导入阶段是谈判的开始阶段，这个阶段不宜太长。在这个阶段里，谈判人员所要做的事情主要有相互介绍、通过议程、营造良好气氛。谈判开始后，应首先通过简短的介绍使谈判双方的人员互相认识，并互致问候。一般的做法是，双方入坐之后，由各方主要谈判代表向对方介绍己方谈判人员；如果是一方的代表同时介绍双方的谈判人员，应该先介绍己方人员，后介绍对方人员，以表示对对方的尊重。介绍的内容要简明扼要，应包括人员的姓名、职务、简历以及在谈判中的地位和职责等。相互介绍后，便可以通过谈判议程。通过谈判议程就是起草议程的一方征求对方对议程的意见，如无意见或建议，后续的谈判活动便按议程规定的程序进行；如有意见或建议，可对议程草案进行一定的修改和调整。

导入阶段的另外一项重要工作，就是要营造一个有利于谈判进一步展开的良好气氛。谈判气氛的好坏至关重要，它将为整个谈判过程奠定一个基调。谈判的气氛往往在短暂的导入阶段，通过双方的相互介绍和问候以及简短的交谈就可以形成。为了营造一种轻松、友好、融洽的谈判气氛，应注意这样几个方面的问题：其一，发言要轻松自如，不要拖泥带水、结结巴巴，以免显得拘谨紧张而使对方感到不安。其二，说话一定要注意机会均等，应表现出对对方的充分尊重和礼貌，切忌一方滔滔不绝，不给对方说话的机会。其三，注意倾听对方的发言，对方提出的意见和建议，只要是合理的、可行的，就应该表示同意；即使不能接受的意见和建议，也不可直接加以否定，而应该提出更好更合理的建议，以替代对方提出的意见和建议。其四，谈判开始后，可以先适当地谈论一些轻松的、非谈判议题之内的话题，如个人近况、旅途情况、社会新闻或其他双方共同感兴趣的话题，通过这些简短的交谈可以使气氛轻松、融洽。

3. 概说阶段

概说阶段是谈判双方各自陈述己方观点和建议的阶段。在这一阶段，谈判人员的主要工作是陈述己方的意愿目标、原则立场、限制条件，提出己方的协商方案。同时要注意倾听对方的陈述，了解对方希望达成的目标和设想。这一阶段的谈判进程进行的如何，对后面要解决的问题和解决问题的方式有直接的影响。因此，应该注意这样几个方面：其一，对己方立场和观点的陈述要简明扼要，不要长篇大论，以免对方不得要领，抓不住重点。其二，在陈述己方立场和观点的同时，应不失时宜地表示己方的诚意和良好愿望，例如，“今天关于销售价格的协商，希望最终的结果能让双方感到满意”。这种情感化的表达方式，能软化对方的态度，营造融洽的合作气氛。其三，在介绍己方的立场和观点之后，应留出一定的时间让对方发表意见。这一方面可以表现出对对方的尊重，一方面还可以通过对方的反应来了解对方。其四，发言和态度尽量不要引起对方的焦虑和愤怒。激怒对方，只会使他们产生戒心和敌意，破坏谈判气氛和合作基础，在这种情况下，要争取对方妥协就会更加困难。

4. 明示阶段

明示阶段是双方各自对谈判要点进行阐释并对有关问题进行澄清的阶段。在这一阶段，谈判人员的主要工作是借助各种信息载体和交际方式，进一步说明己方的要求和目标，回答对方的询问；同时要通过提问等方式进一步了解对方的要求和目标。

明示阶段实际上是概说阶段的延伸，是将概说阶段中的简要陈述进一步充实和深化的过程。

5. 交锋阶段

交锋阶段是谈判双方各持己见、互相较量的阶段。在这一阶段，谈判人员的主要工作是要尽可能说服对方，使其接受己方的意见，争取对方让步和妥协。同时，谈判人员还应该找出双方的分歧在哪里，分歧究竟有多大，这些分歧是表面的还是实质性的，是一般性的还是原则性的。谈判人员应该通过论辩了解双方合作的可能性和程度，了解对方妥协的可能程度和条件，这对下一步的谈判以及对整个谈判是否能够取得满意的成果，都具有重要的意义。

交锋阶段是谈判中最紧张最困难的阶段之一。在这一阶段，由于双方的利益、立场、主张都有所不同，所以争论经常是不可避免的，但要避免盲目的争论。盲目的争论是指偏离谈判议题的无谓争论。这样的争论不仅会干扰谈判的主题，而且会影响谈判的气氛，结果使谈判难以取得应有的成果。一旦发生这种情况，应保持冷静的头脑，及时提出与谈判议题有关的问题让双方讨论，以免在与谈判主旨无关的问题上争论不休。

6. 妥协阶段

妥协阶段是谈判双方为达成一致协议而做出让步和妥协的阶段。谈判必定会有双方的交锋，但如果交锋阶段无休止地持续下去，谈判就会陷入僵局，僵局不能打破，谈判就无法达成一致的协议。所以，让步和妥协往往是谈判不可缺少的一步。在妥协阶段，谈判人员的主要工作通常是在双方提案的基础上，提出一个折中方案，折中方案应该在己方要求和对方要求之间寻找最佳平衡点，既要维护己方的原则立场和基本利益，又必须让出己方的某些利益而兼顾对方的利益。所有的谈判者都应该明确认识到：成功的谈判应该是双赢的，应该使双方的利益要求都得到一定的满足。

7. 协议阶段

协议阶段是谈判双方达成一致而最终签署协议的阶段。至此，整个谈判活动即宣告结束。

在这一阶段，谈判人员的主要工作包括：其一，双方应该在签约之前，再一次回顾和明确谈判中已取得一致的所有主要问题，并以备忘录的形式记录下来，作为拟定协议的根据。其二，双方在签约之前，应再次审查协议的履行期限、履行方式和违约责任等条款，再次审查根据法律规定或协议性质必须具备的条款，以及双方或一方要求必须规定的条款。其三，审查协议所有条款的文字表达，协议的行文格式应该规范，表达应该准确严密，应尽可能避免表述上的疏漏和歧义，避免因含糊不清而可能引起的弹性解释。其四，协议文本完成后，安排并举行签字仪式。

二、谈判的策略

1. 如何争取双赢

谈判中，双方都有各自的利益要求，如果各持己见，互不相让，只能使谈判陷入僵局。所以，寻求双方都可以接受的解决方案，常常是谈判取得成果的关键所在；争取双赢的结果，常常是谈判的理想结局。要争取双赢的结果，重要的是谈判双方应该真正了解各自的利益所在，真正知道自己和对方需要什么，如果双方的利益要求是互补而不是对立的，那么大家各取所需，双赢的结果自然就可以产生了。在谈判实践中，常常有人因并不真正了解己方和对方的利益所在，将双方本为互补的利益要求认作对立的，结果争来争去，只争到了一个形式上的公平，而双方的利益都没有在谈判中达到最大化。下面是一个在谈判界广为流传的故事：

有人把一个橙子给了两个孩子。这两个孩子按照商定的办法各自取得了半个橙子。回到家后，一个孩子把果肉扔掉，果皮留下来磨碎，掺在面粉里烤蛋糕吃；另一个孩子把果皮扔进垃圾桶，果肉榨成果汁喝。

从这个故事中可以看到，虽然两个孩子各自拿到了看似公平的半个橙子，但他们各自得到的东西并没有物尽其用。这说明，他们事先并不知道自己和对方真正需要的是什么，从而导致双方盲目追求形式上的公平，结果，双方各自的利益最终并没有达到最大化。其实，这两个孩子的利益要求是互补的，他们一个需要的是橙子的果皮，一个需要的是橙子的果肉。如果分橙子的时候就明白这一点，他们就应该一个拿走橙子的果皮，一个拿走橙子的果肉。这虽然看上去不如一人一半公平，好像拿走果皮的孩子吃了亏，但实际上双方各取所需，各自的利益都达到了最大化，这就是一个双赢的结果。

2. 如何使对方接受

谈判是通过合法的公平竞争达成利益均沾的手段，因此，谈判的任何一方都会在互利的前提下追求己方利益的最大化，这就需要说服对方接受我方的要求。为了达到说服对方的目的，人们常常采用以下几种策略：

（1）先易后难，循序渐进

谈判中，应根据涉及问题的难易程度，按照先易后难的原则安排讨论的先后次序。先易后难，循序渐进就是谈判应从易到难，逐渐增加谈判的难度，先谈双方争议不大而容易达成协议的问题，然后再讨论双方意向差距较大而不容易取得一致的问题，而双方争论最大、最难达成一致的问题应放到最后讨论。先谈容易解决的问题，对方比较容易接受我方的要求，谈判比较容易取得初步成果，这可以使双方一开始就表现出合作的诚意和彼此的信任，可以增进相互间的理解和好感，创造更加友好的谈判气氛，从而为解决后面的难题奠定良好的基础。双方利益冲突而争议较大的问题放到后面讨论，这样可以利用前面的谈判成果所创造的良好气氛，使对方接受我方要求的难度减小；而且，由于前面的谈判已有初步成果，对方的利益要求已部分实现，担心前功尽弃的心理，也会使对方在我方提出进一步要求时容易做出让步。如果谈判一开始就将难题摆在对方面前，由于双方此时还缺乏相互间的理解和信任，矛盾和冲突的发生就会缺少任何必要的缓冲和过渡，双方立刻会陷入激烈的争执之中，僵局就可能出现，在这种情况下，要让对方接受我方的要求就会十分困难。

（2）直言其利，婉言其弊

说服对方接受我方要求时，不仅要晓之以理，而且要动之以利，符合道理，又有利可图，对方才容易接受我方的要求。但只言利不言弊，只说我方要求对对方的好处，而不告之不利的一面，对方就可能产生猜疑，甚至会认为我方有意欺瞒；但兼言利弊，不分轻重，对方就可能为不利的一面担忧而拒绝我方的要求。比较合理的策略是兼言利弊，但对有利于对方的一面要直截了当地加以充分的阐述，对不利于对方的一面则要委婉曲折地点出，这样，言利可以激发对方对我方要求的兴趣和热情，言弊可以给对方留下坦诚公正的印象，而又不至于削弱或抵消言利的积极影响，从而减小对方接受我方要求的阻力。

（3）投其所好，取我所需

谈判中的任何一方都是以满足己方需要为目标的，但在通常情况下，任何一方都不可能完全满足自己的全部需求，谈判总是在互利互惠的前提下才可能达成一致的协议。不过，谈判中，任何一方的需求都是有主次之分的，都是有优势需要和劣势需要的差别的，因此，在说服对方接受我方要求的过程中，应该尽可能去发现对方的优势需要。如果对方的优势需要与我方的优势需要并不重合，双方的优势需要呈互补状态，就可以做出一定的让步来满足对方的优势需要，以换取对方做出一定的妥协来满足我方的优势需要。这种策略往往可以收到良好的效果。

（4）强调相互依存，激发认同

谈判是双方既冲突又合作的过程，没有冲突，谈判就不需要；没有合作，谈判就不会有积极的成果。谈判的成功与否往往取决于合作和冲突这两种因素的强弱对比。合作的因素占优势，则谈判成功的可能性就大；冲突的因素占优势，则谈判成功的希望就小。因此，要使谈判取得积极成果，就应该设法强化对方的合作动机，弱化对方的对立心态，而强调双方利益的依存性是增强对方合作意识、激发认同感的有效手段。在谈判中，应该更多地说明和强调双方的利益是互相依存的，双方一损俱损，一荣俱荣：对方的重要利益如果得不到保障，己方的利益也难以达到最大化；对对方利益的满足，实际上也是为己方的进一步发展创造必要的条件。这样强调双方利益的依存性，有助于对方重视和维护与我方的合作关系，如果对方能以双方合作的大局为重，在接受我方要求时就比较容易做出妥协和让步。

3. 如何打破僵局

谈判过程中，常常会由于双方在某个或某些问题上不能达成一致而使谈判陷入不进不退的困境，也就是所谓谈判僵局。出现僵局并不意味着谈判破裂，但双方僵持不下，互不让步，谈判就无法向前推进，最终的协议也就无法达成；如果僵局长时间无法打破，最后也可能导致谈判的破裂。因此，一旦僵局出现，就必须设法打破它，使谈判顺利地继续下去。为了打破谈判僵局，常用的策略主要有：

（1）折中方案

当谈判陷入僵局，双方各自坚持自己的要求而不肯让步时，可以提出一个折中方案，调和双方的要求。在折中方案中，双方应该做出对等的让步和妥协，以便在一个双方利益的平衡点上达成令各方都能接受的协议。这是打破谈判僵局的有效策略。

在1954年的日内瓦会议上，印度支那问题的焦点最后集中到如何划分越法双方军队集结区的问题上。越南坚持以16度线为界，法国则坚持以18度线为界，双方各不相让，谈判陷入僵局。与会的周恩来在全面分析形势的基础上，提出了一个折中方案，该方案建议以北纬17度线以南、9号公路稍北划定临时分界线。这一折中方案调和了越法双方的要求，兼顾了各方的利益，因此很快便被谈判各方接受，谈判的僵局被打破，在此基础上，会议最终达成了有关印度支那和平的协议。

（2）适当让步

当谈判陷入僵局时，可以先等待对方做出让步；如果对方始终不肯妥协，为了避免双方继续僵持下去而最终导致谈判破裂，也可以适当做些让步，以便打破僵局，在后续谈判中争取我方主要诉求的实现。

在朝鲜停战谈判中，关于战俘遣返问题美方拖而不决，而中国主张我方战俘应全部遣返，不得拖延。1953年3月，美方提出先交换伤病战俘的建议，周恩来及时抓住时机，同意美方的建议，并提议恢复谈判。而后周恩来又提出“分两步走”的建议，即停战后立即遣返所有愿意回归祖国的战俘，其余转交中立国。这是我方自停战谈判以来所做出的最大让步，但美方仍不肯做出相应的让步。而后，我方又做出让步，同意将我方战俘交由设在朝鲜非军事区的中立国遣返委员会暂行看管，以便他们能够在不受威胁的情况下行使自愿选择的权利。6月，双方终于就战俘遣返问题达成协议。在这场谈判中，周恩来既坚持了我方的基本原则立场——我方战俘应予以全部遣返，同时在遣返的步骤、方式和时间上又做出了适当的让步。通过这些让步，谈判僵局才得以打破，我方的重大利益才最终得到保障。

（3）冷却处理

当谈判出现僵局时，双方的意见会尖锐冲突，双方谈判人员往往态度强硬，语言尖刻，情绪激动，甚至有可能失去理智。在这种情况下，继续争执下去，很可能导致矛盾激化，难以收拾。这时比较可行的办法是暂时中止谈判，休会一段时间，待双方冷静下来，心态恢复正常之后再继续谈判。在休会期间，双方可以分别重新整理思路，重新审视谈判的过程，及时对己方的谈判方案做出自我分析和评价，从而冷静考虑如何调整原有方案，以便打破僵局，将谈判引向深入。待谈判恢复时，双方便可能有新的思路和设想，谈判就可能出现新的局面。

（4）避重就轻

谈判出现僵局，往往是僵在一两个问题上，因此，当谈判陷入僵持时，可以将双方有严重分歧的问题暂时搁置起来，先磋商其他问题，待其他问题达成一致，谈判的气氛也缓和下来之后，双方对谈判成功就可能抱有较高的期望，这时再来讨论有严重分歧的问题就容易有所突破。例如，在一次有关商品购销合同的谈判中，双方均对价格问题十分敏感，各自坚持己方的要求而不肯让步，谈判陷入僵局。这时，可提出先将价格问题暂时搁置，先谈交货日期、付款方式、运输、保险等问题。如果在这些问题的处理上，可以使双方预期到成交带来的利益，双方就会对合作抱积极的态度和相当的诚意。这时再来谈价格问题，彼此就会为了谈判能够取得最终协议而各自做出让步，僵局就可以得到化解。

（5）改变环境

当谈判陷入僵局时，还可以采取改变谈判环境的策略。正式的谈判场所，往往会使人感到严肃、庄重，但当谈判进行得不顺利，双方剑拔弩张、横眉冷对时，这种严肃、庄重的气氛就会使在场的人感到沉闷和压抑。这时，作为东道主的一方就可以建议把有争议的问题先放下，双方人员可以进行一些轻松愉快的娱乐活动，也可以去游览、观光，这样可以使大家暂且忘却谈判桌上的不愉快，使紧张疲惫的身心松弛下来。在娱乐的过程中，双方可以私下接触并交换意见，在轻松愉快的环境中，在双方同乐的融洽氛围里，许多在谈判桌上争执不下的问题，就可能容易获得令双方满意的解决。

（6）更换人员

谈判陷入僵局，有时是因为双方谈判人员彼此产生了某种成见，相互已无信任可言。遇到这种情况，就需要更换谈判人员，否则，即使采取各种手段和策略，也很难奏效。其原因在于，在这种情况下，谈判难以向前推进的原因已不在谈判内容本身，而在于谈判人员之间的个人成见。只有更换这种成见和不信任的制造者，才能消除谈判的障碍。

4. 如何做出让步

谈判是冲突与妥协、获取与让步的辩证统一体。有得必有失，有争必有让，没有让步就不能换取对方的妥协，就难以保证己方基本原则立场和重大利益在谈判中获得认同。所以，就一般情况而言，让步是谈判中必不可少的步骤，也是实现谈判目标，使己方利益达到最大化的重要手段。在谈判中应该如何做出让步才是适当的，这需要遵循一定的原则，采取一定的策略。

（1）让步应以不放弃原则为前提

谈判中，虽然做出让步常常是不可避免的，但无论在什么条件下，让步都应该以坚持基本的原则立场为前提。坚持了这样的前提，才可以保证让步和妥协不会损害己方的根本利益。这是让步应该遵循的基本原则。当年，在重庆谈判前夕，毛泽东就指出，在和国民党的谈判中，我们必须做出“必要的不伤害人民根本利益的让步。无此让步，不能击破国民党的内战阴谋，不能取得政治上的主动地位，不能取得国际舆论和国内中间派的同情，不能换得我党的合法地位和和平局面”。在谈判期间，毛泽东又指出，中共准备做重要的让步，“但是让步是有限度的，以不伤害人民的根本利益为原则”。在谈判中，蒋介石提出三项原则，毛泽东也相应提出八项原则性意见。但由于国共双方的原则意见分歧太大，谈判陷入僵局，协议难以达成。为了使谈判能够顺利进行，毛泽东率先做出让步，以打破僵局，争取谈判取得积极成果。即只要国民党当局确定和平建国方针，以和平、团结、民主为统一的基础，中共就拥护蒋介石的领导地位和实行三民主义。这样就建立了国共两党解决一系列问题的政治基础。毛泽东又主张，只要国民党当局承认解放区的合法地位，实现政治民主化，中共可以在相应的问题上继续做出让步，包括缩减军队、将中共领导的军队从部分地区撤出等。毛泽东的这些让步，都是在不放弃党的基本原则和立场的前提下做出的，这样就既维护了人民的根本利益，又赢得了国内外舆论的同情，同时也满足了国民党方面的一些要求。正是毛泽东做出的这些努力，才使得重庆和平协议得以最后签订。

如果在谈判中，一味无原则地妥协，最后势必造成损害自身根本利益的严重恶果。例如，1938 年，希特勒吞并了奥地利，开始计划侵犯捷克斯洛伐克。当时的英国首相张伯伦主张对希特勒采取绥靖政策，在一系列对德谈判中，采取一味妥协的立场，对希特勒一再做出无原则的重大让步，致使捷克很快陷落，最后希特勒把战火烧到英国。在对希特勒侵略他国的重大问题上，张伯伦一再丧失基本原则，结果导致本国和其他一些国家的根本利益遭受严重损害。

（2）让步应以互利互惠为原则

让步应以互利互惠为原则，是指谈判中的让步应该是使双方都受益的让步，让步不能是单方面的，而应该以己方的让步，换取对方在某一问题上的让步。当年，在中缅边界谈判中，中方主动提出从有争议的1941年线以西地区撤回所驻军队，但缅方军队不得进入；缅方也同意从连英国也承认其主权属于中国的片马地区撤出军队，而中方军队也不得进入。由于双方都做出了相应的让步，经过后续谈判的努力，中缅边界问题最终得到了解决。

（3）让步应以较小代价换取较大利益

让步应该是互利互惠的，让步应该是双方让步，这只是让步的一般原则；如果在谈判中，能够以较小的让步换取较大的利益，则是让步的较高境界。善于谈判的人往往通过在次要问题上做出一些让步，换取对方在主要问题上做出让步。让步可能会放弃己方的一些利益，但应该换来己方在重大利益或根本利益方面的获取。当年，在重庆谈判的初期，国民党以坚持其一党专政为谈判的基本原则，根本不考虑以和平、民主、团结为政令统一的基础。在谈判中，周恩来一方面据理力争，一方面在一些次要问题上做出了一定的让步，结果使国民党不得不在有关国家政治基础的根本问题上做出一些让步，同意以“和平、民主、团结”为政令统一的基础，并表示愿意以和平建国的方针重建政府。

（4）让步的具体方式

谈判中，做出让步的具体方式可以有多种，常用的方式有一次性让步、渐进式让步、对等让步、交叉让步等。一次性让步就是一次让步就达到让步的底线，做出的让步既是第一次让步，也是最后的让步。这种让步方式由于让步幅度较大，让出的利益较多，因而可以显示对合作的诚意。渐进式让步就是根据对方的反应逐渐让步，这种让步要经过多次才达到让出利益的底线。这种让步方式具有很强的试探性和回旋余地，比较稳当。对等让步就是双方做出同等程度的让步，这是一种追求双方义务对等、要求绝对公平的让步方式。交叉让步就是一方放弃一种利益，同时要求对方在另一种利益上做出让步。采取这种让步方式时，虽然各方在自己放弃的利益中无法得到满足，但各自可以在对方放弃的利益中得到补偿。这些不同的让步方式各有特点，在谈判中，谈判者应该根据具体情况灵活加以运用。

第三节　谈判的语言技巧

一、谈判的语言沟通技巧

1. 倾听的技巧

谈判过程中，说话是在传递信息，听别人说话是在接收信息。倾听在谈判中有着重要的作用。首先，通过倾听，可以知晓和理解对方的观点、看法、立场和要求，可以了解对方的性格、素质和能力。一个良好的倾听者总是善于从对方的话语中捕捉有价值的信息，能够从言谈中透视对方的性格特征和心理活动。其次，听和说作为信息的输入和输出是互相依存的，倾听常常是决定说什么和怎么说的前提和基础。交谈过程中，人们需要根据对方的话语做出或调整自己的言语反应；如果交谈双方各说各的，谁也不听对方在说些什么，交谈根本就无法进行。最后，倾听者通过语言和体态语对说话人的话语所做出的积极反应，可以使说话人感到自己的意见得到重视，自己的人格受到尊重，因而愿意充分发表自己的看法，这无论对言语交际的顺利进行，还是对人际关系的改善，都具有重要的意义。

谈判者在倾听过程中应该注意以下几个方面：

（1）精神专注

心理学家的研究表明：一般人理解话语的速度要快于说话的速度。因此，在倾听他人发言时，必须有意识地集中精力，注意倾听对方的每一句话。否则，很容易在听的过程中走神去想其他的事情，这很有可能使听者漏掉发言中的某些重要内容，而重要信息的缺失会导致谈判者的判断失误。为了避免分心，可以采用做记录的方法帮助集中精力，这种方法就是边听边用笔将他人发言中的要点记在纸上。因为要记要点，就必须对他人话语有一个粗略的分析和概括；而要进行分析和概括，就必须使自己的思维活跃起来，这样，就可以达到集中精力的目的了。

（2）保持耐心

言语交际中，说话人传递的信息对听话人来说并不一定都是新信息。如果说话人传递的信息中新信息较少，而已知信息较多，听话人就会感到乏味而逐渐失去兴趣。在谈判中如果发生这种情况，听话者必须克服烦躁情绪，耐心地等对方把话说完。如果因此而心不在焉，并且在眼神、身姿、动作上表现出来，就有失礼貌，对方会觉得没有受到充分的尊重而感到不快。而且，对方发言中的新信息就掺杂在已知信息之中，心不在焉会导致注意力分散，对方的重要信息就很可能被漏听。因此，倾听时必须保持足够的耐心。

（3）准确理解

全面而准确地理解说话人的表达内容是倾听的基本要求，通过倾听全面准确地了解对方，是谈判获得成功的重要条件。全面而准确地理解，不仅要求正确理解一个个词语和语句的意义，而且要有一定的分析和综合，要能够从话语中归纳出说话人的主要意图，要能够概括出对方的基本观点和主张；还要善于体会“微言大义”，要能够从一些貌似不经意的话语中捕捉到有关对方态度、立场、情绪的重要信息；也要善于揣摩言外之意，并能够运用语义推理和语用推理推测对方言辞背后的真实含义。

（4）察言观色

言语交际中，说话人的神态、举止往往与他的表达内容以及意图、态度、情绪有着密切的联系，神态、举止这些体态语表达形式也常常向听话人传递着某些有用甚至是重要的信息。因此，在谈判中，谈判者在听其言的同时，还需要观其色、观其行。准确地感受对方神态和举止的变化，有助于对对方的心态变化、情绪波动、态度转变等方面的把握。例如，脸红、强笑、身体频繁扭动、手颤等，都是内心紧张的流露；尽力后仰靠背、左顾右盼、低头乱翻资料等，都是产生反感或不感兴趣的反映。

（5）积极呼应

谈判中，当倾听对方发言时，应该做出积极的呼应。对对方发言的呼应可以表现出对对方的尊重，可以表现出对对方发言内容的关注，这无疑会使对方的自尊心得到满足，有利于营造和谐和彼此尊重的谈判气氛。对对方发言的呼应还可以向对方传递必要的信息，可以表现对对方发言内容的态度和理解程度，这些信息对发言者是必要的，根据这些信息可以及时调整发言的内容和表达方式，这无疑有助于双方的沟通和相互理解。呼应的方式可以有两种。一种是通过体态语和简单的言语应对表示呼应，一种是通过提问表示呼应。前者就是通过目光、眼神、点头等体态语形式，或者通过“嗯”、“对”、“是的”等简单的言语应对形式来表示呼应；后者就是通过针对对方发言内容的提问来表示呼应。通过提问表示呼应的方式，通常是在对发言的某些内容不明白、不理解或者没有听清楚而要求对方进一步说明的情况下使用的。

2. 陈述的技巧

在谈判中，陈述是表述原则、立场、观点、建议和要求的言语行为，是谈判各方之间信息交流和沟通的主要语言形式。陈述在谈判中有重要的作用，通过我方的陈述，我方的观点和要求才能够准确、完整、清楚地传达给对方；通过对方的陈述，我方才能够了解对方的观点和要求，才能根据这些了解做出正确的判断。

谈判中，进行陈述时应该注意以下几个方面：

(1) 陈述要准确无误

谈判中，谈判者的一言一行都代表着己方的立场和态度，都体现着有关社会组织的利益，因此，准确无误地传达有关信息，以免对方产生偏差和误解，给己方造成不必要的损失，应该成为陈述的基本要求。陈述的准确无误主要涉及两个方面：其一，观点、主张和要求的表达要准确无误。这些内容的表达既要完整严谨，恰如其分，清楚明白，又要重点突出，简明扼要。其二，事实和数据的表达要准确无误。这些内容的陈述既要真实可信，经得起推敲和检验，又要具体而充分，足以令人信服。

(2) 陈述要富有弹性

陈述既要准确无误，也要留有余地，富有弹性。由于谈判的严肃性和重要性，同时也由于谈判结果的不确定性，谈判者的陈述往往需要留下足够的回旋余地，应该考虑到可能发生的变化，不要把话说得太绝对，以免在后续的谈判中陷于被动。在谈判中，常常需要舍弃那些表意极端的语言形式，而更多地使用模糊词语、弱化词语和委婉的表达方式，这样可以增加陈述的灵活性。

(3) 陈述要讲究技巧

要取得良好的表达效果就必须讲究表达的技巧，谈判中的陈述也是如此。各种有效的表达策略和技巧对实现陈述的功能都有积极的意义。

陈述时，应该紧扣谈判的主题，切忌天南海北，东拉西扯，随便发表与谈判主旨无关的意见，以免冲淡谈判的主题，影响对重要问题的讨论。陈述时，语气要平和，不要使用偏激的言辞，以免刺激甚至激怒对方，使双方关系和谈判气氛恶化。陈述时，如果是发表不同意见和看法，应该对事不对人，切忌冷嘲热讽，含沙射影，以免伤害对方的自尊。陈述时，要多表示对对方观点和要求的理解，多回顾双方以往的合作经历和本次谈判已取得的成果，多针对分歧提出建设性的折中方案，以满足对方的心理需求，拉近双方的距离，使其能够接受己方的意见，切不可妄自尊大，吹毛求疵，以免引起不必要的争执。陈述时，要多给对方以正面的评价，当谈判结束时更应该如此。不论谈判的结果如何，对谈判的各方来说，任何一次谈判都是一次合作，都会有所收获，因而正面评价对方，既是从大局着眼的实事求是，又是社交礼节的需要，同时还可以为以后的再次合作打下良好的基础。陈述时，要使语体风格与对方保持一致，如果对方谈吐优雅，我方也应尽可能讲究表达的典雅；如果对方朴实无华，我方的表达也不必过分修饰；如果对方爽快直白，我方也不必迂回曲折，含蓄隐晦。语体风格的一致可以增加对方的认同感，避免对方因语体风格差异而产生不是同类人的感觉。陈述时，要随时注意对方的反应，并给对方提供反馈意见的时间和机会，要避免单方面的陈述时间过长，这一方面是为了避免使对方厌倦，一方面也是为了避免使对方产生被剥夺发言权的不良感觉。

3. 提问的技巧

提问是一种非常有用的谈判工具，在谈判中可以发挥重要的作用。通过提问，可以探测对方的态度、动机、诚意、策略和实力等；可以引起对方对某个问题的关注，给双方的思考提供既定的方向；可以获得自己不知道的信息，不了解的资料；可以传达自己的感受，引起对方思考；可以控制谈判的方向，驾驭谈判的进展，使话题趋向结论。

谈判中，进行提问应该注意以下方面：

（1）选择适当的时机

谈判中，提问要选择适当的时机。一般来说，在谈判中，可以在对方发言完毕后提问，也可以在对方发言停顿和间歇时提问，还可以在自己发言前后提问。在对方发言完毕后提问是最常见的情况。在对方发言时，一般不要急于提问，要让对方把话说完，中途打断别人发言是不礼貌的行为，很容易引起别人的反感。当对方发言时，应该认真倾听，如发现问题，可以先记下来，待对方发言完毕之后再提问。这样，不仅可以反映出自己的修养，而且可以全面地、完整地了解对方的观点和意图，避免由于曲解或误解对方的意思而胡乱提问。在对方发言停顿和间歇时提问，实际上是一种掌握谈判进程，引导讨论方向的手段。在对方发言过程中，一般不应该提问，以免失礼。但是如果对方的发言冗长啰嗦，且偏离谈判的主题，或者纠缠于琐碎的细节而让人不得要领，这时就可以利用对方发言的短暂停顿和间歇进行引导性的提问，以帮助对方正确陈述。例如，当对方停顿时，可以借机提问："细节问题我们是不是可以以后再谈，您能不能告诉我们您的主要观点是什么?""您说的这个问题我们已经明白了，您要说的下一个问题是什么呢?"在自己发言前后提问，也是谈判中常见的现象。当轮到自己发言时，可以在发言之前，先对对方的发言进行提问，这种提问并不要求对方回答，而是自问自答。这种自问自答的提问，实际上是一种陈述的开始方式。例如，"价格问题您刚才已经讲得很清楚，但是售后服务怎么样呢？我先谈谈我们的要求，然后再请您答复。"在充分阐述了己方的立场和观点之后，可以通过提问，使下面的讨论沿着己方的思路向前发展。例如，"我们的基本立场和要求就是这样，您对此有什么看法?"谈判中，应根据需要和谈判过程的具体情况选择适当的提问时机。

（2）选择适当的对象

谈判中进行提问，应该选择适当的提问对象。对于同一个问题，不同的人可能做出不同的回答，而如何回答一个问题，要受到回答者个人情况的制约。例如，谈判者的职位高低不同，对有关问题的决定权限也就有大有小，因而对提问的反应就会不同。一般来说，职位高、权限大的谈判者在回答提问时，往往比较明确、审慎；职位低、权限小的谈判者在回答提问时，往往比较含糊、拘谨。除职位之外，谈判者的专业背景、学识水平以及性格、爱好等也会对回答的内容产生一定的影响。因此，在谈判之前，应该对对方谈判人员有必要的了解；谈判中，应该根据问题的性质和对对方谈判人员的了解，选择适当的对象来进行提问。

（3）选择适当的方式

疑问句的形式可以分为两类，一类是回答受控的封闭性问句，如是非问句和选择问句；一类是回答相对自由的开放性问句，如一般的特指问句。在谈判中应该根据需要进行选择。具体说来，谈判中的提问形式常见的有暗示性提问、参照性提问、探索性提问、求证性提问、强制选择性提问等。暗示性提问是指对答案具有强烈暗示性的提问，这种提问常使用封闭性问句，例如，"这是事实，对吗？""这个协议是你们签过字的，是这样吧？"参照性提问是指把第三者的意见作为参照的提问，这种提问既可以使用开放性问句，也可以使用封闭性问句，例如，"老王认为这件事应该尽快解决，你以为如何？"如果涉及的第三者具有权威性，或者是对方所熟悉和信赖的人，就可能对谈判对手产生重要的影响。探索性提问是指要求对某一问题做出进一步说明的提问，这种提问常使用开放性问句，例如，"你们认为这种产品市场前景很好，你们的根据是什么呢？"这种提问实际上是要求对方就某一问题提供更多的信息。求证性提问是指已有初步答案而要求对方予以进一步证实的提问，这种提问常使用封闭性问句，例如，"你的意思是说……是吧？"强制选择性提问是指迫使对方在给定的范围内做出回答的提问，这种提问一般使用封闭性问句，例如，"你们是今天就去，还是明天再去？"提问方式是多样化的，谈判中，应该根据具体情况灵活加以选择。

4. 回答的技巧

谈判中，有提问就一定有回答，回答与提问都是谈判中经常发生的言语行为。不过，回答的难度比提问的难度更大，因为提问如果不准确，还可以再进一步提问，而回答出现失误，则很难进行补救。所以，在谈判中，回答提问应该谨慎从事。在回答对方的提问之前，应该仔细考虑提问的含义和提问者的真实意图，有针对性地做出回答，切忌信口开河，草率回答，以免使己方陷入被动。因此，认真思考，谨慎作答，应该是谈判中回答提问的基本原则。此外，为了对提问做出适当的回答，可以采用以下几种策略：

（1）有取有舍，部分作答

有取有舍、部分作答就是只对提问中的部分内容做出回答。在谈判中，对方提出问题，或是想了解我方的态度、观点和要求，或是想得到某些信息，以便确认某些事情。对这些提问应该加以分析，如何回答应根据具体的情况而定。对于应该让对方充分了解的内容，可以全部回答；但有时对方提出的问题弹性较大，如果全部如实回答，则可能会将一些不宜或目前还不宜让对方知晓的情况也摆在对方面前，这会给己方造成不利局面。这时可以通过对提问涉及问题的取舍缩小回答的范围，只对提问涉及的部分而不是全部问题进行回答。例如，谈判中一方直接询问某种产品质量如何，另一方不必详细介绍产品的所有质量指标，只要从中选择几个主要指标告诉对方，给对方造成良好印象就可以了。

（2）富有弹性，模糊作答

富有弹性、模糊作答就是以模棱两可、留有余地的话语回答提问。谈判中，如果对方提出的问题比较棘手，一时难以做出确切的回答，但又不便拖延，这时可以运用一些模糊词语和不确切的表达方式，做出含糊的回答。这样，既回答了对方的提问，避免了失礼，又留有余地，使己方的答复无懈可击。例如，对方问："请问您对我们这次交易能否获得成功怎么看？是充满信心吗？"比较策略的回答可以是："我想贵方应该已经充分了解了我方在产品质量以及价格上的立场，如果一切情况正常，我们应当是有充分信心的。”这样的回答很有弹性，作答时说到了“如果一切正常”，但如果有不正常发生呢？而且什么才算是“正常”呢？这就为将来的应变留下了充分的余地。

(3) 避实就虚，巧妙作答

避实就虚、巧妙作答就是回答时避开提问中的实质性问题而将话题引向次要的相关问题。有时对方提出的问题难以确切回答，或者直接从正面回答将产生不利后果，这时，可以避开实质性问题，将话题引导到某些对己方有利的问题上。例如，对方问：“请问这种产品的价格是多少?”而被问者知道己方产品的优势是在质量上，而不是在价格上，如果直接回答对方的提问，将很可能导致交易失败，于是将话题引向产品的质量：“请先让我介绍一下这种产品的质量情况好吗？我相信我们的产品质量您一定会满意的，我们的价格您也一定会觉得是可以接受的。”

(4) 避开责任，转述作答

避开责任、转述作答就是以转述他人的看法作为回答，目的是避免直接承担责任。在谈判中，有时对对方的提问虽有比较确定的答案，但出于种种顾虑而不愿意让对方认为这些就是己方的看法，这时就可以采取转述作答的方式，借他人之口表达己方的意见和看法。例如，谈判的一方问：“请问你们对这个地区的投资环境怎么看?”被问一方实际上并不满意该地区的投资环境，但考虑到己方在该地区的利益和将来的发展，又不便直接进行批评，于是回答：“具体情况我们也不是十分清楚，但有些人说那里的投资环境并不是太理想。”这样的回答既表达出了自己的看法，又可以不对批评承担直接的责任。

(5) 寻找理由，拖延作答

寻找理由、拖延作答就是回答时以某种理由为借口将答复向后拖延。谈判中，有时一方提出的问题被问者还没有满意的答案，或者该问题根本就不宜明确回答，对方又追问不舍，这时可以以需要请示或需要进一步了解情况等为理由来拖延答复。例如，谈判中一方问：“我们已充分说明了我们的立场，贵方是否可以接受我方的报价呢?”被问一方的谈判人员对这一问题还没有完全考虑好，于是回答：“这需要请示有关领导，请示之后我们再谈这个问题好吗?”

(6) 反问对方，以问代答

反问对方、以问代答就是不回答对方的提问，而是以同样的问题反问对方。谈判中，有时对方的提问难以回答，但一句话都不说或者说“无可奉告”，又显得不礼貌，这时就可以用这种方式回答。例如，谈判中一方问：“您认为我们这次合作能获得成功吗?”这样的问题无论是做出肯定的回答，还是做出否定的回答，都会使回答者被动，如果回答“能”，那么就意味着己方已经对合作需要的条件做出了承诺；如果回答“不能”，那么谈判就没有必要继续下去了。对这种令人两难的提问，可以反问对方：“那您对我们这次合作的前景又是怎样看的呢?”这种以问代答的方式实际上是一种礼貌的拒绝回答方式。

二、谈判的体态语沟通技巧

谈判中，体态语主要有四个方面的作用。其一，体态语可以支持、补充和强化言语表达的内容。其二，体态语可以提示言语表达的言外之意。其三，体态语可以替代言语表达而直接起沟通作用。其四，体态语可以表达语言难以表达的细腻感情和复杂情绪。

谈判中，体态语的表现形式主要有目光和身姿。

1. 目光

谈判中，目光可以将发言者和听话人连接在一起，使言语交际在双方的默契中顺利进行。从听话人的角度看，如果听话人注视着发言者，则表示他对发言内容比较关注；如果听话人并不愿意与发言者进行目光接触，而是不停地东张西望，则表示他对发言内容缺乏兴趣。从发言者的角度看，如果发言者在发言的间歇中注视一下对方，则可能表示他允许对方这时提问或发表自己的看法；如果发言者在发言的间歇中并不看着对方，则表示他要说的话并没有告一段落，并不希望此时有人提问或插话。

谈判中，目光可以表示人的意愿。例如，发言者说完最后一句话时，如果将目光转向某人的眼睛，则可能表示“你认为我的意见对吗?”也可能表示“我已经说完了，下面该你发表看法了”。

在谈判中，目光可以表示各种态度和情绪。例如，互相正视片刻可以表示坦诚，互相瞪眼可以表示敌意，斜眼扫视可以表示蔑视，上下打量对方可以表示挑衅，白对方一眼可以表示反感，等等。

2. 身姿

谈判中，谈判人员的身姿会表现出他们的态度和情绪。如果身体各部分的肌肉绷得紧紧的，坐姿和举止僵硬，这表明谈判人员可能处于紧张、拘谨或畏惧的情绪之中；如果身体的各部分都比较放松，坐姿和举止自然，这表明谈判人员比较坦然；如果身体各部分过于放松，坐姿和举止随便，这表明谈判人员对此次谈判抱着无所谓的态度；如果身体微微倾向对方，则可以表示对人的热情和关注；如果身体后仰，则可以表露居高临下的态度。

【关键概念】

谈判　商务谈判　非商务谈判　实质性谈判　非实质性谈判　双边谈判　多边谈判

【复习思考】

1. 谈判有哪些特征？谈判是由哪些要素构成的？
2. 谈判可以分为哪些主要类型？这些不同类型的特点分别是什么？
3. 谈判可以分为哪几个阶段？各个阶段的主要工作是什么？
4. 谈判的策略主要体现在哪些方面？解决这些方面的问题常用的策略有哪些？
5. 谈判中的倾听、陈述、提问和回答各有什么作用，又有哪些常用策略和技巧？
6. 谈判中的体态语主要有哪些形式？它们各有什么样的作用？

第八章

推销的语言艺术

[本章提示]

(1) 了解推销的含义和推销的构成要素及其关系，理解推销的特点；(2) 了解推销过程的主要环节及其所要完成的任务，理解推销的基本原则；(3) 掌握推销的各种语言技巧。

第一节　推销的含义和特点

一、推销的含义

“推销”一词的含义可以有广义和狭义两种理解。广义的推销，是指推销主体通过一定的推销手段使推销对象接受推销客体的一切活动。这种意义上的推销，不仅包括各种有形商品的推销，而且包括政治、科技、文化、意识形态等领域中各种无形产品的推销，甚至包括人的自我推销。狭义的推销，专指销售人员推销商品及服务以使顾客的需要得到满足的活动。我们这里所讨论的主要是后一种意义上的推销。

推销活动由推销主体、推销客体、推销对象、推销手段四个基本要素构成。推销主体是推销行为的实施者。这一实施者可以是社会组织，如各类企业；也可以是社会组织的代表，如企业的推销员。推销客体是被推销的产品。这些客体可以是有形的，如各种商品；也可以是无形的，如各种服务。推销对象是推销主体力图使其成为推销客体接受者的组织和个人，也就是顾客或潜在的顾客。推销手段是推销活动凭借的工具、媒介或采取的方式，例如“电话推销”、“广告推销”、“上门推销”、“展销会推销”等就是推销手段不同的推销类型。推销手段最基本的是语言，推销行为和活动实质上都是一种言语交际活动。

推销活动各要素之间有着相互依存的关系，它们同处在一个统一体之中。推销活动的目的是要以交换的方式，将推销客体的所有权和使用权从推销主体转移到推销对象。没有推销主体，推销行为就没有实施者；没有推销对象，推销行为就没有目标；没有推销客体，推销主体和推销对象也就不存在；推销手段是将推销主体和推销对象联结在一起的桥梁，是实现推销客体从推销主体向推销对象转移的途径，没有推销手段，推销主体和推销对象就无法联系在一起，推销对象就难以真正成为商品交换的对象。

二、推销的特点

首先，推销是一种满足双方需要、互惠互利的交换活动。推销是一种交换活动，在通常情况下，推销的目的是实现推销客体与货币的交换。推销行为只有在能够满足推销主体和推销对象双方需要的前提下，才可能实现推销客体和货币之间的交换。在推销活动中，推销主体和推销对象各有不同的需要，推销主体的需要是要实现商品和服务的社会价值，推销对象的需要是要获得商品的使用价值和享受服务。双方在自愿的基础上，经过商品推介和价格协商的过程之后达成共识。推销活动结束时，推销主体和推销对象通过货币的中介作用，各自实现了自己的目标，满足了各自的需求。在这个过程中，推销活动可能最后获得成功，也可能遭受失败，而成败的关键就在于是否能够同时满足推销主体和对象双方的需要。如果只能满足推销主体的需要，推销对象就不会为此付钱；如果只能满足推销对象的要求，推销主体就会因害怕蒙受损失而拒绝接受。所以，如果只能满足一方的需要，而无法达到互惠互利，双方之间的交易就不可能获得成功。

其次，推销是一种以说服为目的的言语交际活动。推销不论采取何种形式，都离不开语言这个媒介，所以，推销活动实际上就是推销主体与推销对象之间为达到特定目的而进行的言语交际活动。这一特定目的，从推销主体方面来说主要包括：其一，通过言语交际向顾客推销自我。一个令人反感的推销人员很难取得顾客的信任，更难以激发顾客对推销客体的兴趣，因此在推销之初乃至在整个推销过程中，推销人员应该通过言语表达以及彬彬有礼的举止，给顾客以良好的印象，赢得他们的好感和信任，这是推销取得成功的重要条件之一。其二，通过言语交际向顾客推销新的观念。有时，顾客拒绝某种商品或服务，并不是因为他们不需要，而是因为旧的观念和生活习惯在阻碍他们做出恰当的选择，特别是当推销客体是一种新的产品或服务时，这种情形就更为常见。遇到这种情况，推销人员应该通过言语交际帮助顾客改变旧观念，接受新观念，这样，才能消除他们接受新事物的障碍，使之对由新产品带来的新的利益产生兴趣。其三，通过言语交际介绍有关商品知识。广泛介绍与商品相关的知识，可以消除顾客对商品及其使用的疑惑和顾虑，从而坚定他们购买的决心，因此，推销人员应该通过言语交际向顾客介绍商品的性能、安装、使用、维护等方面的知识，以使他们对商品有一个全面的了解。推销实践证明，有关知识的介绍对引发顾客的购买欲望常常可以起到非常重要的作用。其四，树立企业形象。树立良好的企业形象，使顾客对企业产生认同感、信任感，对企业的产品销售意义重大，人们常说的“品牌效应”就是一个很好的证明。因此，推销人员应该通过言语交际不仅推销商品，也推销生产该商品的企业。其五，通过言语交际推销产品。推销产品是一般推销活动最直接、最基本的目的，如果不能达到这一目的，推销活动就不能算是成功的。推销，从推销主体方面说就是为了实现这些目标而进行的，但这些目标是否能够达到，最终还是要取决于推销对象的反应。推销是在推销对象有选择自由的前提下发生的，例如，同一种产品，顾客可以选择买这家企业的，也可以选择买那家企业的。即使是同一家企业的产品，顾客也可以或者选择大量购买，或者选择少量购买；可以选择购买价格便宜的，也可以选择购买价格昂贵的。如果没有这种选择的自由，那就不是推销，而是强卖，所以，推销的实质就是让推销对象接受推销主体的建议而放弃其他的选择。要达到这样的目标，就必须能够说服顾客，如果无法说服顾客，推销主体即使有再好的目标，也是徒劳的，所以，推销就是说服。

第二节 推销的过程和原则

一、推销的过程

根据推销主体与推销对象之间相互接触的方式，推销可以分为直接推销和间接推销。直接推销是推销人员与推销对象之间面对面进行的推销活动。直接推销由于双方直接见面，当面洽谈，因而具有灵活、经济、反馈及时等优点。间接推销是推销主体通过传播媒介向推销对象进行的推销活动，如各类广告推销等。间接推销由于利用了传播媒介的中介作用，因而具有形式多样、生动形象、传播面广、重复率高、权威性强、影响力大等优点，但同时也具有成本高、制作时间长、反馈不及时等特点。这里所介绍的推销过程主要是就直接推销而言的。

推销过程大致包括六个主要环节或阶段，即寻找潜在的顾客、接触前的准备、接触顾客、介绍与推销、排除异议、达成交易。

1. 寻找潜在顾客

推销首先要有推销的对象，所以推销工作的第一步就是寻找潜在的顾客。虽然在企业的营销战略和产品定位中，对目标市场和顾客群已有所规定，但这种规定只是方向性和原则性的，并不能代替推销人员寻找具体的潜在顾客的工作。推销人员应该在企业营销战略和产品定位的指导下，将推销对象落实到具体的单位和个人，只有落实了具体的潜在顾客之后，推销工作才可能真正开展起来。寻找潜在顾客的方法有很多，具体说来，常用的有：

（1）利用现有顾客

推销人员在寻找潜在顾客的过程中，可以充分发挥现有顾客的作用。现有顾客可以成为推销人员与潜在顾客之间的桥梁，他们可以提供潜在顾客的信息，推销人员可以根据这些信息去寻找潜在顾客；他们可以将有关商品或服务的信息以及推销人员的联系方式转告给自己的亲戚朋友、同事同学，有兴趣者便可能主动与推销人员联系。充分利用现有的客户资源，发挥他们的桥梁作用，可以一传十，十传百，不断扩大新顾客的范围。在使用这种方法时，要特别注意那些信息灵通、联系广泛、社会关系多的现有顾客，与一般顾客相比，他们在发掘和联系新顾客方面可以起到更大的作用。

（2）利用自身社会关系

推销人员在寻找潜在顾客的过程中，还可以充分利用自己的各种社会关系，通过亲戚、朋友、熟人的介绍寻找新的客户。因为是通过关系密切的人介绍的，所以推销人员在接触新客户时比较容易取得对方的信任。但也正因为这种方法将推销人员自己的社会关系牵涉其中，一旦推销过程产生不良结果，就会直接影响推销人员与自己的亲戚、朋友、熟人的关系，因此在使用这种方法时应该考虑周全，应该保证推销的产品和服务不会使他们的名誉受到损害。

（3）利用资料和工具书

推销人员在寻找潜在顾客的过程中，也可以利用各种资料和工具书提供的线索，这些资料和工具书包括各种年鉴、企业名录以及电话簿等。使用这种方法，便于在较大的范围内寻找潜在的客户，而且成本低，耗时短，但由于这些资料所提供的信息往往是不充分的，所以使用这种方法寻找客户常常有一定的盲目性，成功的概率比较低。

（4）利用广告反馈信息

推销人员在寻找潜在顾客的过程中，还可以有效利用对本企业广告的反馈信息。当本企业广告刊登之后，往往会有人通过各种联系方式主动询问产品或服务的有关情况。这些人能够看到广告后主动来询问，表明他们对企业的产品或服务有一定的需求和兴趣，他们很可能就是将来的顾客，因此应该格外重视。应对他们进行及时的登记和必要的回访，争取使他们真正成为企业产品和服务的需要者。

（5）通过贸然造访

推销人员在寻找潜在顾客的过程中，如果没有其他更好的渠道可以利用，也可以采取贸然造访的方式去发掘潜在的顾客。贸然造访就是未经过事先联系和约定而直接访问有关单位或个人，以询问其是否需要本企业的产品或服务。这种方式虽很常见，但却比较冒昧和不正式，容易引起对方的不快，也不容易受到对方的重视，所以，如果有更好的办法，轻易不要使用这种方法。

2. 接触前的准备

在有了潜在顾客的目标之后，就要开始为与这些潜在顾客进行接触做好准备。这个阶段的主要工作包括：了解推销客体、了解推销对象、拟订访问计划、准备所需物品等。

（1）了解推销客体

了解推销客体，也就是了解所要推销的商品和服务。推销人员在与顾客接触前，应该充分了解准备推销的商品的情况，包括该商品的性能、用途、规格、安装、维护、价格以及售后服务情况等；不仅要了解本企业产品的情况，而且对市场上其他同类产品的情况也应该有所了解，以便可以通过对比分析，向顾客说明本企业产品的优势。

顾客的购买行为总是比较慎重的，他们在决定购买某种商品之前，总会围绕该商品提出这样或那样的问题，以便自己能得到一个最佳的结果。如果一个推销人员不能对顾客提出的问题做出令人满意的解答，顾客对推销人员以及推销的商品就会产生怀疑，这将对推销人员的说服工作产生极为不利的影响。

（2）了解推销对象

推销人员在接触顾客之前，还应该对顾客有一定的了解。了解的内容包括顾客的姓名、年龄、教育背景、生活水平、购买需求、购买能力、有无决定权、对其有影响的人是谁、兴趣和嗜好、适合拜访的时间和地点等。如果顾客是社会组织，还应该了解各部门的需要、哪一个部门负责采购、谁有最终决定权、付款的程序、信用程度等。其中最重要的是要准确了解顾客的具体需要，只有了解了顾客的实际需求，才能够使推销中的说服工作具有针对性，从而才能够打动顾客。

（3）拟定访问计划

在了解推销客体和推销对象的基础上，推销人员应该拟订一个访问顾客的计划，以便对访问的所有重要细节都有周全的考虑而避免发生疏漏。这一计划的内容包括：确定访问的对象、确定访问的时间和地点、确定推销的产品、确定如何介绍和推销、确定访问的时间长度等。访问计划的拟订应该有一定的弹性，应该对可能发生的意外有充分考虑，要有必要的应变措施。

（4）准备所需物品

在推销过程中，为了能够直观地说明商品的特性，往往需要利用实物。在接触顾客之前，推销人员应该准备好说服顾客所需要的物品。这些物品包括产品的样品、介绍产品所用的各种图表、照片、鉴定书、产品说明书等。

3. 接触顾客

接触顾客是面对面推销工作的开始阶段，这个阶段的主要任务是要引起顾客的注意，要把他们吸引到自己这里来，吸引到自己推销的产品上来。开始接触顾客时，应该注意以下两个方面：

（1）树立良好的形象

推销人员在开始与顾客接触时，应该保持良好的形象，以便使自己能够为顾客所接受。只有在为顾客所接受的前提下，推销人员才可能得到顾客的信任，所推销的商品才有可能被顾客接受。推销人员不是单纯的个人，而是企业的代表；推销人员形象的好坏，不仅仅关系到个人的名誉，而且关系到企业的形象和声誉。由于推销人员是企业的代表，是企业形象的缩影，人们自然会将对推销人员的看法推及他们所代表的企业。如果他们对一个推销人员有好感，连带着也会对他所代表的企业产生好感；如果他们觉得某个推销人员是可以信任的，连带着也会觉得他所代表的企业是可靠的。对企业有好感和信任感，自然就容易接受该企业的产品。所以推销人员的良好形象对推销的成功有很重要的意义。要在顾客面前保持良好的形象，应该注意衣着举止和言语表达两个方面。有人说衣着举止是推销人员的徽章，顾客对推销人员的第一印象很大程度上决定于推销人员的衣着举止。在接触顾客时，推销人员的衣着除了要整洁、大方、得体之外，还应该根据顾客的社会地位、经济状况和文化程度来决定衣着的正式程度。衣着上的趋同，可以引起顾客的认同感和亲近感，有利于他们接受推销人员。推销人员的举止应该文明大方，应能体现出良好的素质和修养，这可以增加顾客的好感。除了衣着举止外，言语表达的礼貌和得体，也会对推销人员的形象产生直接的影响。如果一个衣着华美的人，开口就是脏话，说话连起码的礼貌都没有，那么一定会给人沐猴衣冠的感觉。

（2）吸引顾客注意

吸引顾客是开始接触顾客时最核心的目标，这个目标实现不了，一切推销的努力都会是徒劳的。“注意”是人的一种复杂的心理现象，它是人的意识对事物的指向和集中。任何人的购买行为都是从注意某一商品开始的，没有对商品的注意，就不可能产生购买行为。这种作为购买前提的注意可以分为两种类型，一是本已有比较明确的购买目标而主动地去注意有关的商品，这可以称作主动注意；一是本无购买目标，只是受到外界各种因素的刺激而被动地产生对某一商品的注意，这可以称作被动注意。对于主动注意，推销人员只需要因势利导，予以强化，并抓住时机将其转化为购买动机就可以了。对于被动注意，则需要推销人员运用推销策略和言语表达手段去唤起。要唤起顾客的注意，推销人员应该注意并充分利用言语表达的首因效应。现代推销学的心理调查表明，在推销现场，有将近80％的顾客在听取了推销人员的前几句介绍后，注意程度是提高还是降低就会明显地表现出来。所以，在开始接触顾客时，推销人员应该特别注意自己的开场白。

4. 介绍与推销

推销人员在唤起顾客的注意之后，应尽快转入介绍与推销阶段。这个阶段的主要工作是向顾客介绍产品性能、用途、优点、使用方法、价格以及售后服务的情况，并提出购买的建议。对产品的介绍与推销应该紧紧围绕两个密切相关的目标，即引起顾客兴趣，强化购买欲望。

（1）引起顾客兴趣

引起顾客兴趣是推销人员在这一阶段首先要达到的目标，只有在有强烈兴趣的前提下，顾客才可能产生购买欲望。“兴趣”也是一种心理活动，它是人对某种事物的喜好和追求。引起顾客的兴趣就是通过对商品信息的有效传播，加强对顾客的刺激，使其将对该商品的注意进一步提升为喜好和追求。而实现这一提升过程的关键在于对顾客特定需求的满足程度。这种满足的程度越高，顾客对该商品的兴趣就越浓厚，就越可能产生购买欲望。因此引起顾客兴趣最基本的方法就是了解顾客的需要，并有针对性地展开对商品的介绍和推销，要让顾客知晓在购买该商品后可以给他带来的好处和利益，可以为他解决什么样的难题。在实际的推销活动中，推销人员要多站在顾客的立场上，设身处地地为他们着想，要投其所好，并动之以利。为了加强对顾客的刺激，还可以在使用语言进行介绍和推销的过程中，辅之以实物展示，包括产品展示、使用示范等。俗话说“百闻不如一见”，实物展示在引起顾客兴趣方面往往可以起到非常积极的作用。

（2）激发购买欲望

激发购买欲望是顾客的兴趣被激发起来之后，推销人员要进一步达到的重要目标。只有实现了这一目标，顾客才可能最后实施购买行为。对商品有兴趣并不等于有购买欲望，因为是否产生购买欲望还要受到其他因素的制约，这些因素中比较重要的是顾客对商品价值与价格关系的判断。如果顾客觉得商品的价格高于商品的价值，即使对该商品很感兴趣，也很可能因为觉得物非所值而不愿购买。所以，在引起顾客对商品的兴趣之后，推销人员应该不失时机地促使顾客将兴趣转化为购买该商品的欲望，而实现这一转化的关键是消除顾客对商品价格背离价值的疑虑。推销人员应该通过对商品的介绍，说明该商品货真价实，物有所值，甚至物超所值，以打消顾客的疑虑，促使他们产生购买欲望。要取得这样的说服效果，推销人员可以从商品的价值和价格两个方面入手进行介绍和说服。从价值的角度介绍商品，要点是要充分说明商品对顾客需要的满足程度。这需要了解顾客对该商品发生兴趣的真实原因，也即顾客的真正需要，从而有的放矢地针对顾客的需要进行介绍。从价格的角度介绍，要点是要通过价格与商品价值的对比，本企业产品的价格与市场上同类产品价格的对比，充分证明价格的合理性。

5. 排除异议

当顾客对商品发生兴趣并产生一定的购买欲望之后，对推销人员的购买建议和提出的价格仍可能心存疑虑和异议，不排除这些疑虑和异议，顾客就难以最后下定购买的决心。因此，这个阶段的主要工作就是排除顾客对产品及价格的各种疑问和异议，促使他们摆脱犹豫不决的状态，坚定他们的购买愿望。一般来说，顾客产生疑虑和异议的原因，常见的有自我保护、怀疑心理、价格是否公道等。自我保护是指不愿轻易接受他人的建议和意见，以保护自身免受欺骗和伤害，这是许多人常有的一种心理状态。对于这种心理障碍，推销人员应该耐心地对顾客进行说服和引导，打消他们害怕上当受骗的顾虑，一旦自我保护的壁垒被突破，推销工作就可以顺利地进行下去了。怀疑心理是指对推销人员不信任或是对推销行为存有不信任的偏见，这种怀疑心理常常是由以往上当受骗的教训所致。对于这种心理障碍，推销人员应该用有力的事实和证据劝导顾客，以真诚的态度赢得顾客的信任。顾客对价格是否公道的疑虑是产生异议最常见的原因，至于应该如何排除这种疑虑，在前面的“介绍与推销”部分中已有阐述，不再赘述。

6. 达成交易

交易达成就是成交，也就是顾客接受推销建议并立即购买推销客体的行为，成交是推销活动取得实质性成果的阶段。这个阶段的工作中心是促成顾客的购买行为。当顾客产生购买欲望后，在最后决定是否购买之前，他们往往还会对购买带来的好处与所要付出的代价之间的对比关系进行最后的权衡和思量。在这种心理状态下，一些主观的和客观的因素仍有可能对顾客的购买决定起积极的或消极的作用，使他们决定或者放弃购买。因此，越是到了交易的关键时刻，推销人员越要全力以赴，不可松懈，否则，整个推销活动就很可能功亏一篑。在这个关键阶段，推销人员应该善于捕捉和识别顾客的购买信号，善于把握最佳的成交时机。购买信号是指顾客在言语、行为、表情上表现出来的一切打算购买的暗示或征兆，抓住这些暗示和征兆，及时予以推动，就可能促成顾客最后的购买行为。例如，如果顾客询问交货的时间和方式，或者询问产品的退货规定，或者询问购买多少才可获得优惠，就表明顾客已有了较肯定的购买意向，这时如果推销人员能够把握住机会，令其满意地答复有关问题，消除顾客的最后疑虑，并得体地提醒顾客机会难得，甚至可以再做出适当的让步，往往就能够促使顾客最后下定决心，采取购买行动。

二、推销的原则

1. 顾客至上原则

顾客至上原则的内容是：推销要以顾客为中心，要以顾客的需要为导向，在满足顾客对商品和服务的需求的同时，实现商品推销的长期目的。这一原则的核心是企业的生产和销售都应该以顾客的需要为导向，这有别于以生产为导向和以销售为导向的模式。以产品生产为导向的企业，在经营过程中，重生产，轻销售，抱着“酒香不怕巷子深”的旧观念，不去主动开拓市场，而是坐等顾客上门。就目前情况来看，这样的企业往往是具有某种垄断地位的企业，它们或者是垄断某一行业的大型企业，或者是在地方保护主义的庇护下独霸一方的地方企业，或者是因行业发展不充分而暂时拥有独特的产品或地理优势的企业，但无论是哪一种情况，采取这种经营模式的垄断企业有朝一日一旦失去垄断地位，在激烈的市场竞争面前，势必败下阵来。因为在真正的市场经济条件下，在允许自由竞争的经济环境里，任何企业的生存和发展都取决于顾客对企业的认同和支持。以销售为导向的企业，在经营过程中，注重产品的销售，但不重视顾客的需求和意见，企业经营的唯一目的就是设法把产品推销出去，只要能把产品推销出去，任何做法都是可能的。在这种经营理念的作用下，推销人员往往会为了取得销售业绩而不顾顾客的利益，以至于使顾客的利益受到损害，这种做法也许可以在短期内获得一定的效益，但从企业长远利益上看，无疑是十分有害的。

顾客至上原则要求企业要不断了解顾客的需求和需求的变化趋势，急顾客所急，想顾客所想，在满足顾客需求的同时达到商品推销的目的。推销是一个说服顾客接受推销者建议的过程，因而推销成败的最后决定权在顾客手中。说服顾客当然要依靠各种有效的推销策略和方法，但脱离了对顾客需要的满足这个根本，任何策略和方法都无法奏效。所以，任何企业要想使自己的产品畅销市场，就必须使其适合顾客的需要，没有这样的基础，仅靠推销策略和技巧是不能赢得市场的。

顾客至上原则要求企业要注重顾客的反馈意见，不断调整经营方向和策略，改进产品的性能，提高产品的质量，使产品能够充分满足顾客的需要。顾客是产品的使用者，他们对产品的优点和不足最有发言权。注重顾客的反馈意见，不仅可以体现企业和推销人员对顾客的尊重，从而赢得顾客的好感和信任，而且对企业自身的经营也有重要意义。顾客的意见可以帮助企业适时调整经营方向和策略，可以帮助企业改进产品性能，提高产品质量，使产品更加适销对路，从而使企业及其产品赢得更多的顾客，占据更大的市场份额。

顾客至上原则要求企业和推销人员要善待顾客，在观念和行为上把顾客当作企业的衣食父母，在心理上拉近企业与顾客之间的关系。尊重顾客的人格，尊重顾客的选择，尊重顾客的要求。企业的生存和发展无法脱离广大顾客的支持，伤害顾客就等于自毁企业生存和发展的基础。所以，企业和推销人员不仅要通过产品推销满足顾客的物质需要，而且要通过对顾客的充分尊重，满足他们的心理和精神需求。这样，企业就会争取到越来越多的顾客的支持，企业的发展就会得到可靠的保障。

2. 激发兴趣原则

引发兴趣原则的内容是：推销首先要能够引发顾客对推销客体的兴趣，并有效地加以引导，使之最后转化为积极的购买行为。兴趣是一种对人的行为取向有着积极影响的心理活动，就推销过程而言，顾客对特定商品的兴趣，是产生购买动机的基础。没有兴趣，就不会有购买欲望；没有购买欲望，即使有再好的商品，顾客也不会发生购买行为。因此，推销过程实质上就是一个激发顾客兴趣，进而将这种兴趣提升为购买欲望，再将顾客的购买欲望转化为购买动机，最后促成顾客的购买行为的过程。在这个过程中，激发顾客的兴趣是最基础的环节。这个环节出了问题，将导致整个推销活动的失败。所以，如何才能激发顾客的兴趣，是推销人员在工作中应该特别加以注意和考虑的问题。

激发兴趣原则要求推销人员应该通过自己的工作，使顾客充分了解推销客体的优势和益处，使顾客充分认识推销客体与自身需要之间的密切关联。推销工作是以顾客的利益驱动的，动之以利是说服顾客的基本手段，只有可以给顾客带来利益的产品才可能引起他们的兴趣。人们感兴趣的事物，一定是可以满足他们的某种需要的东西，这种需要可能是物质的，也可能是精神的，根本不需要的东西是难以引起人们的兴趣的；人们付出一定的代价来购买商品，也是为了满足自身的某种需要，一般人购物时所追求的“物有所值”，所反映的实质上就是需要的满足程度与所付代价之间的对比关系。所以，只有让顾客充分认识商品与他们的需要之间的密切关联，才可能激发他们的兴趣。

激发兴趣原则要求推销人员应该通过自己的工作，使顾客充分了解推销客体在同类产品中的优势和价格的合理性，使顾客认为选择推销客体是正确选择。这样，就可以促使顾客将对某类商品的兴趣，集中到本企业生产的产品上。

3. 礼貌、自信原则

礼貌、自信原则的内容是：推销人员的言谈举止、待人接物要文明礼貌，对自己的能力和推销的产品要充满自信。推销人员是企业的代表，推销人员的素质反映企业的素质，而企业素质的好坏会直接影响顾客对其产品的评价。如果一个推销人员的仪态不好，言谈举止粗俗无礼，就会引起顾客的轻视、反感和不信任，顾客就难以放心地购买他推销的产品。在推销过程中，推销人员应该表现出对自己和推销的产品充满信心，应该通过自己的言谈举止告诉顾客，自己和推销的产品都是最好的，最优秀的。这样，推销人员才能够以自己的自信影响顾客，使他们也能够对企业和企业的产品充满信心，相信购买这样的产品是最佳的选择。如果推销人员连对自己和推销的产品都没有信心，自然难以使本来在众多选择面前就犹豫不决的顾客做出决断。所以，礼貌、自信原则既是对推销人员本身素质的要求，也是使推销取得成效的必然要求。

礼貌、自信原则要求推销人员无论在推销顺利还是在推销受阻的情况下，都应该礼貌待客，要以文明礼貌的言行体现自身和企业的良好素质，体现对顾客的充分尊重。推销是一个复杂多变的过程，这一过程可能顺利，也可能一开始就遭到拒绝，或者中途受阻。在推销顺利的情况下，推销人员做到礼貌周全是比较容易的，但在遭到拒绝或者受阻的情况下，推销人员的修养和耐心就会经受严峻的考验。如果推销人员能够经受住这种考验，始终以礼待人，不急不躁，就会给顾客留下良好的印象，即使此次推销未果，但有可能为以后的再次推销打下基础。

礼貌、自信原则要求推销人员在逆境之中也能够保持自信的心态，并以自己的自信对顾客产生积极的影响。在推销过程中，推销人员会面对各种各样的评价和意见，有认同和赞许，也会有否定和批评，无论在何种评价和意见面前，推销人员都应该保持清醒的头脑和充分的自信，不要因为顾客的批评而动摇自己对自身和所推销产品的信念。如果一个推销人员能够始终保持自信的心态，就会对顾客产生积极的影响，他们会从推销人员的自信中产生对企业及其产品的信任。推销人员应该充满自信，但并不意味着可以妄自尊大，盲目乐观，而是应该实事求是，既不要因为有人赞扬，就看不到不足而得意洋洋；也不要因为有人批评，就看不到优势而垂头丧气。

第三节 推销的语言技巧

一、接近顾客的语言技巧

接近顾客是推销活动的开始，它的成功与否决定推销活动的后续环节能否展开。一个没有经验的推销人员可能一开口就遭到顾客的拒绝，推销活动还没有展开便不得不结束；一个老练的推销人员则善于在各种情况下接近顾客，他们总是有办法让顾客接受他们，愿意至少是能够听他们说下去，这样，推销活动就能够逐步展开，就有可能取得积极的成果。带着明确的功利目的去接近陌生人，并准备说服他接受自己的建议，这对很多人来说的确不是一件容易的事情，因而掌握适当的方式方法就显得格外重要。这些方式方法是已有经验的总结和概括，它们在推销实践中已被证明是行之有效的。这些方式方法常用的有自我介绍法、他人引荐法、攀拉关系法、求教接近法、建议接近法、好奇接近法、利益接近法和展示接近法。

1. 自我介绍法

这种方法就是推销人员通过自我介绍来接近顾客。在推销活动中，自我介绍应该简明扼要，通常只要说出单位、身份、来访的目的就可以了。例如，“您好，我是××公司的业务员，我们公司出品的办公用品种类齐全，设计新颖，质量可靠，不知您这里是否需要”。在进行自我介绍的同时，可以递上自己的名片，以便对方了解自己的一般情况和联系方式。自我介绍时，要坦然大方，不要缩手缩脚，畏首畏尾，以免给人造成缺乏自信的印象。眼睛要注视对方，以表达对对方的尊重。就吸引顾客的注意而言，自我介绍法并不是一种很有效的方法，因为顾客更关心的是商品本身，而不是推销者。所以，在使用这种方法来接近顾客时，往往还需要其他方法的配合。但这种方法比较自然，而且使用其他接近顾客的方法，通常也要以自我介绍开始。

2. 他人引荐法

这种方法就是通过与顾客关系密切的中间人的引荐来接近顾客，引荐的方式有信函引荐、电话引荐和当面引荐等。一般人都会有“不看僧面看佛面”的心理，因而大多数人对亲朋好友介绍来的推销人员都会比较客气。这种方法实际上是利用顾客的社会关系对顾客施加影响，使其接受推销人员，因而比自我介绍法更为有效。不过，这种方法也有局限性。有时顾客对推销的产品并不感兴趣，更谈不上有意购买，他们接待推销人员，只是迫于人情，并没有什么诚意，而只是敷衍对付。在这种情况下，推销人员费尽口舌，也只能是白白浪费时间和精力。在有些情况下，顾客还可能忌讳熟人的引荐，因为有熟人的情面牵涉其中，讨价还价时就会受到牵制而难以完全按照自己的意愿行事。

3. 攀拉关系法

这种方法就是利用顾客熟悉的第三者来与顾客攀拉关系，以达到接近顾客的目的。这是一种自我介绍和他人引荐的中间方式。例如，“赵先生，您好，我是新基业公司的业务员王明。您的老同学李新先生让我来找您，他说您可能对我们公司生产的印刷机感兴趣”。这种方法具有他人引荐法的优点和局限。

4. 求教接近法

这种方法就是通过提问或求教来接近顾客。例如，“王处长，听说您是复印机方面的专家，今天我特意来向您请教一些问题，不知您现在是不是有空”。一旦对方接受推销人员的提问或求教，接近顾客的目的就达到了，接下来，推销人员就可以在双方的讨论中，逐步将话题引导到自己要推销的商品上。采取这种方法主要是利用一些人好为人师的特点，即使是对一般人而言，别人的虚心求教通常也是不忍心拒绝的。不过，使用这种方法需要推销人员具有较强的言语控制能力，必须善于在言语交际中引导谈论的话题。否则，一是可能长时间无法将话题转向推销洽谈，二是可能话题的转换过于生硬而使对方感到求教缺乏诚意，因而拒绝继续交谈。

5. 建议接近法

这种方法就是通过提出某种对顾客有帮助的建议来接近顾客。例如，“张经理，我有个建议，可以增加您15%的营业额，不知您是不是有兴趣?”这种方法主要是利用人们追求利益的行为趋向来引起顾客的注意，从而使他们接受推销人员。在使用这种方法时，既要保证所提的建议足以吸引对方，又不要夸大其辞，危言耸听，以免给顾客造成轻浮奸猾的不良印象。这就要求推销人员要有实事求是的态度，要求推销人员在使用这种方法之前，对顾客和推销客体的情况有充分的了解。

6. 好奇接近法

这种方法就是利用顾客的好奇心理引发他们的兴趣，从而达到接近顾客的目的。好奇是人的天性，是人们常有的一种心理状态，这种心理状态促使人们去接近令其好奇的事物。好奇接近法就是利用人的这种心理状态，把顾客吸引到推销人员这里来。例如，一位地毯推销员对顾客说：“您只需每天花1角6分钱，就可以使您的卧室铺上地毯，您难道对此不感兴趣吗?”花1角6分就想得到一块地毯，这简直有点天方夜谭。这种令人好奇的说法，很容易引起顾客的兴趣，促使他们急于刨根问底，想知道事情到底是怎么回事，这样，在不知不觉之中，顾客就被吸引到推销人员身边并与之交谈起来。唤起顾客好奇心的事物是多种多样的，可以是商品本身的特色，可以是听上去离奇的现象，也可以是新奇的资料或者新奇的推销方法。但是，在使用好奇接近法时应该注意，推销人员提供的、希望能够引起顾客好奇心的事物应该是新奇的，而不能是荒诞的，更不能捏造事实来误导顾客。推销人员无论利用何种方式引起顾客的好奇，都应该与推销客体有内在的关联，否则虽然可以吸引顾客对推销人员的注意，并愿意与其接近，但在后续的推销过程中将难以将话题自然转向推销本身。

7. 利益接近法

这种方法就是通过说明购买商品带来的好处来打动顾客，从而达到接近顾客的目的。例如，一位推销人员是这样接近顾客的：“您看，这种折叠沙发既可以放在客厅里当一般的沙发用，家里来客人时，又可以打开当床用。这种沙发最大的好处就是一物多用，节省空间。而且，我们厂现在正在搞促销活动，价格打八折，比市场上其他同类产品都便宜。”人们购买商品都是为了从中获得某种利益，利益接近法正是利用人的这种求利心理把顾客吸引过来，然后转入推销洽谈。这是一种常用且比较有效的接近顾客的方法。运用利益接近法接近顾客，必须实事求是，必须恪守诚信的原则，不可浮夸，更不可欺诈。在向顾客陈述利益时，为了增强说服力，可以出示有关的证明文件，如产品的鉴定书、获奖证书等。

8. 展示接近法

这种方法就是通过对产品的展示、演示来引起顾客的注意，从而达到接近顾客的目的。例如，一位推销员走进顾客的办公室，在做了自我介绍之后，指着一扇沾有污垢的玻璃窗说：“我可以用我们公司新研制的玻璃清洁剂帮您擦一下这块玻璃吗?”得到顾客的允许后，他毫不费力地就将玻璃擦干净了。推销员的演示立即引起了周围人的兴趣，他们纷纷上来向推销员打听他手中的新产品。这种方法直接利用产品本身的吸引力引起顾客的注意和兴趣，进而转入交谈。这种方法的优点是可以让顾客“眼见为实”，如果产品外观新颖或功效显著，就更加容易吸引顾客的注意，从而可以比较顺利地接近顾客，所以这是一种行之有效的方法。但这种方法要受到一些条件的限制，如产品是否容易携带，产品是否容易演示等。

二、商定价格的语言技巧

商品的价格是顾客最关心的问题之一，也常常是导致推销失败的重要因素，因此推销人员和顾客在商品价格上能否达成一致，常常是推销活动能否成功的关键。要使商定价格的过程有一个理想的结果，要让顾客接受推销人员提出的价格，就应该了解人们对待价格问题的一些普遍心理倾向。这些心理倾向包括大数价格和小数价格效应、绝对价格和相对价格效应、积极价格和消极价格效应。

大数价格是指按较大单位计算的价格，小数价格是指按较小单位计算的价格。例如，某种茶叶 1 斤 350 元，这是按斤计算的大数价格；1 两 35 元，这是按两计算的小数价格。大数价格和小数价格效应是指大数价格容易让顾客感觉价格高，小数价格容易使顾客觉得价格低。这种心理效应实际上是一种错觉，但又的确是普遍存在的。在商定价格的过程中，适当地利用人的这种心理错觉，往往有利于说服顾客接受推销人员提出的价格。

绝对价格是指购买商品时需支付的费用，相对价格是指商品的性能、质量与价格之比。例如，甲企业生产的洗衣机标价 960 元，乙企业生产的同类产品标价 860 元，从绝对价格上看，乙企业的产品比较便宜；但甲企业的产品质量上乘，所需付出的维修费用很少，而乙企业的产品质量低劣，所需付出的维修费用较多，因而从相对价格上看，甲企业的产品比乙企业的产品便宜。绝对价格和相对价格效应是指顾客往往比较在意商品的绝对价格，往往只根据绝对价格判定商品的贵贱，而常常忽视商品的相对价格。这是因为商品的绝对价格常常是明码标价，顾客可以直接观察到，而相对价格无法直接观察到，必须通过比较分析才能够了解。在商定价格的过程中，有意识地利用这种心理效应，或者把商品的绝对价格转换成可比的相对价格，或者极力强调绝对价格的优势，都可以帮助推销人员说服顾客接受所提出的价格。

积极价格是指顾客迫切需要的商品的价格，消极价格是指顾客认为并不需要，但又不得不购买的商品的价格。换言之，顾客认为购买具有“积极价格”的商品可以给他们带来好处，而购买只有“消极价格”的商品则是得不偿失。积极价格和消极价格效应是指凡是具有“积极价格”意义的商品，即使价格高一些，顾客也觉得可以接受；凡是具有“消极价格”意义的商品，顾客都会认为是贵的。在商定价格的过程中，了解顾客的这种心理效应，设法将消极价格转化为积极价格，常常可以帮助推销人员说服顾客接受所提出的价格。

在商定价格的过程中，除了要了解上述顾客的心理效应之外，还需要运用一些方法和技巧，以使价格的商定取得理性的结果。商定价格的方法和技巧常用的有最小单位法、时间细分法、性价对比法和零头定价法。

1. 最小单位法

最小单位法就是报价时尽可能采用最小的计价单位，以使顾客感到价格便宜。例如，报价时，不说一斤多少钱，而说一两多少钱；不说一盒价格多少，而说一袋价格多少。这种方法是利用大数价格和小数价格效应，使顾客产生一种错觉，以为价格比较便宜，从而使他们容易接受推销人员提出的价格。这种方法也可以看作是一种将商品化整为零而使高价格细分为若干低价格的方法。虽然不论按较大的计量单位计算，还是按最小的计量单位计算，价格都是一样的，但在商定价格的过程中，顾客往往对价格的数字更为敏感，而对计价的单位则可能不太注意。如果按较大的单位计算，价格的数字必然比较大，而较大的价格数字会对顾客产生强烈的刺激，容易使他们感到价格高；如果按最小的单位计算，价格的数字必然比较小，也就容易使他们感到价格低。这种方法的使用要受到一定条件的限制，其中最主要的条件就是涉及的商品必须是可以化整为零的。

2. 时间细分法

时间细分法就是在商定价格时，将商品的价格平摊到商品使用时间的每一个单位里，从而使商品的高价格转化为每一使用时间单位里的低价格。例如，某种家用洗碗机性能优越，但价格偏高，每台价格为 1 200 元，一般顾客都觉得有点贵，推销人员对顾客说："您每天只需花 3 毛钱，就可以免除洗碗的辛苦，您难道还觉得不值吗?"顾客有点不明白，推销人员接着解释说："这种洗碗机的使用寿命为 10 年，1 年 365 天，10 年就是 3 650天，这样，1 200 元一台的电器，您用一天不就是只需要花 3 毛钱吗?"经推销人员这么一说，顾客立刻觉得洗碗机的价格并不像原来感觉的那么贵。时间细分法与最小单位法一样，也是利用了大数价格和小数价格效应，只不过最小单位法是将商品本身化整为零，而时间细分法则是将商品的使用时间化整为零。

3. 性价对比法

性价对比法就是在商定价格时，将商品的使用价值、品质、档次与商品的价格进行对比，以说明价格的公道。例如，某企业产生的保健品甲口服液一盒售价 46 元，而市场上同类产品乙口服液一盒的售价只有 36 元，顾客自然会认为甲口服液贵，乙口服液便宜。但如果推销人员通过性价对比，向顾客说明：乙口服液的原料只是一般的中草药，而甲口服液的原料是鹿茸、灵芝、冬虫夏草等名贵药材，原料不同，保健的效果自然不同。甲口服液虽然表面上看，售价高于乙口服液，但如果就这两种产品的性价比而言，甲口服液反倒比乙口服液便宜。通过这样的对比分析，顾客就会觉得甲口服液其实并不贵。性价对比法着眼于绝对价格和相对价格效应，设法通过性价比分析，将商品的绝对价格转化为相对价格，帮助顾客了解商品的价格与商品内在品质的关系，以说服顾客接受商品的售价。

4. 零头定价法

零头定价法就是定价时，给商品定一个带零头的价格。例如，某商品售价 4.99 元，而不定 5 元；某商品售价 1 690 元，而不定 1 700 元。零头定价法的优点首先是让顾客觉得便宜，如 9 角 9 分与 1 元相比，虽然仅差 1 分钱，但二者又有质的不同，前者仍在"角"的价格区域内，后者却已进位到"元"的区域内。再如 4.99 元与 5 元相比，也仅差 1 分钱，但前者尽管在"角"和"分"上已达到最大值，在"元"这个上级单位上的数字却没有增大；后者虽只加了 1 分钱，却使"元"上的数字增大。由于人们对上一级单位的数字总是比对下一级单位的数字更为敏感，因而"元"上的数字增大就容易使顾客感到价格较贵。同样，1 700 元虽然只比 1 690 元贵 10 元，但这 10 元钱的增加导致"百"位上的数字增大，因而就会造成顾客心理上的加价幅度大于实际的加价幅度。

三、排除异议的语言技巧

在推销过程中，顾客对推销人员的购买建议以及商品的品质、价格常常会心存疑虑，常常会有不同的看法，只有消除他们的疑虑，说服他们放弃异议，接受推销人员的意见，推销才可能成功。在处理顾客的异议时，推销人员应始终保持对顾客的尊重和理解，要有足够的耐心，决不能因为意见不合而与顾客争吵。从购买心理上讲，顾客的购买决定既受理智的控制，同时也受情感的制约。推销人员冒犯顾客，就会伤害顾客的情感，因而就会失去顾客。在处理顾客异议时，推销人员除了要有正确的态度和足够的耐心之外，还应该讲究方式方法。方法得当，分歧就容易消除，矛盾就容易化解；方法不得当，分歧就可能加剧，矛盾就可能激化。在排除顾客异议的过程中，常用的方法有先扬后抑法、理由转换法、辩证解释法和话题转移法。

1. 先扬后抑法

先扬后抑法就是先承认顾客的异议有一定的道理，是可以理解的，然后话锋一转，再提出否定顾客意见的看法。例如，某顾客说："你们的价格也太高了，别的厂家的东西跟你们的差不多，可比你们的便宜多了。"推销人员耐心解释道："您说的没错，跟其他厂家比，我们的价格是高了一些。但您不能光看表面的价格，您还得看看产品的内在品质。我们的产品是名牌产品，技术先进，功能齐全，质量可靠，使用的材料也是最好的，而且还是国家免检产品，跟这样的内在品质比，我们的价格并不高，而且应该说还是比较便宜的。"先对顾客的异议表示一定的肯定和理解，可以对后面的否定起到一定程度的缓冲作用，同时可以表现出实事求是的态度和对顾客意见的尊重，这些对减轻顾客因自己的意见遭到否定而产生的不快和抵触情绪有积极的作用。这种方法通常使用"……，但是……"的语言表达形式。

2. 理由转换法

理由转换法就是先接受顾客提出反对意见的理由，再设法把这种理由转化为赞成和接受推销人员意见的根据。例如，某顾客拒绝道："怎么又涨价了，我买不起!"推销人员回答："我们的价格的确做了一些调整，但从市场情况看，原材料的价格还会不断上涨，您如果现在不买，将来就可能真的买不起了。"顾客拒绝购买的理由是价格上涨，推销人员却巧妙地将这一拒绝购买的理由转化为应该购买的根据。顾客的反对意见往往具有双重性，既有阻碍成交的因素，也可能有可以促成交易的因素。推销人员应该善于发现顾客意见中的积极因素，并利用这些因素说服顾客接受自己的建议。这种方法既不回避顾客的反对意见，因而可以让顾客感到推销人员的坦诚；又可以利用顾客自己提出的根据来说服顾客，因而更入情入理，易于为顾客所接受。

3. 辩证解释法

辩证解释法就是先肯定顾客指出的不足是存在的，然后采用一分为二的方法，分析这种不足的积极方面，以抵消这种不足所产生的消极影响。例如，某顾客说："我要买一台带耳机的收录机，你们的这种收录机不带耳机，我不要!"推销人员回答说："您说得对，我们的这种收录机的确不带耳机，但是要带耳机，您就需要多花一些钱，其实需要用耳机的时候也不多，您何必多花这笔钱呢？再说，这种收录机有耳机插座，万一要用，您可以买一副音响效果比较好的立体声耳机。您看，这也不耽误您用，是吧？"在顾客看来，没有配上耳机是这种收录机的不足，但推销人员通过辩证分析，反而将这种不足转化为这种收录机的优点。在现实中，十全十美的商品和服务是没有的，顾客对商品的质量、性能、价格有这样或那样的意见是很正常的，如果推销人员对顾客的异议一味不顾事实地去反驳，极易使顾客产生反感和抵触情绪。但任何事物都可以一分为二地进行分析，有弊就可能有利，顾客抓住商品的不足时，推销人员应该从其他方面去分析这种"弊"所蕴涵的"利"，如果能够将"利"分析得大于"弊"，说服顾客接受推销人员的建议就不是一件难事了。

4. 话题转移法

话题转移法就是当顾客提出反对意见时，可以暂时避开当前有分歧的话题，而转移到别的相关话题上，待时机成熟时再回到这一话题上。例如，如果双方在价格问题上发生分歧，就可以先将话题转移到商品的质量上，待顾客对商品的质量感到满意后，再回过头来谈论商品的价格。这种方法并不是要回避矛盾，而是将分歧暂时搁置，待创造有利时机后再进行讨论。运用这种方法的关键是：转移话题后进行的协商必须能够让顾客感到满意，只有在顾客的要求已得到部分满足的条件下，再讨论有分歧的难题才容易取得突破。

四、促成交易的语言技巧

达成交易是推销的“收获”阶段，也是推销过程最后的关键一步。在这个最后的冲刺阶段，推销人员能否抓住时机，趁热打铁，采取积极有效的成交策略和方法坚定顾客的购买决心，直接关系到整个推销活动能否有一个完美的结局。在推销实践中，促成交易的常用方法有请求成交法、假定成交法、迂回成交法、从众成交法和机会成交法。

1. 请求成交法

请求成交法就是推销人员直接请求顾客购买商品达成交易。这种方法直截了当，在一定的条件下使用，可以促使和推动顾客达成交易。在推销过程中，如果顾客对产品及售后服务的方方面面都进行了询问，推销人员一一做了回答，顾客也表示满意，但尚未明确表示愿意购买，或者顾客已有购买的暗示或表现出购买的征兆，只是还没有说出来，这时推销人员就应该果断地向顾客提出成交的请求。例如，“王经理，您如果没有别的问题，我们就签合同吧”。

2. 假定成交法

假定成交法就是先假设顾客已接受成交建议，进而直接商谈成交后的有关事宜。例如，某推销人员在顾客已发出购买信号，但尚未明确表示打算购买的情况下，假定顾客已同意成交，于是他并没有问“您要不要?”或“您是否打算购买?”之类的问题，而是越过这类问题，直接问顾客“您打算要多少? 您希望什么时候送货?”而顾客对这些提问并没有表示异议，而是一一做了回答，这样交易便达成了。这种方法实际上是把同意成交作为双方默认的基础，直接商谈成交后的其他问题。一般来说，当顾客虽已有明显的购买征兆，却又迟迟下不了决心时，使用这种方法可以帮助顾客下定购买的决心。使用这种方法的关键是：推销人员必须能够正确把握顾客的心理状态，必须能够正确判断顾客的购买欲望的强弱。如果在顾客还没有较强的购买欲望时就采用这种方法，那将是十分唐突的。

3. 迂回成交法

迂回成交法就是先就一些与购买有关的次要问题进行讨论并达成一致，然后再逐步将话题引向成交的决定上。这里次要问题的所谓“次要”是相对于成交决策而言的，是指产品的价格、包装、运输、交货日期、保修条款等与购买产品有关，但本身又不是购买决定的问题。例如，“张经理，这个价格你们还满意吧? 至于运输问题，我们历来都是送货上门，这一点您可以放心。设备的安装和维修也由我们负责，我们保证达到你们的要求，让你们满意。您看是否还有别的问题，如果没有，我们是不是就这样定下来吧”。推销人员先不和顾客讨论成交与否的问题，而是先就价格、运输、安装、维修等较次要的问题与顾客达成一致，并尽可能使其满意，最后再提出成交问题。这种方法先避开最关键的成交问题，以免一提出成交请求便遭拒绝，然后将双方的共识逐步积累起来，在与成交有关的次要问题一一取得共识后，再商谈成交决定就容易取得成果。

4. 从众成交法

从众成交法就是利用顾客的从众心理，促使他们做出购买决定。例如，某空调厂家的推销人员对顾客说："我们厂的这种空调卖得特别好，市场占有率连续几年都是全国第一，许多高档酒店宾馆安装的都是我们这种空调，买这样的空调，您还有什么不放心的?"这位推销人员说的这些话无非是强调购买这种空调的人很多，试图以多数人的选择为顾客提供购买行为的参照，也即利用从众心理给顾客造成强有力的影响，使其下定购买的决心。一般顾客由于缺乏有关商品的专业知识，往往会把多数人的选择作为自己购买意向的参照，他们总是相信多数人的选择一定是有道理的，他们宁愿跟着多数人的感觉走，而不愿意相信自己的判断。从众成交法要利用的就是人们的这种心理倾向。

5. 机会成交法

机会成交法就是通过提示这是最后机会来促使顾客成交。例如，某推销人员对顾客说："现在我们正在开展让利促销活动，产品的价格比平时要便宜三成，不过今天是活动的最后一天，到明天就没有这么便宜了，您还不抓住机会赶快买一台。"人们在购买商品的活动中，总是要在利和弊之间进行权衡，按照以较小的代价换取最大限度的满足的原则做出选择，但这种权衡常常会使人犹豫不决，迟迟下不了决心。为了强化顾客的购买欲望，加快购买决策的进程，推销人员可以适当地渲染一下紧张气氛，给顾客一点心理压力，提示这是购买的最后机会，让顾客意识到现在不买，就会坐失良机，就会给自己造成损失，从而促使他们下定决心，立即采取购买行动。机会成交法有利于缩短成交过程，提高交易成功的可能性，但在使用这一方法时，要讲究诚信，要遵守商业道德，切不可蒙骗消费者。

【关键概念】

推销　推销主体　推销客体　推销对象

【复习思考】

1. 推销活动的基本要素及其相互关系是什么?
2. 推销活动有哪些特点?
3. 推销过程的主要环节有哪些？各环节的任务是什么?
4. 推销的基本原则有哪些？这些原则的内容是什么?
5. 推销的语言技巧主要体现在哪些方面？这些方面的具体技巧都有哪些?

第九章

公关语言的书面表达艺术（一）

[本章提示]

（1）了解广告的性质和类型，领会广告文案的结构和写作要求，掌握广告文案写作的常用语言技巧；（2）了解公关新闻稿的性质和特点，掌握消息和通讯的类型及写作方法；（3）了解说明文的一般特点及公关说明文的性质和功能，掌握单位简介、产品说明书及公众须知等公关说明文的写法和要求。

第一节　广告的写作艺术

一、广告的性质和类型

从公共关系的角度来看，广告是社会组织为了特定的目的，通过一定的媒介公开而广泛地向公众传递信息，以说服公众对广告内容做出正面反应的大众传播方式。从这一定义来看，广告和广告发布活动涉及四个要素，即广告主体、广告受众、广告信息和广告媒介。广告主体是广告的发布者，通常是各种社会组织，如发布商业广告的各种企业，发布公益广告的政府部门。广告受众是广告信息的接受者，包括社会公众和社会组织。广告信息是广告的内容，是由语言、文字、图案、影像、音响等构成的。广告媒介是广告信息传播所凭借的物质手段，包括报纸、杂志、广播、电视、互联网等。广告发布的目的是为了说服广告受众接受广告主体的建议和劝告，或者对广告主体发布的信息做出积极的反应。广告及其发布活动最突出的特点就是广告主体可以借助大众传播媒介的作用，在同一时间里向所有的公众传递同一信息，与信息传播者和接受者面对面的传播方式相比，广告这种传播方式具有高得多的传播效率。因此，广告成为现代社会中非常重要的信息传播方式和手段。

广告的类型是多种多样的，不同类型的广告具有不同的特点。广告可以从以下不同的角度进行分类：

1. 按照广告内容划分

从信息内容上分，广告可以分为商业广告和非商业广告两类。

（1）商业广告

商业广告是以赢利为目的的广告。商业广告包括以介绍商品的品牌、性能、特点等为主要内容的产品广告，如可口可乐的广告："只有可口可乐，才是真正的可乐"；雀巢咖啡的广告："味道好极了！"商业广告还包括以介绍劳务和服务的性质、内容、方式为主要内容的服务广告，如某美发厅的广告："先生，您想成功吗？请你从头做起"；润迅通讯的广告："一呼天下应。"商业广告还包括以宣传企业宗旨、展示企业实力、塑造企业形象为主要内容的企业广告，如利生体育用品公司的广告："为中华体育腾飞作贡献"；非常可乐的广告："非常可乐，中国人自己的可乐"；长虹集团的广告："长虹以产业报国、民族昌盛为己任"；中国联通的广告："情系中国结，联通四海心"；光明日报的广告："知识分子的精神家园。"

（2）非商业广告

非商业广告是不以盈利为目的的广告。非商业广告包括以倡导某种社会观念或维护公共道德准则为内容的公益广告，如："为了您和家人的幸福，请远离毒品"；"高高兴兴上班去，平平安安回家来。"非商业广告也包括表示祝贺、谢意、歉意等内容的礼仪广告，如"北京晚报向全国人民拜年！恭贺羊年吉祥！"非商业广告还包括政府公告、社团通告等。

无论是商业广告还是非商业广告，都可以为实现公关目标服务。非商业广告可以用于公关目的，这是显而易见的；即使是宣传产品和服务的商业广告，也不是不可以为公关目的服务。对一个企业来说，公众对它的认识往往建立在对其产品和服务的认识的基础之上，企业的声誉只能依靠产品和服务的声誉来建立，产品和服务的形象与企业的形象是分不开的，无法设想一个产品无人知晓或产品恶名远扬的企业会在公众中享有良好的声誉。所以宣传企业的产品和服务，实际上也就是宣传企业，就是在树立企业的形象，而这正是公关活动的基本目标之一。

2. 按照广告传播媒介划分

从凭借的传播媒介来划分，广告可以分为报纸广告、杂志广告、电视广告、广播广告、网络广告和户外广告等。

（1）报纸广告

报纸广告是以报纸为传播媒介的广告。报纸广告的优点有：受众广泛，而且比较稳定，广告宣传可以在较大范围内产生影响；传播信息及时，且具有相当的灵活性，甚至在印刷前几小时还可以对广告内容进行修改；具有一定的权威性，容易得到受众的信任；作用于受众的时间长短没有限制，可以细读，也可以一扫而过，而电视广告和广播广告都有时间限制而无法做到这一点；容易保存，便于需要时查找。报纸广告的缺点有：信息拥挤，一则广告很容易淹没在大量广告之中而难以对受众产生有效刺激；印刷质量较低，产品的外观难以得到尽善尽美的表现。

（2）杂志广告

杂志广告是以杂志为传播媒介的广告。杂志广告的优点有：有较强的针对性和选择性，不同的杂志有不同的读者群，不同的产品也有不同的消费对象，通过对杂志的选择，可以有针对性地对特定的目标受众进行深入宣传；版面集中，印刷精美，大多数杂志都是用优质纸张印刷的，因而可以完美地表现产品的外观，容易给受众留下深刻印象；作用时效长，易于流传，杂志易于保存，便于查看，且往往多人传看，广告的宣传效果也就随传看而扩大。杂志广告的缺点有：出版周期长，传播信息不及时；发行量有限，广告信息传播的覆盖面较窄。

（3）电视广告

电视广告是以电视为传播媒介的广告。电视广告的优点有：信息传播覆盖面大，影响广泛，电视已有极高的普及率，是目前影响力最大的传播媒介，与任何其他形式的广告相比，电视广告都更容易获得家喻户晓的信息传播效果；表现手段丰富，影响力强，电视广告可以利用视觉和听觉的综合效果，直观地显现产品，并可以通过图象产生示范作用，容易给受众留下深刻印象；具有较强的观赏性和娱乐性，容易吸引受众的注意，引发他们的兴趣；具有较高的信誉和权威性，由于电视台的官方性质以及电视广告需高额投入的特点，电视广告更容易获得受众的信任。电视广告的缺点有：制作复杂，价格高昂；播放时间短，且受众难以保留；对受众缺乏针对性和选择性。

（4）广播广告

广播广告是以电台广播为传播媒介的广告。广播广告的优点有：覆盖面广，传播迅速；制作简单，收费较低廉；具有一定的信誉和权威性。广播广告的缺点有：表现手段有限，宣传不够形象具体；播放时间短，且受众难以留存；受众收听广播不如收看电视注意力集中。

（5）网络广告

网络广告是以计算机网络为传播媒介的广告。网络广告的优点有：传播范围广，无时空限制，互联网可以一天 24 小时不间断地向全世界传播信息，只要具备上网条件，任何人在任何时间和地点都可以看到这些信息，这是其他传播媒介所无法实现的；选择性和针对性强，广告可以得到适当的分类和定向传播，互联网可以将有特定目标受众的广告投放到有特定浏览群体的网站上，从而实现广告信息的定向传播；表现手段丰富，广告内容具体、形象、生动，计算机网络采用多媒体技术，可以提供文字、声音、图像等表现手段，使广告内容图文并茂，甚至可以实现与受众的双向交流，及时获得反馈信息；制作成本低廉，收费不高。网络广告的缺点有：对受众的物质条件及技能有一定的要求，信誉和权威性不高。

（6）户外广告

户外广告指设置于露天场所的一切广告物。如霓虹灯、灯箱、广告牌、招贴、海报、条幅以及车体广告、气球广告等。户外广告的优点是信息传播的作用时效长，缺点是受众流动，不容易给人留下深刻印象。

二、广告文案的结构

广告文案是指广告作品的语言文字部分，是通过语言文字来表现的广告内容。语言文字在广告中具有极为重要的地位和作用，在一切形式的广告中，不论是商业广告还是非商业广告，也不论是报纸广告、杂志广告、电视广告、广播广告还是网络广告和户外广告，语言文字都几乎是不可缺少的。对一则广告而言，可以没有音乐，也可以没有图片和画面，但通常不能没有语言文字。从对广告效果的贡献率来看，在广告艺术的诸要素中，语言文字也是最重要和最有效的。很多广告心理学家认为，广告中精练的语句比形象更便于人们记忆。有的调查表明，广告效果的50%～75%来自于语言文字表达的广告标题和广告语。所以，广告文案往往是广告的核心部分，对广告效果的优劣起着关键性的作用。

广告文案一般分为广告标题、广告正文、广告语和附文四个部分。

1. 广告标题

广告标题通常认为是广告的题目，是广告的导入部分。标题在广告中有极其重要的作用，它通常高度概括了广告的内容，同时还担负着吸引受众的注意力、引导他们阅读或收听广告正文的使命，因此，在广告中，标题总是处在最突出、最醒目的位置。不过，广告的形式是多种多样的，有的广告篇幅较长，有比较完整的篇章结构，这样的广告通常都有标题；有的广告篇幅很短，往往只有一个高度凝练的语句，这样的广告就只有广告语而没有标题。

从广告标题的构成上看，有些广告的标题比较简单，只由一两个语句充当；有些广告的标题则比较复杂，比较复杂的广告标题有的在正题之前还有引题，有的在正题之后还有副题，有的甚至引题、正题和副题都有。引题位于正题之前，是广告正题的导引，起引起话题的作用。正题是标题的主体部分，通常也是一则广告的中心，往往集中了广告中最重要的信息。副题位于正题之后，通常是对正题的进一步说明，具有丰富正题的作用。既有正题，又有引题的广告标题如：

长久的财富保值的心意（引题）
鸡年纪念金条（正题）

既有正题，又有副题的广告标题如：

中青旅精彩旅程（正题）
给过年一个不在家的理由（副题）

引题、正题、副题三者俱全的广告标题如：

四川特产口味一流（引题）

天府花生（正题）
越剥越开心（副题）

标题的常用形式主要有陈述式、询问式和祈使式：

（1）陈述式

陈述式标题是采用陈述事实的方式构成的标题。例如，某夏令营的广告标题“开营啦！爱国主义教育夏令营开始招收营员”；某美容医院广告标题“欧菲斯——用自己的细胞抚平皱纹”，标题的意思是说，欧菲斯除皱技术是利用求美者自身具有活力的细胞来消除皱纹。

（2）询问式

询问式标题是采用提问方式构成的标题。例如，日本一则提醒公众注意行车安全的广告标题“日本这么小，你匆匆忙忙往哪里去？”一则脑病专家巡回答疑活动广告的标题“你用什么去迎接新年的到来？”标题的意思是说，应该用健康去迎接新年的到来。询问式标题也可以采用有问有答的方式，例如，康泰克感冒药广告的标题“感冒啦？请服用康泰克”。

（3）祈使式

祈使式标题是采用请求方式构成的标题。例如，国外一家保险公司的广告标题“如果您感到难以启齿，那么请写下来”，这是劝说人们如果得了艾滋病等难以启齿的疾病，应该写信向社会求助，以免疾病蔓延。

广告标题的写作要求是：其一，要能够引起受众的注意，为广告信息的传播创造前提条件；其二，要能够唤起受众的兴趣，使他们有耐心进一步阅读或收听广告的正文；其三，要体现广告的主题，概括反映广告的内容；其四，要尽可能出现产品的品牌或企业及社会组织的名称；其五，要短小精悍，简洁明了。

2. 广告正文

广告正文是广告的主体部分，其作用是进一步说明、论证广告的标题，更充分地阐述广告的主题。广告的标题虽然醒目突出，但言辞简短，容量有限，许多更具体、更详细的内容只有通过广告的正文才能够得到充分的表达，因此，广告的正文是广告的重要组成部分。不过，也不是任何一则广告都有正文部分，广告正文必须有一定的篇幅，而有的广告通篇只有一两个语句，这一两个语句常常并不是广告正文，而是广告语。

广告正文是一种说明文，一般来说，比较复杂的广告正文可以分为开头、主体、结尾三个部分。开头和结尾可以各自独立成段，也可以与主体部分连成一段。

（1）开头

正文开头的主要作用是承接标题，引导下文。例如，一则脑病专家巡回答疑活动广告的标题是“你用什么去迎接新年的到来？”在这个标题下，广告正文是这样开头的：

> 一年之中最寒冷的时候到了，许多中风病人、帕金森病人、脑萎缩病人的病情加重了，带着病痛之苦，怎么能迎接新年之喜？

这个开头承接标题的提问，同时又用一个反问引出下文对此次健康答疑活动的介绍。又如，柯达 LS755 变焦数码相机的广告是一则配图广告，广告图片显示出该数码相机拍摄出的鲜艳色彩，广告的标题是“大屏幕中的靓丽黄”，广告的正文是这样开头的：

如此善于捕捉数码色彩，当然只有柯达数码相机！

这个开头承接广告标题中的“靓丽黄”，照应了广告图片中的色彩效果，并引出下文对该数码相机的介绍。

正文的开头除了要能够承接标题，引导下文，还应该设法吸引住受众的注意力，引发他们的兴趣，使他们迫不及待地想知道广告的下文都说些什么。例如，台湾爱迪达球鞋广告是这样开头的：

> 猫在捉老鼠的时候，奔跑、急行、回转、跃扑，直到捉到老鼠的整个过程，竟是如此灵活敏捷，这与它的内垫脚掌有密切的关系。同样的，一位杰出的篮球运动员，能够美妙地表现冲刺、切入、急停、转身、跳投到进球的连续动作，这除了人的体力和训练外，一双理想的篮球鞋，是功不可没的。

正文的开头将猫捉老鼠与篮球运动员在球场上的奔跑跳跃联系在一起，说明一双理想的篮球鞋对运动员的重要性，别出心裁，但又十分贴切，这样新颖的开头很容易引发受众的兴趣。

（2）主体

广告正文的主体部分是广告的中心，它为广告所宣传的主题提供信息的细节和证据，对广告的主题进行详尽的说明和论证。例如，北京一则标题为“世界名园”的房地产广告，其正文的主体部分以罗列条目的方式提供了“世界名园”的信息细节：

- 紧临京石高速公路，917/993 等多路公交直达
- 六层阳光电梯板楼，24 小时热水，观景飘窗
- 低容积高绿化，亲水景观园林
- 国粹医院、商业街、中学、幼儿园一应俱全
- 医疗健康检测系统，完善安保设施，智能化家政服务

再如，益心通脉颗粒的广告标题为“唤醒沉睡的心脏——心脏病治疗全新理念：治心必先通脉”，广告正文的主体部分就是对这一标题的充分说明和论证，整个主体部分分为几个部分，几个部分的小标题分别为：

△是谁控制心脏的跳动

△益心通脉心的选择

△真实效果权威验证

△功能与主治

这几个部分分别从心脏的生理机制、心脏病病因及新配方、新疗法分析、疗效验证、使用范围等方面论证了“治心必先通脉”的心脏病治疗新理念，同时也对益心通脉颗粒的特殊疗效进行了充分的揭示。

广告正文的主体部分对广告主题的说明方式，常用的有亮点介绍、事实说明和证言证实。

1）亮点介绍

亮点介绍就是正面介绍产品或企业最具特色和优势的特点，以此来说明广告主题，激发受众兴趣。亮点介绍可以采用条目列举的方式，例如，名人牛津双解800掌上电脑辞典广告就是以这种方式说明“掌上电脑专家，辞典世界权威”这一主题的：

- 《牛津现代英汉双解词典》，24万个单词、短语和词组的详细解释
- 10×15行汉字超大屏幕显示，学习更强，娱乐更爽
- 八大正版权威词典，全面涵盖英汉、汉英、中文、古文，总价值达386元
- 超大发音音库，5万多条高保真牛津真人原版发音
- 28mm超大扬声器，音质更加完美、动听

亮点介绍也可以采用一般说明文的行文方式，例如，华邦果汁广告就是以这种方式说明“杜绝农药残留，华邦从种植水果开始”这一主题的：

面对目前果汁生产与原果种植相脱离的行业状况，华邦公司深知对原料果品种植进行控制是生产无农残果汁的唯一途径。几年来，华邦先后在河南西峡、河北兴隆、四川以及北京平谷、延庆等地建立自己的有机果品基地，在原料果的生长过程中不使用任何化肥、化学农药，使华邦果汁真正做到无任何农药残留！目前上述基地均已获得美国有机作物改良协会及我国国家环保总局有机食品发展中心的认证。

2）事实证明

事实证明就是采用列举事实的方式来说明广告的主题，依靠“事实胜于雄辩”的普遍心理，说服受众，使他们对广告的主题做出正面的、积极的反应。例如，北京现代汽车有限公司的广告就是以这种方式说明“北京现代缔造中国车市前所未有的辉煌”这一主题的：

从2003年成立至今，北京现代以独有的现代速度创造了一个又一个高速发展的奇迹。2004年更逆市飙升，成为车市寒流中独有的热点、焦点、亮点。年末，在CCTV，全国15家强势媒体联合推出的中国汽车总评榜等众多媒体的年度评选中，北京现代风光无限，先后赢得数十项大奖。在这无尽荣誉背后，满载着人们对北京现代产品的信赖与对北京现代品牌的期待！

3）证言证实

证言证实就是通过真正的或虚拟的产品使用者的现身说法来说明广告的主题。例如，碧浪洗衣粉的电视广告就是通过家庭主妇之口来说明该洗衣粉的去污效果的。

（3）结尾

结尾是广告正文的最后部分，其作用是收束全文，回应主题。此外，结尾部分还可以表达广告主题的愿望，或者对受众提出建议和请求。结尾的写法常见的有两种，一是概括全文，加深印象；一是提出建议，促使行动。

1）概括全文，加深印象

概括全文，加深印象就是结尾时以简练的语句归纳全文的要点，使广告的主题更集中地体现出来，以便加深受众的印象。例如，美国通用电器公司曾在圣诞节之前刊登过一则真空吸尘器的广告，广告的内容是教家庭主妇们如何才能让自己的丈夫把这种吸尘器作为节日礼物送给她们。广告正文的结尾写道：

这样一来，您家的圣诞节将是有史以来最快乐的也是最清洁的节日。

这个结尾从获益的角度概括了广告正文的内容，既集中显现了广告的主旨，又带给受众美好的憧憬，使人印象深刻。再如，中国移动通讯“神州行”的广告，其正文说明“神州行”服务方便，手续简单，网点遍布，信号清晰，结尾这样写道：

轻松由我，神州行！

这个结尾以“轻松由我”四个字概括广告全文的核心内容，再用“神州行”强化受众对品牌的印象，整个结尾言简意赅，精当凝练，很容易使人记住。

2）提出建议，促使行动

提出建议、促使行动就是在结尾时向受众提出建议或请求，以促使他们采取行动。例如，北京移动通讯的广告，其正文介绍了服务网点不断增加，服务如影随形的企业优势后，这样结束全文：

就在你身边的优质服务，还不马上感受一下？
请登录北京移动网站 www. bj. chinamobile. com 查询服务网点的地址吧！

再如，“百万爱心召集行动”的广告，其正文显现了北京广播电台“音乐之声”举办这次捐助特困儿童活动的重要意义，告诉社会公众只要捐助 2 元钱，就可以帮助这些儿童实现“我要上学”的梦想，广告在结尾处这样写道：

音乐让爱起飞
学习让梦想起飞
百万爱心的集合，让更多孩子的希望起飞！
拿出手机编写 520，移动用户发送到 8888，联通用户发送到 9888，即可把爱传出去。捐助 2 元/每通给无法上学的孩子！

广告正文的写作要求是：其一，要保证正文内容与广告标题的和谐统一；其二，要简明扼要，重点突出；其三，要具有说服力，要能打动人心。

3. 广告语

广告语又称广告口号、广告标语，是为了加深受众对企业或产品的印象，在较长的时期内反复使用的标语口号性的语句。广告语通常比较简短，但可以表现一个完整的广告主题，集中体现企业、产品最能打动人心的品质。广告语具有一定的稳定性和反复宣传的特点，可以在相当一个时期内保持不变，因而它常常具有近乎商品品牌的作用，人们一看到或听到这些广告语，就立刻会联想到相关的商品，例如，人们一听到“味道好极了”的广告语，就会想到雀巢咖啡。广告语在整个广告文案中具有相对独立的地位，它可以超越广告的具体内容而单独发挥作用，但也可以作为广告的标题或正文的结尾部分。

广告语从内容上可以分为产品广告语和企业形象广告语两类：

（1）产品广告语

产品广告语是体现产品或服务的特色、质量等特征的广告语。例如，雪碧汽水的广告语“晶晶亮，透心凉”，雀巢咖啡的广告语“味道好极了”，农夫矿泉水的广告语“农夫山泉有点甜”，皮炎平药膏的广告语“迅速止痒，当然不求人”，冷酸灵牙膏的广告语“冷热酸甜，想吃就吃”，瑞士旅游服务的广告语“世界的公园：瑞士，瑞士，还是瑞士”。

（2）企业形象广告语

企业形象广告语是以树立企业形象，昭示企业宗旨为目的的广告语。例如，海尔集团的广告语“真诚到永远”，小天鹅集团的广告语“全心全意小天鹅”，诺基亚公司的广告语“科技以人为本”，张裕公司的广告语“传奇品质，百年张裕”，《中国日报》的广告语“让世界了解中国，让中国了解世界”。

广告语的写作要求是：其一，要凝练地反映出产品或企业最令人心动的品质；其二，要易于上口，容易记忆；其三，要尽可能包含产品品牌或企业名称；其四，长短以两句以内为宜。

4. 附文

附文是指广告中那些与主题没有直接关系的、方便受众查阅和使用的信息。附文的内容一般包括企业及其销售商的名称、地址、电话、电挂、传真、邮政编码、网络主页和E-mail地址、开户银行等。附文通常放在广告正文的后面，在字体、字号大小等表现形式上一般要与正文有所区别，以免喧宾夺主。

三、广告文案的写作要求

广告文案的写作应该努力达到主题鲜明凝练、表达简洁而富于创新的要求，这些要求同时也是评价广告文案好坏优劣的主要标准。

1. 主题鲜明凝练

主题鲜明凝练就是要求广告必须明确而集中地表达出事物最具特色的品质。如果是商品广告，主题鲜明凝练就是要凸显该商品区别于其他同类商品的、对受众来说最关键的特征，要向受众提供购买该商品的独特理由；如果是企业广告，主题鲜明凝练就是要凸显该企业不同于其他企业的、对受众来说最具影响力的特色，要向受众提供认同和支持该企业的充分根据。就商品广告而言，只有突出了商品与众不同的特点，向受众提供购买该商品的独特理由，才能够使该商品从众多同类商品中脱颖而出，才能够抓住受众的注意力，激发他们的兴趣和购买欲望。例如，M&M 巧克力的广告语“只溶在口，不溶在手”，就是一则主题鲜明凝练的广告。一般的巧克力温度稍高便容易溶化，小孩子拿在手里吃，常常沾得满手都是，而 M&M 巧克力外面裹了一层糖衣，温度高一些也不会溶化，这就消除了小孩子食用时可能产生的麻烦。这则广告凸显了 M&M 巧克力的这一特质，对那些希望自己的孩子吃巧克力时不沾手的受众自然很有吸引力。又如，当初娃哈哈果奶初入儿童市场时，儿童果奶市场尚处于启蒙阶段，娃哈哈的品牌知名度也不高，但仅凭一句后来响彻大江南北的广告语——“喝了娃哈哈，吃饭就是香”，便迅速启动了市场，建立了很高的品牌知名度。这句广告语之所以能够取得如此辉煌的广告效果，就在于它把娃哈哈果奶的特质和独特的购买理由凝聚到一个“香”字上，凸显了商品最要紧、最关键的品质。孩子厌食是一个几乎令所有年轻父母甚至包括很多爷爷奶奶忧心忡忡的问题，这个“香”字，抓住了中国父母的优势需要，满足了他们的渴求，自然能够打动他们，使他们成为娃哈哈果奶的追捧者。

主题鲜明凝练是对广告文案最重要的要求，能否达到这一要求，对广告效果有关键性的影响。如果广告主题不鲜明，商品的特质没有得到揭示，受众就不知道该商品与其他同类商品相比有什么特别之处，因而也就不会特别关注该商品，更不会产生强烈的购买欲望。例如，种子酒的广告语“播下幸福的种子，托起明天的太阳”，就是一则主题不鲜明，甚至让人不知所云的广告。酒的种类、品牌极多，要想让受众产生购买欲望，愿意品尝广告推销的酒，就应该告诉受众这种酒有什么特别之处而值得去购买，而这则广告虽然语气豪迈，却没有透露一点有价值的信息，看了这则广告，人们无法从中得到购买这种酒的特别理由，购买的欲望当然也就无从产生了。或许有人说这则广告是在强调酒的效力，喝了它就可以大有作为。这样理解酒的作用过于牵强，甚至可以说非常荒唐，因而人们也是难以接受的。主题不仅要鲜明，而且还要凝练，也就是要集中而不能分散。如果不能根据受众的需要对广告主题进行最大限度的浓缩，不能将受众最关心、对他们最具影响力的信息提取出来，再将其容纳到简短的言辞之中，那么广告就可能啰啰嗦嗦，废话连篇，让人不得要领，即使能够做到言辞简练，也无法避免空泛多余之辞。例如，海尔帅王子冰箱广告宣传单上的广告语：“无氟无霜，中国第一代。”广告语一共 9 个字，可以算得上简短，但主题不够凝练。“无氟无霜”还可以算是该商品的特色，而“中国第一代”对一般的受众来说，不仅是不会去关心的信息，而且还可能产生负面影响。因为“第一代”的产品往往就是不完善而将来需要更新换代的产品。

2. 表达简洁而富于创新

表达简洁而富于创新就是要求广告的语言表达应该简洁精练而又富有创造性。广告，特别是广告语的语言表达要简洁精练，这一要求与广告传播的特点和人的记忆规律密切相关。在现代社会里，由于生活节奏的加快，心理压力的增大，人们越来越没有时间、精力和耐心阅读长篇大论的文章，对广告来说更是如此。广告常常是在人们不情愿的情况下闯入人的视觉和听觉领域内的，只有表达简洁精练，占用时间很短，人的耐心限度未被突破，人们才会把一则广告看完或听完；如果言辞冗长，占用时间较长，人的耐心限度被突破，人们便会对广告感到厌烦而设法躲避。所以，要使受众对广告不产生厌烦情绪，就必须将广告的长短限定在人的耐心可以承受的限度内。再从人的记忆规律上看，冗长繁复的广告难以在短时间内给人留下清晰牢固的印象。一般认为，人们在短时间内的记忆容量最多只有 5～9 个信号单位，很显然，简洁的广告内容比冗长繁复者更容易让人记住。有调查表明，对 6 个字以下的广告标题，有 34％的人看一次就能记住；对 6 个字以上的广告标题，看一次就能记住的人则只有 13％。所以，从人的记忆规律上看，要让受众记住广告内容，要让受众对广告内容印象深刻，广告的语言表达必须简洁精练。但需要指出的是，表达简洁并非只是语言形式上的要求，并非只是单纯要求广告的语言表达要简短而不能冗长，要简明而不能繁复，更重要的是要求以简洁的表达形式凸显广告的主题，传递最有价值的信息。语言是表达意义的工具，脱离了意义的表达，语言形式也就失去了存在的价值。表达的简洁精练，必须有内容的凝练集中与之配合，这样的简洁精练才是有意义的，才能获得完美的表达效果，才能给受众留下深刻的印象。如果单纯追求语句的简短，那么即使达到了这样的目标，也毫无价值可言。因为如果不能传递对受众有价值的信息，不能向受众提供接受广告内容的独特理由，言辞的简短和冗长就没有什么本质的不同。例如，新飞冰箱的广告语："新飞广告做得好，不如新飞冰箱好"，这则广告只是说新飞冰箱好，但好在哪里，独特的优势又在哪里，统统没有说明。这样的广告语，短则短矣，但主题过于空泛，没有提炼，没有凝聚，没有揭示任何独特的、足以吸引受众的商品品质，再加上"广告做得好"和"不如冰箱好"这两个分句间的逻辑关系让人费解，因而很难一出现就给受众留下深刻印象。

广告的语言表达不仅应该简洁精练，而且还应该具有创新性。这一要求与广告接受过程的特点密切相关。广告的接受过程实际上就是一个引起注意、激发兴趣、说服受众的过程。任何广告，不论是商业广告，还是非商业广告，其根本目标都是要说服受众认同和接受广告的内容，并做出广告明示或暗示的行动。要达到这样的目标，广告首先必须能够吸引受众的注意，激发他们对广告内容的兴趣，使他们愿意看下去或听下去，这是任何广告达到说服目的的基本前提。广告的内容和形式都可能具有对受众的吸引作用。从内容上看，切合受众需要的主题是吸引受众注意的重要因素。年轻的父母自然会对婴幼儿用品广告格外关注，因为他们有这类商品的需要；年轻的女性自然会对化妆品广告特别留意，因为她们特别需要这类商品。从形式上看，语言表达的新颖、独特也能够对受众产生吸引作用。许多广为流传的广告语在表达形式上都具有这样的特点。例如，"一旦拥有，别无所求"（飞亚达手表广告），"车到山前必有路，有路必有丰田车"（日本丰田汽车广告），"不打不相识"（某打字机广告），"第一流产品，为足下增光"（某鞋油广告），"聪明不必绝顶"（美加净颐发灵广告）等。这些广告语由于表达形式上的新颖、独特，很容易引起受众的注意，并给他们留下深刻的印象。广告语要达到新颖、独特的表达效果，就必须不落俗套而富有创新性。但需要指出的是，首先，就获得良好的广告效果而言，广告主题的作用是最根本的、最关键的，表达上新颖独特的作用则是从属性的。如果能够找到商品特质与受众需求的最佳切合点，并将这一特质凸显出来，即使是一句十分平常的话，也可以获得良好的广告效果，"喝了娃哈哈，吃饭就是香"这句近乎大白话的广告语，就是一个非常典型的证明。如果广告的主题不能做到鲜明凝练，即使表达形式新奇有趣，广告也难以达到期望的效果，受众最多是把这样的广告当作语言文字游戏看待，感兴趣的只是表达形式本身，而不是广告的主题诉求，因而无法起到说服受众并推动他们行动的广告目标。就最理想的状况而言，广告应该同时达到主题鲜明凝练和表达简洁而富有创新这两个方面的要求，如果二者难以两全，也应该首先保证主题的鲜明凝练。其次，表达的新颖独特并不意味着要片面追求语言形式的"新、奇、巧"和陌生化而排斥语言表达的通俗易懂，自然质朴。语言表达形式的新颖独特与通俗质朴并不是矛盾而不能相容的，前者完全可以而且应该在后者的基础上生成人们喜闻乐见的表达形式，大量的文艺实践，如小说、相声等，都能够说明新颖与通俗的这种关系。广告的语言表达通俗质朴比较适合广大受众的日常语言使用习惯，也与他们的语言接受能力相适应，因而比较容易被他们接受。如果只顾追求新奇的表达形式，而不顾广大受众的语言习惯，所产生的表达效果就可能不是新颖而是怪异。

四、广告文案的语言技巧

广告文案的语言技巧主要包括词语的运用、句式的选用、修辞手段的运用三个方面。

1. 词语的运用

（1）近义词对举

近义词是词义相近的词，近义词的对举就是在相同的结构位置上成对地使用近义词。这种方法既可以避免用词重复，又可以显示出事物同中有异的差别，使表达更为准确。例如，《福建文学》的广告语"特区风貌，侨乡风情，海峡风波，时代风云"，"风貌"和"风情"在这里是近义词，都指一个地方独特的情景和面貌，但"风情"还包含有独特的风俗人情的意思，用来描述"侨乡"既贴切，又可以显示出"侨乡"与"特区"的不同；"风波"和"风云"在这里也是近义词，都指动荡不安的局势，但"风波"语意较轻，且带有一点贬义，"风云"语意较重，感情色彩中性，这两个近义词对举，准确地反映出两种局势动荡的不同。

（2）反义词对举

反义词是词义相反或相对的词，反义词对举就是在相同的结构位置上成对地使用反义词。这种方法可以使要强调的信息在对比中显得更加突出。例如，某房地产的广告语"小钱让你拥有一个大家"，"小"和"大"是反义词，"小钱"和"大家"对举，使该房产良好的性价比得到突出的表现。又如，伊利雪糕的广告语"苦苦的追求，甜甜的享受"，"苦"和"甜"是反义词，广告作者通过"苦苦"与"甜甜"对举，极力表现顾客对伊利雪糕的渴求和渴求实现后的甜美心情，同时"甜甜"也准确刻画了雪糕的味道。这则广告给人印象深刻。

（3）词语超常运用

词语超常运用就是词语的运用违反一般语言习惯，但在特定的语境中又可以被人理解和接受。词语超常运用是一种语言表达形式的"陌生化"，其实质是有意违反语言习惯，以使人们对本已熟视无睹的事物能有新的发现和新的感受。从表达效果上看，超常运用常常可以使人产生新异和惊奇的感觉，容易给人留下印象。例如，某苹果汁的广告语"好苹果是喝的"，按一般表示习惯，"喝"的东西必须是液体的，而"苹果"是固体的，按常理是不能"喝"的，但在苹果汁广告这个特定的语境里，这种词语的超常运用又是可以理解和接受的，这种表达不仅新奇，而且有一定的道理，好苹果做成汁来喝，可能更容易为人体吸收，更有益于健康。又如，某孕妇服的广告语"挺身而出，展露女性最美曲线"，这里的"挺身而出"并没有使用惯用的意义——"勇敢地担当艰险的事情"，而是对孕妇体态的刻画，这种超常运用不仅让人感到惊异，而且仔细一想，的确又形象又生动，因而很容易给人留下深刻印象。但应该指出的是，词语的超常运用并不是任意乱用，表达的意思在特定的语境中必须是人们能够领会的，可以让人感到惊奇，但又必须使人觉得有道理而不觉得荒诞。否则，超常运用只能造成语句不通，表达混乱。

2. 句式的选择

（1）信息安排与句式选择

语言中存在着大量的"同义句"，即形式不同，但却可以表达相同或相近意义的一组句子。例如，下面a、b、c三句就是这种同义句：

a. 小明摔碎了杯子。

b. 小明把杯子摔碎了。

c. 杯子被小明摔碎了。

同义句的选择与句中的信息安排有关。句子是用来传递信息的，但同样的信息可以利用不同的句式做出不同的安排，以突出说话人想要听话人注意的那部分信息。句中的信息安排主要体现为话题和焦点的选择。话题是句子表述的出发点，例如，“那本书我已经读过了”，“那本书”是句子的话题；“我已经读过那本书了”，“我”是句子的话题。话题通常处在句首，所以显得比较突出。焦点是话语中信息的表达重点，也就是说话人最想让听话人注意的信息。句子中的焦点有两种，一是常规焦点，常规焦点通常位于句子的末尾；一是对比焦点，对比焦点是说话人采用强调手段加以突出的信息，是句子信息的重点。例如，“是他向老王借的”，“是”对“他”加以强调，标志着“他”是对比焦点，是信息的重点；“他是向老王借的”，“是”对“向老王”加以强调，标志着“向老王”是对比焦点，是信息的重点。

在广告文案中，可以利用话题和焦点的位置来突出应该强调的信息。可以利用话题的位置突出某些信息，例如，“立邦漆，处处放光彩”，“网易，网聚人的力量”；也可以利用常规焦点的位置突出某些信息，例如，“更多选择，更多欢笑，都在麦当劳”；还可以利用对比焦点突出某些信息，例如，“没有最好，只有更好”；还可以利用修饰成分突出有关信息，有的“修饰语+中心语”表达的是一个完整命题的意义，对这种结构来说，修饰语就是它们的信息焦点，例如，美的电扇的广告“挡不住的风情”，香港维多米广告“维生素最多的米”。

（2）形式齐整要求与句式选择

均衡是人的一种审美取向，形式齐整的广告语在形式和内容上都具有一种均衡的美，因而可以满足人们的审美需求。

在语言表达上获得形式齐整的效果可以采取同字复现的手段，即连用两个或多个结构相同、长短一致的语句，并且每个语句中都出现相同的字，例如，某童装广告“童真，童趣，童乐”；M&M巧克力广告“只溶在口，不溶在手”。也可以采用拆分重组的手段，就是将一个词语，通常是产品的品牌或企业的名称，拆分成单字，再用这些单字分别组合成两个长短齐整的语句，例如，网易的广告“轻松上网，易如反掌”。还可以采用首尾回环的手段，例如，天然居酒家广告“客上天然居，居然天上客”，万家乐电器广告“万家乐，乐万家”。还可以采用修辞中的对偶和排比手段，使用对偶手段的，例如，中国人民保险公司广州分公司广告“事事保险，岁岁平安”；使用排比手段的，例如，索尼彩电广告“多么清澄的海底，多么绚丽的色彩，多么自如的生命。啊！自然的色调——请看索尼彩电！”

3. 修辞手段的运用

修辞是语言艺术化的重要手段，它用各种手段和方法对语言表达形式进行加工和雕琢，使其更加准确、鲜明、生动、有力。广告，特别是广告语应该表达简洁而富于创新，为了达到这样的表达效果，为了使受众在接触广告的瞬间便能够被其所吸引，在广告文案的写作实践中，人们常常运用各种修辞手段以加强语言的表达效果。广告中常用的修辞手段有反复、对偶、排比、回环、仿词、析词、比喻、双关、夸张等。

（1）反复

反复就是有意重复某个词语或句子。在广告文案的写作中，反复手段的运用可以使广告的重要信息频繁复现，增强这些信息对受众的刺激，强化和巩固受众的印象。例如：

燕舞，燕舞，一片歌来一片情（燕舞牌收录机广告）

胃痛吗？胃酸吗？胃胀吗？请用斯达舒（斯达舒胶囊广告）

（2）对偶

对偶就是将结构相同或大致相同、字数相等、意义上密切相关的两个词组或句子，对称地排列在一起。对偶可以使语言表达形式整齐匀称，节奏明快，使表达内容精练概括，因而是中国人喜闻乐见的一种修辞方式。例如：

同升一面旗，共爱一个家（国旗公益广告）

一直被模仿，从未被超越（某汽车广告）

情系中国结，联通四海心（中国联通广告）

新春新意新鲜新趣，可喜可贺可口可乐（可口可乐广告）

（3）排比

排比就是将结构相同或大致相同、意义密切相关的一组词语或句子排列起来，以加强语言表达的气势。在广告文案的写作中，排比手段的运用可以让广告中的重要信息反复出现，以加深受众的印象，同时还可以加强语言表达的力度。例如：

画上一片蓝天，画上一片碧海，画上一只海鸥，在蓝色的世界里遨游（海鸥蓝色洗衣粉广告）

（4）回环

回环就是将前一个语句的词语颠倒次序而造出后一个语句，两个语句相连，形成一种循环往复的表达形式。在广告文案的写作中，利用这种修辞手段，不仅可以造成文字、声音上的回环之美，而且可以让词语颠倒构成的新语句产生新的含义，对广告中的重要信息进行说明和解释，加深受众的理解和印象。例如：

万家乐，乐万家（万家乐电器广告）

长城电扇，电扇长城（长城电扇广告）

中国电视报，报中国电视（《中国电视报》广告）

（5）仿词

仿词就是更换现成词语中的个别字眼，临时仿造出新的词语。这种修辞手段是对现有语言成分的创新运用，可以给人新鲜感，并引起人们的回味和联想。例如：

快治人口（华素片口病药广告）
六神有主（六神丸广告）
百衣百顺（某电熨斗广告）
聪明不必绝顶（某生发水广告）

（6）析词

析词就是将一个现成的词语分解为若干部分，再把它们同其他词语组合在一起，对原词语进行解释和说明。在广告文案的写作中，被分解并被解释的通常是商品的商标或企业的名称，通过析词手段，可以加深受众对它们的理解和印象。例如：

新乐，新乐，新的欢乐（新乐牌洗衣机广告）
康宝口服液，健康之宝（康宝口服液广告）

（7）比喻

比喻就是以打比方的方式描绘事物或说明道理。这种修辞手段可以使语言表达具体形象，鲜明生动。例如：

小骆驼跨进大上海（骆驼电扇广告）
波导手机，手机中的战斗机（波导手机广告）
好马配好鞍，好车配风帆（风帆汽车蓄电池广告）

（8）双关

双关就是利用语音或语义条件，有意造成语句具有字面意义和言外之意，而言外之意则是表达的真实含义。这种修辞手段可以使语言表达含蓄、诙谐、生动，能够给人留下回味和想像的空间。例如：

不打不相识（某打字机广告）
万事俱备，只欠东风（东风汽车广告）
1090，要灵就灵（T1090型冷光晒图机广告）

（9）夸张

夸张就是故意对事物做出扩大或缩小的描述。恰当地运用这种修辞手段可以加大刺激的强度，突出事物的特征。例如：

今年二十，明年十八（白丽香皂广告）
车到山前必有路，有路必有丰田车（丰田汽车广告）
鄂尔多斯羊绒衫，温暖全世界（鄂尔多斯羊绒衫广告）

第二节　公关新闻稿的写作艺术

一、公关新闻稿的性质和特点

新闻稿是利用简明的文字对新近发生的、社会公众普遍关注的事实做出及时报道的一种应用文体。公关新闻稿是利用简明的文字将公关主体新近发生的、社会公众普遍关注的事实及时报道给公关客体的一种应用文体。公关新闻稿与一般新闻稿在性质、结构、写法上基本相同，区别主要在于二者的目的和功能有所不同。公关新闻稿的发布目的是要增进社会公众对公关主体的了解和认识，提高公关主体的知名度和美誉度，争取公众的理解、支持和合作，扩大公关主体对公众的影响力。一般新闻稿的发布目的则主要是为了尊重全体社会成员的知情权和增加各种社会活动的透明度，以保证社会公正。

公关新闻稿和一般新闻稿同样具有真实性、时效性和简明性的特点。

1. 真实性

真实性是指新闻稿内容的真实可靠。真实是新闻的生命，保证内容的真实可靠是公关新闻稿最基本的要求。虚假新闻会误导公众，产生恶劣的后果。因而在公关新闻稿的写作中，不允许虚构和夸张，不允许主观臆测，不允许对事实的歪曲。

2. 时效性

时效性是指公关新闻稿应该迅速及时地报道新近发生的事实。没有时效性，新闻不“新”，新闻稿也就失去了存在的价值。不过，各种新闻文体的时效性要求并不完全相同，消息的时效性最强，通讯的时效性则相对弱一些。

3. 简明性

简明性是指公关新闻稿应该用简约的文字进行新闻报道。简明性要求公关新闻稿对事实要进行必要的概括和取舍，要求语言表达简明精练。

二、消息的写作

1. 消息的类型

消息是各种新闻媒体最常用的新闻文体，是一种用简明扼要的文字客观、及时地报道新近发生的重要事件的新闻体裁。消息大致可以分为动态消息和综合消息两类。

动态消息，也称动态新闻，是对有新闻价值的最新动态进行及时报道的消息样式。动态消息一般篇幅短小，内容单一，一事一报，叙述客观，表达简约。这种消息样式以报道新近发生的事件为主，必要时也可以涉及相关的背景材料，或做出最简约的解释，进行最概括的议论。下面是一则动态消息：

行政审批业务网上办理

晨报讯　近日，北京市发展改革委员会吴桂英副主任宣布北京市电子政务协同工作平台试运行顺利开通，这标志着历时一年的北京市电子政务网上审批二期工程建设已经取得了阶段成果，涉及12个委办局的128项行政业务上网办理，其余20个委办局业务明年3月底开始试运行，到明年6月底将有300项左右业务上网办理。联想IT

服务担当了这个平台设计和建设的总集成工作。

（《北京晨报》，2004－01－05）

动态消息是最基本、最常用的新闻报道形式，一些调查显示，在各种新闻媒体每天发布的大量新闻中，有近90%是由动态消息这种新闻样式报道给社会公众的。

综合消息是把发生在不同时间或不同地区、不同组织中而具有同类性质的事件综合起来进行报道的消息样式。动态消息一般是一条消息只报道一个事件，综合消息则是对若干个同类事件进行综合报道；动态消息一般篇幅短小，内容单一，综合消息则篇幅较长，内容较丰富。下面是一则综合消息：

我在东南亚组团游客多数已回国

国家旅游局向七个受灾国发去慰问电

本报北京1月1日讯（记者许志峰）从国家旅游局获悉：印度洋强烈地震及海啸发生后，国家旅游局一直与北京、上海、广东三省市旅游局保持联系，从目前掌握的情况看，多数组团游客已安全回国。

灾害发生期间，北京方面在泰国普吉岛约有150名游客，一个是由康辉、北京中旅、港中旅联合组织的包机团，约95人，已于29日早晨安全抵达北京；一个是由海洋国旅组织的旅游团，约50人，已移住远离海边的酒店。北京另在巴厘岛还有一个30人的旅游团，受海啸影响不大。上海方面，灾害发生期间有近500名游客在普吉、马尔代夫等地，28日中午已有337人安全返沪，29日早晨又有120多名游客抵沪，29日晚上海航空派出一架飞机将滞留在普吉岛的游客全部接回。广东方面近期团队不多，除深圳市约300人在东南亚旅游外，其余游客很少。

12月31日，国家旅游局向受灾较为严重的印度、印度尼西亚、斯里兰卡、马尔代夫、马来西亚、泰国、缅甸等7个国家旅游部门发去慰问电，表示诚挚慰问，并对遇难者表示深切哀悼。

（《人民日报》，2005－01－02）

2. 消息的结构和写法

消息通常由标题、导语和主体三部分构成。

(1) 消息的标题

标题是消息内容的概要，起提示消息内容的作用。消息的标题又分正题、引题和副题。正题是对消息主要事实的概括说明。引题又称肩题或眉题，位置在正题之上，一般用来交代形势、缘由，或说明目的、背景等。副题又称辅题或子题，位置在正题之下，一般用来提示消息中的重要细节，是对正题的补充。消息的标题可以只有正题，例如：

北京拟建国内首个机场商务区（正题）

如果消息全文很短，就比较适合采用这种只有正题的标题形式。消息的标题也可以既有正题，又有引题，例如：

微软下月在中国、挪威、捷克启动“正版增值计划”（引题）
盗版用户买正版 Windows 可打折（正题）

消息的标题也可以既有正题，又有副题，例如：

鸡年仍是“生育高峰”（正题）
专家提醒勿听信迷信扎堆生育（副题）

消息的标题还可以引题、正题、副题三者俱全，例如：

掌握市场动态进行宏观调控（引题）
洛阳建立物价预报制度（正题）
监测项目达一百四十一个品种（副题）

正题配上引题、副题，可以多角度、多侧面地介绍、提示、解释消息的内容，而且由于这种标题形式占用的版面较大，也就比较醒目，比较引人注意。不过，这种标题形式只适用于有一定篇幅的消息，如果消息的篇幅很短，加上这种标题就会显得头重脚轻，标题与正文比例失调。

（2）消息的导语

导语是消息的开头部分，其作用一是引起下文，二是吸引读者的注意力。导语可以是一句话，也可以是一段话。但如果消息的篇幅很短，就不一定要有导语，例如，下面这条短小的消息就没有导语：

黑龙江　用餐时间禁播“恶心”广告

本报哈尔滨 1 月 1 日电　记者蒋升阳报道：从 1 月 1 日正式实施的黑龙江省地方法规《广播电视广告播放管理暂行办法》规定：不得在 6 时 30 分至 7 时 30 分、11 时 30 分至 12 时 30 分以及 18 时 30 分至 20 时之间，播放容易引起受众反感的治疗脚气、痔疮等类药品和妇女卫生用品等类广告。19 时至 21 时黄金时间电视广告总量不得超过 15%；其他时间电视剧插播广告不得超过 2 分 30 秒。

（《人民日报》，2004－01－02）

消息有一定的篇幅时，通常都要有导语。常见的导语写作方法有叙述式、描写式、评论式、悬念式和结论式等。

1）叙述式

叙述式导语就是把消息里最重要的事实简要地讲述出来，这是导语最常见的写法。下面这条题为“北海救助局成功拖回遇险货轮”的消息，导语就采用了这种写法：

新华社电　26 日上午 8 时，交通部北海救助局把一艘在渤海遇险的浙江籍货轮“联众 9”成功拖回大连锚地。

（《北京晨报》，2005－01－27）

又如，下面这条题为“厦门招考公务员破除‘学历歧视’”的消息，导语也采用了叙述式：

本报厦门1月4日电 记者余继军报道：厦门市春季公务员招考今天开始报名。本次公务员招考与以往的最大不同是取消学历类别限制，所有职位所要求的学历均不区分全日制学历和非全日制学历。这是厦门市首次允许自考、电大、夜大、函授等国家承认学历的非全日制学历文凭获得者报考公务员。

（《人民日报》，2005－01－05）

2）描写式

描写式导语就是采用描写的方法，对某个人物、场景或情节进行具体、生动的描述和刻画，目的是为了渲染气氛，烘托主题。下面这条题为“重庆渝中区一小学学生进出校打卡报平安”的消息，导语就采用了这种写法：

1月10日17时，正是重庆市渝中区第二实验小学的放学时间。在一年级一班教室门口，学生们排起队，举着胸前的一张卡，依次在墙上的一个电子仪器前“嘀”地一刷……自去年末以来，学生进出校门“打卡”成为校园一道新的“风景线”。

（《人民日报》，2005－01－11）

又如，下面这条题为“武汉十万户困难家庭用上‘放心煤’”的消息，导语采用的也是描写式：

本报武汉1月13日电 记者杜若原报道：1月13日，江城武汉的气温比前两天又下降了许多，家住武昌文昌门小区的曹良英老人正发愁煤快烧完了，老远就看到对街“际平放心煤店”的“蓝马甲”小杨拖着一车煤站在家门口。曹太婆高兴地说：“感谢你们送的‘放心煤’！”

（《人民日报》，2005－01－14）

3）评论式

评论式导语就是采用议论的方法，对消息中的主要事实进行简要评析，目的在于帮助读者正确认识消息的主题。下面这条消息的导语就采用了这种写法：

截至去年底，中国在国外注册商标仅为9 566件，且大多分布在东南亚、中东和非洲等地区，这表明，中国产品国际化程度低，更缺乏在发达国家和地区的竞争力。

4）悬念式

悬念式导语就是采用设置悬念的方法，引发读者的好奇心，唤起读者对消息内容的关注。悬念的制造可以通过提问的方式。下面这条题为“7 000果子狸放生留难题”的消息，导语就采用了这种写法：

晨报郑州专讯　河南省林业厅、省财政厅、省畜牧局等5个厅局11月11日联合下发文件处理人工养殖果子狸问题。文件下发后，全省9个市人工养殖的7 000多只果子狸被放生到野外。果子狸放生野外是否会形成新的威胁？如何补偿果子狸养殖户？果子狸放生野外后留下一些难题。

（《北京晨报》，2004-12-08）

5）结论式

结论式导语就是直接指出消息的结论，然后由下文具体说明这一结论是如何产生的。这种导语与悬念式导语异曲同工，二者都可以引发读者探寻究竟的兴趣。下面这条题为“我国正考虑筹建WTO学院”的消息，导语就采用了这种写法：

晨报讯　眼下的中国已经成为全球贸易中最大的反倾销受害者。但与年年激增的反倾销案件极不协调的却是中国国际化反倾销人才的奇缺。

（《北京晨报》，2004-12-09）

（3）消息的主体

消息的主体是消息的主要部分，具体事实的叙述、主题的揭示和深化都在这一部分完成。

消息的主体部分与任何新闻稿一样，要具有真实性、时效性和简明性的特点，此外，在消息主体的写作过程中，还需要注意以下几个方面的问题：

1）主体的内容与导语的引导

导语是用来引导消息主体的，它的内容是对主体部分的概括和提示；消息主体应该是由导语引发的，应该紧紧围绕导语中提出的问题、事实或观点；主体与导语不能相互游离或脱节。一则合格的消息文稿，应该使主体与导语在内容上达到高度统一。下面这条消息就达到了内容统一的要求：

中医药要申报世界文化遗产

申请报告初稿已完成，计划在年内提出申报

本报北京1月6日讯（记者王淑军）今天从国家中医药管理局获悉：中医药将首次向联合国教科文组织申报世界文化遗产，以保护和发扬我国珍贵的传统中医药文化。

国家中医药管理局国际合作司沈志祥司长透露，目前，该局正会同教育部、文化部、卫生部等部门进行申报文化遗产的前期准备工作，申请报告的初稿已经完成，正进一步完善，计划在年内提出申报。此次申报的中医药将包括中医、中药和民族医药等内容，申报的是非物质文化遗产。

沈志祥说，中医药是中华民族优秀的传统文化，中医药学是中华民族发展繁衍过程中形成的独特医学科学体系，有完整的理论体系和丰富的临床实践体系。世界卫生组织在2003年《全球传统医学发展战略》中，明确指出针灸、中药等传统医药正在全球获得广泛重视，在人类保健中发挥着日益重要的作用。

中医药的国际影响力日渐扩大。截至2004年底，我国已与美、加、法、英、德等51个国家签订了含有中医药条款的卫生合作协议，与挪威、爱尔兰等国签订了专门的中医药合作协议17个，已初步形成多形式、多渠道、多层次的国际交流合作格局。据不完全统计，在世界130多个国家的中医医疗机构目前有5万多家，针灸师超过10万人，注册中医师超过2万名，每年约30%的当地人、超过70%的华人接受过中医药医疗保健服务。两周前，美国国家卫生研究院下属两个机构完成迄今规模最大、为时最长、最严格的针灸试验，经对570名患者的试验证实，中国针灸完全可以成为关节炎治疗的新手段，能缓解疼痛、改善膝关节功能，且未发现任何副作用。

（《人民日报》，2005－01－07）

这条消息的导语，即第一自然段，交代了一个新近的事实，即“中医药将首次向联合国教科文组织申报世界文化遗产”，并指出实施这一申报行动的目的在于“保护和发扬我国珍贵的传统中医药文化”。消息主体部分的第一自然段照应导语交代的事实，进一步提供了这一申报工作的具体细节。第二、三自然段则分别从特色、水准、作用和影响几个方面，紧扣导语中的“珍贵”二字，对中医药文化的独特价值进行了说明，从而也就使导语指出的申报目的得到了阐释，使读者明白为什么要“保护和发扬我国珍贵的传统中医药文化”。

2）事实的选择与主题的表现

消息主体是记述新近发生的事件的，但一个事件是由许多方面的细节构成的，这些细节不可能，也没有必要都写进消息里，因而在消息写作的过程中，必须对有关的事实进行筛选，是否能够很好地说明和表现主题是筛选的基本标准。消息篇幅短小，容量有限，就更需要对有关事实进行精心选择，以求在较短的篇幅内使主题得到充分、有力的表现。下面这条综合消息在事实的选取上就充分考虑到了表现主题的需要：

整治违法企业保障群众健康　安徽遏制污染反弹

本报合肥6月4日电记者　刘杰报道：6月3日，安徽省政府召开淮河、巢湖流域水污染防治工作会议，强调加强防治措施，多管齐下，遏制反弹，整治污染。省政府督促两个流域10个市的分管副市长和相关部门建立健全“长效机制”，真正让淮河、巢湖早日变清。

今年以来，特别是进入4、5月，淮河、巢湖流域的污染反弹严重，少数市县工业企业的污染反弹率竟高达70%。淮河干流的水质由过去的入境五类、出境三类，转变为出境水劣于入境水，污染状况令人担忧。

安徽省决定依法加大对重点流域污染防治力度。一是强调对违反环境保护法律法规及有关规定行为的行政处分规定，严格执行“十五”期间主要污染物排放总量控制意见。二是严肃执法纪律，实行责任制和责任追究制，对环境违法行为知而不查、查而不处、处而不实、敷衍了事的环保部门和工作人员，追究责任。三是加大处罚力度，该取缔的坚决取缔，该停产的坚决停产，该整改的坚决整改，该罚款的确保不打折扣。对重点案件挂牌督办，向社会公开处理结果，接受群众监督，让群众满意。四是狠抓企业和入河排污口超标排放问题，加大污染隐患查处，从根本上治理污染反弹。对淮河巢湖流域污染源全面清查，积极消除重大污染事故隐患，对屡次超标排放企业强制实行“清洁生产审计”，严格“污水排放许可证”发放管理，超标严格处罚，严重的收回许可证。五是对“十五小”和“新五小”污染企业，一经发现，坚决取缔，对顶风作案者从严从快查处。

（《人民日报》，2004-06-05）

消息的主体部分，即第二、三自然段，先指出存在的严重问题，以具体的数据说明“淮河、巢湖流域的污染反弹严重”，“污染状况令人担忧”，然后列举了安徽省加大污染防治力度、遏制污染反弹的五个方面的措施。整个主体部分记述的事实都紧紧围绕着“遏制污染反弹”这一主题。

3）结构的安排与人的认知规律

消息主体的结构安排和记述的展开应该符合人的认知规律，符合人们认识事物的习惯，这样才便于读者理解消息的内容。消息主体的写作过程中，可以按时间顺序，也可以按逻辑顺序来安排事实材料，展开对事件的记述。按时间顺序安排，就是按事件各个环节发生的先后顺序来记述，这是消息，特别是动态消息最为常见的结构安排方式。下面这条消息的主体部分所采用的就是这种结构方式：

沈阳一旅社失火造成7死5伤

新华社电 沈阳市欣峰旅社6日凌晨发生火灾，造成7人死亡，5人受伤，另有20名受困人员被消防官兵成功解救。

欣峰旅社位于沈阳北站站前广场西南侧，建筑面积400平方米。6日凌晨3时14分，沈阳市消防支队接到火警，随即出动11个消防中队的32辆消防车。火灾于3时35分被扑灭。目前，受伤人员正在医院接受治疗，旅社业主已被公安机关传讯。有关部门正就火灾原因、损失情况等进行调查。

（《北京晨报》，2004-12-07）

这条消息的主体部分，即第二自然段，是按照从接到火警到火灾被扑灭，再到目前情况这种时间的先后顺序来记述事件的。按逻辑顺序安排，就是按照事件各个环节之间或事件与事件之间的逻辑关系来记述。如果记述的事实无明确的事件线索，或难以按时间有效地组织材料，就比较适合采用逻辑顺序来结构整个主体部分。下面这条消息的主体部分所采用的就是这种结构方式：

依法治水科学管水高效用水 四川倾力打造节水型城市

本报成都1月11日电 记者刘裕国报道：进入三九，虽是隆冬枯水时节，但记者看到，成都市浣花公园3万平方米的水系仍然清水长流。人们很难想到，这流水来自南郊污水处理厂。这是四川省坚持实施“依法治水、科学管水、高效用水”、打造节水型城市成果的一个缩影。目前，四川省城市计划用水率达90%以上，城市污水处理率32%，工业用水重复利用率55%。

四川省水资源相对丰富，人均占有水资源3 029立方米，但水资源分布极不均匀，地区分布与人口和国民经济配置不相适应，地区性缺水、季节性缺水和水质性缺水形势严峻，多数城市水的供需矛盾突出。近年来，四川省各地加强节水工作，目前全省32个建制市中已有28个成立了城市节水办公室，另有44个区（市区）、县相继建立了城市节水办公室。四川省先后颁布了《四川省城市节约用水管理办法》和《四川省城市供水条例》，各地还结合本地实际制定了一些规章，使开展城市节水工作有法可依。同时，各地采用多种渠道，充分发挥报纸、电台、电视台、网络的宣传作用，提高市民节约用水意识。

开展城市节水，实行计划用水是核心。近年来，四川省不断扩大计划用水面。成都市为计划节水工作筹集资金5 500万元，先后为30多个企业和区县节水办提供低息节水贷款400多万元。各地城市对新建、改建、扩建的取水项目一律进行水资源论证，对未经论证或论证不合格的取水项目一律不受理取水许可申请。凡无证取水的，依法予以查处。截至2004年底，全省累计发放城市项目取水许可证2万多套。

四川还狠抓节水设施建设，推广应用节水器具，大力开展城市污水回用。全省建制市污水年排放量近13亿立方米，污水年处理量4亿立方米。成都市污水处理厂季节性水资源综合利用一期工程，每天将污水处理厂处理的30万立方米城市污水用以冲洗南河，以缓解枯水期南河上游无新鲜来水的问题；其二期工程所生产的中水，广泛用于生活杂用水、消防用水、环境绿化用水、市政用水。

（《人民日报》，2005-01-12）

这条综合消息的主体部分，即第二、三、四自然段，是按照组织保障、制度法规建设、实行计划用水、狠抓节水设施建设等几个方面来组织材料的，这几个方面的顺序安排，既体现出记者对"打造节水型城市"工作环节的认识，也反映了他对这些工作环节所具有的不同重要程度的看法。

三、通讯的写作

1. 通讯的特点

通讯是报纸、电台和通讯社常用的新闻文体之一，是一种以写人叙事为主的新闻体裁。与消息相比，通讯有如下特点：

（1）从内容上看，通讯对事实的选取更注重典型性，消息则更注重事实的新闻性，应该说通讯对事实的选取要求更严格一些，消息则要宽泛一些，可以写成消息的事实不一定都适合写成通讯。通讯对事实的陈述较为具体、详尽、全面，消息对事实的陈述则更为概括，简要。

（2）从语言表达上看，通讯的写作以叙述和描写手法为主，并辅之以适量的议论和抒情；消息则通常只使用叙述的手法，间或使用议论的手法，很少使用描写和抒情的手法。通讯允许在故事情节的铺陈、事实细节的描绘、结构的安排上接近文学作品，可以运用多种文学的表现手段，可以讲究辞章的华美，而消息通常比较朴实直白，很少运用文学的表现手段，最多在个别局部有些细节描写，而不会通篇都像文学作品。但需要注意的是，通讯与消息相比，虽然可以具有更多的文学色彩，但它本质上仍是一种新闻文体，因而必须同消息一样坚持叙事的真实性原则，不能像文学作品那样虚构人物、情节和细节。

（3）从篇幅上看，通讯一般较长，消息则短小精悍，因而就一个事件的报道而言，通讯往往可以比消息提供更多的细节和相关信息。

2. 通讯的类型

通讯从内容侧重的角度可以分为人物通讯、事件通讯、工作通讯和概貌通讯。

（1）人物通讯

人物通讯是反映人物的事迹和思想风貌的通讯。人物通讯以人物为中心进行报道，重在表现人物的品质、性格和精神面貌，通过个别显示一般，达到揭示时代特征、感染教育读者的目的。人物通讯主要有两种类型，一是传记式人物通讯，一是特写式人物通讯。传记式人物通讯就是较完整地写出人物一生的主要事迹，这种人物通讯篇幅较长，内容丰富。特写式人物传记侧重写人物的一时或一事，或一个侧面，篇幅通常要短一些，内容也比较集中一些。

例文 9.1

高风亮节照后人

——追记老红军、总参离休干部肖麦萍

去年 9 月 4 日傍晚 6 时 40 分，总参原防化部顾问肖麦萍同志走了，享年 79 岁。冬去春来，人们没有因为时间的逝去而淡忘他。大家谈起他立党为公、无私奉献的一生，无不为之动容，无不为之敬佩。中央军委副主席迟浩田上将亲笔题词：“肖麦萍将军永远活在我们心中。”

肖麦萍不幸病故后，子女们从妈妈的手里看到了父亲 4 年前在除夕之夜留下的亲笔遗嘱：“身后丧事，一切从简，不发讣告，不发通知，不举行遗体告别，家中也不设灵堂……”

面对父亲的遗嘱，子女们开始有些想不通。他们认为，父亲参加革命 60 多年，又是一名高级干部，有很多的亲朋好友，应该在他人生的最后一站，举行一个隆重而难忘的送别仪式。他的老伴都兴杰忍着悲痛说，我和你爸都是无神论者，不管你们举行多么隆重的送别仪式，你爸爸都是不知道的，也违背了你爸爸的遗愿。再说你爸爸的生前好友，大多年老体弱，不要让他们再经受这种悲痛的场面了。最后，全家人达成一致意见：按照遗嘱，身后丧事一切从简，不给组织添麻烦。都兴杰没有告诉干休所的领导，自己花钱雇了一辆灵车，率子女悄悄地将肖麦萍遗体送到八宝山火化。

肖麦萍 16 岁参加革命后，长期在罗荣桓同志领导下工作。罗帅经常告诫部下，共产党员要经得起考验，在待遇面前要做到一不伸手，二不张口。肖麦萍牢牢地记住了这两句话，并把它作为自己的座右铭。

1961 年，肖麦萍就是正军职领导干部，一直到 1988 年从总参防化部顾问岗位上退下来，近 30 年职务没有动，不少战友为他感到惋惜。对此，他总是淡淡一笑说：“同那些牺牲了的战友相比，还有什么不满足的呢!”

肖麦萍离休后，身体一直不大好，住地距单位和解放军总医院都很远，看病吃药很困难。他与另一位同志共用的一辆尼桑车经常出故障。当时任总参谋长的迟浩田同志提出要给他换一辆好车，肖麦萍婉言谢绝了。近年来，党中央、中央军委给红军时期的军职干部配发了专车。肖麦萍不但没有专车专用，他还再三说明，专车大家都可以用。每次用车，他也总是提前一天给干休所打电话预定。

1970年，肖麦萍搬进北海附近的住处。从那时起到1996年，他在这个98平方米的旧房子里一住就是26年。1996年10月，肖麦萍被安置进北极寺干休所。搬家那天，肖老的全部家当一台卡车还没装满，除了3张硬板床、1套破沙发、2个装衣服的木箱子外，就是七八筐书籍，没有一件像样的家具。

1986年秋，肖麦萍到某防化团看望部队时，认识了十渡镇九渡村村民穆宗山和郑有德。这两家人生活困难，特别是穆宗山，腿有残疾，家里很穷，56岁了还是光棍一条，与70多岁的盲人母亲相依为命。肖麦萍和老伴想，作为一名老红军，有责任帮助老区人民脱贫致富，把党的温暖送给他们。从此，肖麦萍和老伴每年要来这里三四次，给他们送来大米，带来衣服，留下零用钱，13年来从未间断。

九渡村小学的孩子们忘不了他们敬爱的肖爷爷。这些年来，肖麦萍每次来看望这里的农民兄弟时，总忘不了带一些图书给学校。据不完全统计，肖麦萍先后为这所小学捐赠书籍400余册，还有足球、地球仪等教学用具。

肖麦萍病故的消息传到九渡村，村民们都为失去了一位好兄长、好朋友而悲伤不已。村妇女主任齐树芹说："肖老除帮助穆宗山、郑有德，还帮助过另外三四户人家，一直坚持了10多年。他从不张扬，直到肖老去世了，我们才知道他是一位老红军。"穆宗山拉着肖麦萍老伴的手，嘴里一个劲地说："大哥是个好人啊。"说着说着，泪水就流了下来。

（《人民日报》，2000-04-06）

（2）事件通讯

事件通讯是完整反映现实生活中具有典型意义的新闻事件的通讯。事件通讯以记事为主，不集中笔墨刻画某一个人物，更不能以人物为核心。

例文9.2

伪科学现形记

"财运，官运，桃花运，一算就准，一测就灵。"4月7日上午，石家庄市东大街科技馆外，八九个摇卦算命的正在招徕顾客。

耐人寻味的是，科技馆内，正在举办"崇尚科学文明，反对迷信愚昧"大型展览。厅内，封建迷信造成的触目惊心的恶果令观众警醒；厅外，沿路排开的算命先生摇头晃脑看手相、批八字。石家庄市巡警支队四大队二中队的巡警们灵机一动，决定对伪科学来一次"特殊行动"。

"能给我算一卦吗？"副队长李永生身着便服来到一个女"半仙"摊前。喜滋滋的摊主把他带到一个僻静的角落，操着河南口音开始了吉凶祸福的占卜。10多分钟之后，李队长亮明了身份，"半仙"立刻蔫了。同时，另外三名巡警也戳穿了其他的算命者，其中有瞎子，有瘸子，还有道貌岸然的"白胡子"老头。

"还是让我带你们见识一下真科学吧。"在巡警的带领下，"半仙"们被请进了科技馆。展厅内，摆放着一台大屏幕彩电，反复播放一幕幕骗子们骗人的伎俩。看到自己的伎俩被揭穿，瞎子老汉哑口无言，把竹签铜钱等“道具”交了出来。女“半仙”一脸羞愧。讲解员耐心地说，头顶开砖、口拉汽车、手指插叶风片、密封瓶中取药等所谓“绝活”其实就是魔术技法，人人稍加训练就能表演。

一个多小时的参观让伪科学现了原形。走出大厅，算命者中的一个吐露了实情：“算卦其实是为了骗几个钱”，另一个发誓“回去以后不骗了，干点正当事”。一个封建迷信市场就这样被取缔了。

（《人民日报》，2000-04-10》）

（3）工作通讯

工作通讯又称经验通讯，是主要反映实际工作中的经验和问题的通讯。工作通讯不同于工作总结和经验总结，工作通讯比较具体生动，具有一定的评论性和文学色彩。

例文 9.3

“绿”与“黄”的较量

在前不久结束的内蒙古自治区“两会”上，生态建设已被列为实施西部大开发战略的重头戏。自治区政府主席云布龙在政府工作报告中响亮地提出：要全力以赴，加快生态建设步伐。

此前，带着生态环境问题，我们采访了内蒙古中、东部的乌兰察布盟、锡林郭勒盟、赤峰市、通辽市。一路行进在“绿色”与“黄色”区块的交替中，所见所闻使我们真切感受到草原人民生态意识的觉醒，特别是四盟市保护草原生态环境、治理沙化退化草牧场、发展生态农牧业的经验与教训，给我们留下了深刻印象，也带来几多思考。

草原生态的“辩证观”：“绿”与“黄”是一对矛盾，“绿”在一定范围内覆盖了“黄”，“黄”则无处不在地侵蚀着“绿”。再造秀美草原，是一场“绿”、“黄”之战。

地处阴山脚下的乌兰察布大草原先前是深绿的，有北朝民歌作证，“风吹草低见牛羊”；而如今，随着草场的退化和多年的垦荒，乌兰察布大草原变成了浅绿色，有些地方甚至凸现了土地的原色——黄色。乌盟一位领导感叹道：乌盟穷就穷在生态上！

穷在生态，富也在生态。作为内蒙古草原的主体，一碧万顷的锡林郭勒大草原上的牧民，人均年收入在 3 000 元以上，居全区各盟市之首。锡盟是以畜牧业为基础经济的地区，全盟可利用草牧场面积 18 万平方公里。1998 年，锡盟牲畜饲养规模在 1 800 万头左右。谈及这些数字，锡盟盟委书记布和朝鲁居安思危，他介绍说，锡林郭勒大草原的南部就横亘着浑善达克沙地——“黄”正威逼着“绿”。

内蒙古东部的赤峰市则是一个由“黄”变“绿”的全国典型。赤峰人民把生态建设作为基本市策，不懈地在茫茫的黄沙上编织着绿色的网格：大规模地建设网状防护林，并在网格里种草种庄稼，发展农牧业。如今，绿网终于网住了黄龙，赤峰已有一半以上的荒漠化草牧场得到了治理。

科尔沁草原堪称通辽市的骄傲，然而，科尔沁沙地也是通辽市的心腹大患，“黄”“绿”之争尤为明显。多年来，通辽人咬定生态治理不放松，以“绿”镇“黄”，全市

5 400万亩沙地已有2 300万亩得到了初步整治。

实践证明，“黄”化——荒漠化——生态资源衰竭——贫困化是一种循环；“绿”化——环境美化——生态资源富足——小康化也是一种循环。

草原生态保护的“方法论”：发展集约化草原畜牧业，变广种薄收为精种高产，是解决超载过牧、乱垦草场的关键。毋庸讳言，内蒙古草原的生态环境虽然局部得到了改善，但整体仍在趋于恶化。造成这种状况的原因，有全球性气候变异的影响，但主要原因是超载过牧和乱垦草场。

为了遏制超载过牧，从1996年8月起，锡盟开始在锡林郭勒大草原上推行“草畜平衡责任制”：逐级逐户核定草场适宜载畜量，对于超过合理载畜量的牧户给予经济制裁。

从长远来看，这种消极削减牧畜数量以保护草场的做法，终归是治标之举，解决草畜矛盾的关键是发展集约化草原畜牧业，实现畜牧经济增长由粗放型向集约型的转变。

在四盟市采访，我们发现，目前尚有不少人对草原生态资源的认识不到位，在有些人的眼里，草原等同于荒地，“五荒”拍卖的槌下常有不该被拓荒的优质草场。据赤峰市副市长范勇介绍，去年该市的克什克腾旗，一家企业打着农业开发之名，与当地签订了10万亩草地的开荒合同，市政府得知后坚决要求退耕。

多年的实践证明，乱垦撂荒是破坏草原生态的致命顽敌。在乌兰察布盟，人们吃够了乱垦草场的苦头。最近几年，乌盟又重新走发展生态农牧业的路子，以精种高产取代广种薄收，实行“进一、退二、还三”（进一单位稳产高产田，退两单位非宜农耕地，还林、还草、还牧）的政策。乌盟盟委副书记张玉还很有信心地告诉记者：“这样坚持10年20年，乌盟的生态面貌肯定会有大的变化。”

沙化退化草牧场治理的“实践论”：治理必须兼顾生态效益和经济效益，用好市场机制和利益杠杆，农林牧相结合综合开发的模式事实证明行之有效。

草牧场的退化沙化，意味着贫困和落后；然而，沙化退化草牧场只要找到好办法，加以有效地治理，茫茫荒原上也同样孕育着希望和财富。

首先，必须形成上下统一有连续性的组织领导方略。在四盟市采访，谈及治理生态，我们不止一次听到这样的话：“一任接着一任干，一届做给一届看，咬定青山不放松，一张蓝图绘到底。”近年来，通辽一直将生态治理作为促进全市发展的十大问题之一，摆在首位；而赤峰的领导则争做“生态书记”、“生态市长”、“生态旗县长”。

其次，治理必须兼顾生态效益和经济效益，充分调动群众的积极性。通辽市市长赵双连认为：只有生态效益，没有经济效益的生态治理很难被群众接受；只有长远利益，没有短期利益的治理模式也很难被群众接受。治理必须用好利益杠杆，找准各种利益的平衡点，与农牧民的脱贫致富和区域经济的发展结合起来。

农林牧相结合综合治理的实现形式有多种，不拘一格。在赤峰市敖汉旗黄羊洼地区，877个400×400米的大间距草牧场防护林网格连成一片，网格里草美粮丰，蔚为壮观。

治理沙化退化草牧场，研究经济规律很重要。作为全国防治荒漠化改革试验区，赤峰市以市场经济的思路研究治沙的新机制，探索出股份合作制治沙造林和“五荒”拍卖治理的经验。这样做，逐步拓宽了沙化退化草牧场治理的投融资渠道，吸引社会各种投资主体从事生态治理，效果不错。

（《人民日报》，2000-04-10）

（4）概貌通讯

概貌通讯是主要反映某个地区、单位或行业的面貌和气象的通讯。这种通讯取材广泛，角度灵活，可以报道一个地区、一个单位或一个行业的新面貌、新气象或今昔变化，也可以介绍一个地方的风土人情、自然风光、风景名胜等。

例文 9.4

巴西保险业在开放中发展

马托斯一家驾车到千里之外的圣路易斯市度假，不料汽车半路抛锚。马托斯用手机向保险公司热线服务求援。不一会儿，当地一辆急修车便赶来救助。由于车辆一时难以修好，保险公司便安排马托斯一家先到旅馆住下，并买好第二天的飞机票，送他们回家。10天后，保险公司通知马托斯：车已修好，请他前去取车……

这是一个真实的故事。它反映出巴西保险市场在开放、竞争中所出现的新气象：保险公司不仅承担汽车被盗和交通事故的理赔，而且还承担故障维修和被保险人滞留外地的交通、住宿等必要费用。

巴西保险业起步较晚，直到60年代中期，政府才通过一系列法令法规，建立起全国保险体系。尽管如此，长期封闭经营和得到国家保护的保险企业缺乏风险意识，服务质量低下。国家提供的公共福利保障也导致民众缺乏保险意识。此外，社会贫富悬殊也使得中下层民众无力支付高昂的保险费用而缺乏投保积极性。90年代初，巴西保险业收入还不到国内生产总值的1%。保险品种以汽车险为主，人寿险和医疗险比重很小，年人均保费只有90美元。

1996年，巴西决定开放本国保险市场，允许私人企业参与医疗、工伤事故和再保险业务，同时给予外资国民待遇，取消地域和险种的限制。

巴西私人保险企业监管局代局长说，市场开放推动了巴西保险业的大发展，保费收入从1996年的150亿雷亚尔增长到1998年的259亿雷亚尔，占当年国内生产总值的3%。他还说，外资企业乘开放东风，纷纷抢滩巴西市场。开放的当年，就有20多家外资企业到巴西投资落户。外资在巴西保险市场的比重1998年达到25%。目前，全国最大的10家保险公司占全国保费收入的60%，其中有6家是外资企业或是合资企业。

外资参与竞争是否会影响或吞并民族企业呢？全国私人保险企业联合会副主席路易斯·塔瓦雷斯对记者说，无论是外资还是民族企业都是在同等的社会条件和经济环境下从事保险业务的，而且各具优势和特色，民族企业不必对外资参与竞争感到担忧。他认为，在开放的市场中，民族企业应当顺应市场发展潮流和采用国际通用标准，不断调整经营策略。民族企业采取与外资合股经营的方式比对抗式的竞争更好，这样可以达到共同经营、利益均沾的目的，也有利于保险服务质量和效益的提高。

南美保险公司副总裁埃利奥带着肯定的语气对记者说，“外资参与竞争有利于市场发展。它们带来了保险新观念、新险种和新技术”。他举例说，近年来巴西改革公费医疗制度，从而使个人医疗保险应运而生，需求扩大。南美保险公司与美国一家医疗保险公司合资，组建“南美SOS美国保险公司”，运用美国的经营机制和经验在巴西开展医疗保险，同时也利用美国公司的医院网络，为到美国旅行的巴西投保人提供医疗保险服务。1998年，南美保险公司提供了38万人次的医疗保险服务，投保人数达200多万，一跃为全国个人医疗保险的首位。

不畏强手，学习对手，不断调整经营战略，发挥自身优势，这也许就是巴西保险企业在开放性的市场竞争中继续得到发展的重要秘诀。

（《人民日报》，2000-05-24）

第三节　公关说明文的写作艺术

一、公关说明文的性质和功能

1. 说明文的特点和类型

说明是一种常见的言语行为和一种常用的言语表达方式，即用平实、客观的表达对人物、事物、过程、事理等方面的情况、知识进行介绍和解说。下面一段文字就是对“奥林匹克运动会”的说明：

> 奥林匹克运动会，简称“奥运会”，是国际奥委会组织的综合性运动竞赛会。起源于古希腊的奥林匹亚竞技。现代第一届奥林匹克运动会于1896年在希腊雅典举行，以后每四年举行一届。但在两次世界大战时曾中断三届。其冬季运动项目的竞赛会，从1924年起举办，另称“奥林匹克冬季运动会”。

从这段说明文字中可以看出，作为一种表达方式，说明以传播知识为主要目的，作者的主观感受和情感不作为表达的重点，也不发表议论，而只是比较单纯地述说事物的性质、状态、特征、过程以及发展演变的历史等，目的是使人对有关事物有所了解和认识。

说明文是主要运用说明的表达方式客观介绍有关知识的文体。下面是一篇题为“颐和园简介”的简短说明文：

颐和园位于北京的西北郊，原是清代的皇家花园和行宫。其前身清漪园，始建于公元1750年（乾隆十五年），1860年被英法联军焚毁，1886年（光绪十二年）慈禧挪用海军经费和其他款项重建，并于1888年改名为颐和园。1900年，颐和园又遭八国联军严重破坏，1902年再次修复。颐和园主要由万寿山和昆明湖组成，占地290.8公顷，其中水面约占3/4。环绕在山湖之间的宫殿、寺庙、园林建筑可概括为三大区域：宫廷区以仁寿殿为中心，朝房重重，肃穆严谨，慈禧晚年大部分时间在这里垂帘听政。居住区以玉澜堂、乐寿堂、宜芸馆为主体，庭院深深，回廊曲折，帝后生前在这里起居生活。游览区融山水、建筑、花木为一体，是当时统治者的游憩之处。佛香阁是全园的建筑中心，踞山面水，金碧高耸；昆明湖水阔天空，旖旎动人。浩渺烟波中，十七孔桥宛若飞虹，跨向绿水之中。一线西堤纵贯南北，六桥婀娜，景色天成；后山后湖，松涛阵阵；买卖宫市，酒旗临风；宫阙巍峨，山水辉映，更以西山、玉泉群峰为借景。其构思之巧、建筑之精，集中国园林艺术之大成，有“皇家园林博物馆”之称。

说明文的特点有三：其一，说明文具有知识性，传播知识是说明文的写作使命。任何一个人都不可能无所不知，人对知识的了解和掌握总是有限的，当面对陌生的事物，人们就会产生了解该事物以便加以利用的需要，说明文就是可以用来满足这种需要的重要工具。其二，说明文具有很强的实用性，其内容可以具体指导人们去认识世界、了解世界，可以为人们的生活和工作提供具体帮助。例如，产品说明书就可以为人们使用产品提供具体指导。其三，说明文具有通俗性。很多知识属于特定的学科领域，具有很强的专业性，对一般人来说，要理解和掌握这些深奥难懂的专业知识是十分困难的。说明文既然要传播知识，就必须让这些知识通俗易懂，以便让专业领域之外的一般人也能够理解。

说明文作为一种常用文体，其内部还可以分为不同的类型。按说明的对象来分，说明文可以分为人物说明文、事物说明文、程序说明文和事理说明文。人物说明文是用来介绍人物的，如某人的简介、某人的学术思想、学术成就介绍、某人的先进事迹介绍等。事物说明文是用来介绍事物的，如某单位、某企业的简介、某名胜古迹的简介、各种产品说明书等。程序说明文是用来介绍使用器具或办理事务的方法和程序的，如各种产品的使用说明、企业及社会服务机构发布的用户指南等。事理说明文是介绍事物的原理的说明文，一般介绍社会科学和自然科学知识的书籍大都是用这种说明文的形式写成的。

2. 公关说明文的性质和功能

公关说明文是公关主体采用说明的表达方式向社会公众介绍本组织的情况或说明本组织产品和服务项目的文体。公关说明文是说明文的一种，但又与一般的说明文不同。公关说明文除了有介绍知识和情况的功能之外，还担负着树立公关主体的良好形象、赢得社会公众的理解和信任的职责，一般的说明文则不担负这样的职责。公关说明文，特别是介绍本组织情况的公关说明文，既可以采用第三人称来写，也常常采用第一人称来写，一般的说明文通常只采用第三人称来写。

公关说明文从说明的对象上看，主要是事物说明文和程序说明文，具体说来，主要包括单位简介、产品说明书、公众须知等。

单位简介是用来介绍单位、组织或企业的一般情况的，介绍的内容一般包括单位的性质、单位的历史沿革、单位的业务范围、单位的特色和突出成就、单位的建制和人员情况以及单位的地址和联系方式等。单位简介是公关主体自我宣传的重要工具之一，是公众了解社会组织和企业的重要窗口。单位简介在写作上，应客观务实，简洁明了，重点突出；应采用说明的表达方式，不宜加进描写、抒情和议论的成分。单位简介的篇幅一般不宜过长。

例文 9.5

中国人寿保险公司简介

中国人寿保险股份有限公司的前身是创立于 1949 年 10 月的原中国人民保险公司和分设于 1996 年 2 月的中保人寿保险有限公司以及 1999 年 1 月成立的中国人寿保险公司。

在美国著名财经杂志《财富》评选的 2002 年度全球 500 强企业中，重组前的中国人寿以营业总收入排名第 290 位、利润排名第 351 位、资产排名第 224 位的成绩入选，成为我国内地唯一一家进入全球 500 强的保险企业。在 2002 年中国 500 强企业中排名第 8 位。

2003 年 6 月 30 日，经国务院同意、中国保监会批准，中国人寿保险公司正式重组为中国人寿保险（集团）公司和中国人寿保险股份有限公司。

中国人寿保险股份有限公司实行一级法人体制，注册资本为200亿元人民币，主要经营人寿保险、人身意外伤害保险和健康保险三大类业务。

中国人寿保险股份有限公司是目前中国规模最大，拥有客户数量最多的保险公司。截至2003年9月底，中国人寿保险股份有限公司实现保费收入1 051亿元，占全国市场份额的45.8%，与中国人寿保险（集团）公司的总体市场份额为54%，其经营的业务在31个省市自治区中的29个，市场份额排名第一；个险、团险、意外险和健康险业务均名列前茅，并已为超过1亿的长期保单客户和1.5亿的短期保单客户提供过服务。

中国人寿保险股份有限公司拥有独一无二的全国性分销和服务网络。目前，公司在全国拥有65万名个人代理人，8 000多个营销网点，超过4 800家业务网点，约3 000家客户服务部门和10 000名直销人员；拥有87 000家分布在商业银行、邮局、信用社、旅行社、酒店和航空公司的销售网点，另有多家专业保险代理公司和保险经纪公司为其提供中介服务。“一站式”95519客户服务专线电话，使客户24小时可以得到咨询、查询、投诉、挂失登记、报案登记等一系列服务。

中国人寿保险股份有限公司拥有经验丰富的管理团队。公司的管理团队富于创新精神，善于灵活运用多个领域的经验，敏锐捕捉有利的商业机会，在寿险行业、资产管理等方面拥有丰富的海内外实践经验。

中国人寿奉行“成己为人，成人达己”的核心理念，以“诚信为本、稳健经营”为企业宗旨，致力于造福社会大众、回报公司股东和广大客户。

地址：中国北京朝阳区朝阳门外大街16号中国人寿大厦23层

邮编：100020

网址：http：//www.chinalife.com.cn

电子邮件：serve@e-chinalife.com

产品说明书是用来介绍产品的，其内容一般包括产品的特点、用途和适用范围、规格、性能、安装、使用、维护等方面的情况。产品说明书为用户了解和使用产品提供必要的信息和指导。产品说明书在写作上，应力求简洁，同时必须易于理解。产品说明书的篇幅没有严格的限定，可以只有二三百字，如一些药品的产品说明书；也可以长达数万字，如复杂设备的产品说明书。

例文9.6

彩色电视机消磁器产品说明书

手持式消磁器广泛使用在彩色电视机、监视器、游戏机及计算机终端彩色显示器等机器外部消磁上，该装置运用交流电磁铁的去磁作用原理，可以使被磁化的零部件逐渐退磁直至完全消除磁化。整个产品体积小，消磁作用强，操作方便、安全。

该装置对于消除彩色显像管色斑、偏色现象效果显著。彩色显像管受运输震动、地磁场及各种强磁场、杂散磁场的影响，其内外部的铁制配件、支架、前罩板，防爆卡箍等会被磁化，导致彩色屏幕局部偏色，影响彩色图像的真实感。经该装置的简单处理，彩色图像便可以恢复靓丽的色彩。

一、技术条件

1. 相对磁场产生：60MT 最大 100MT

2. 负载电流：1A

3. 持续工作时间：<3 分钟

4. 净重：0.8Kg

5. 尺寸：31mm×31mm×200mm。

6. 使用电压：200V±10V

二、操作

1. 将本产品插头插入 200V 交流电的插座内，并按下开关按钮。

2. 将该装置的头部端面紧贴彩色显像管屏幕，沿表面外边缘逐步沿顺时针圆周方向，向屏幕中心移动，最后逐渐离开显像管屏幕，距离为 1.5 米外，关闭该装置电源开关。如仍不满意可重复上述操作，直到色斑偏色消除、画面清晰为止。操作时间大约 20 秒钟，不宜过长。

三、注意事项

1. 操作过程中，如电流突然中断，操作必须从头开始。

2. 在给电视机内部消磁时，该装置不可靠近色纯度磁铁。

3. 操作过程中不能随意关闭电源，待消磁完毕，方可关闭电源。

4. 操作过程中，不要戴手表，以免手表被损坏。

5. 电视机在操作时可以打开、也可以不打开，消磁效果一样。

公众须知主要是用来介绍办理有关事务的程序和规定的，如顾客须知、购房须知、乘机须知、投稿须知、办理手续须知、读者借阅指南等等。公众须知如果以张贴的方式发布，篇幅必须限定在一定的字数之内；如果装订成册分发给有关公众，篇幅可适当长一些。

例文 9.7

机场国内托运须知

（一）托运手续

托运人托运货物应填写《国内货物托运书》，并持有单位介绍信和个人身份证；个人物品应出示个人有效证件（如：居民身份证、军官证、驾驶证、士兵证、护照等）。托运活体动物、植物须事先办妥卫生检疫等与运输有关的手续。托运政府规定限制运输的货物以及需经公安、检疫等有关部门检查和检验的货物，应当随附有效证明。

为了保证航空运输安全，中国各航空公司工作人员有权对托运人交运的货物进行安全检查。

（二）包装与标识

货物的包装要坚固完好、轻便，符合全程运输要求。动物、鲜活易腐物品、贵重物品等特种货物的包装应符合对各种货物特定的要求。每件货物的外包装应详细注明收货人和托运人的姓名、地址、储运要求，原有的旧标志须清除干净。

（三）体积与重量

国内运输每件货物的外包装长、宽、高之和不得小于40厘米。托运货物的最大体积、重量限度根据该航线具体使用的机型而定。

国内运输货物的实际重量按毛重计算，以公斤为单位，不足一公斤按一公斤计算，超过一公斤的尾数四舍五入。轻泡货物按每6000立方厘米折合一公斤计算。运费以角为单位，角以下四舍五入。每份货运单最低运费为人民币10元。

托运人托运货物，毛重每公斤价值在人民币20元以上的，可办理货物声明价值，按规定交纳声明价值附加费。声明价值附加费的计算方法：声明价值－（实际重量×20）×0.5％。每份货运单的声明价值一般不超过人民币50万元。

（四）危险物品

根据国务院、民航总局规定，国内班机原则上不载运易燃、易爆、腐蚀、毒害等危险物品。但符合国际航空运输规定的一、二级包装的放射性同位素以及经国际航班运输需转运至国内其他航站的危险物品，其外包装良好，符合国际空运要求的可以利用国内航班转运至目的地，并按照150％收取运费。转运的具体手续、规定和办法请与中国国际航空公司货运部“特种物运输室”和各航空公司货运部联系，国航联系电话：××××××××。

国内班机不载运仅限货机运输的危险物品。

（五）赔偿

中国国际航空公司代办货物国内航空运输险。托运人在托运货物时，须在《货物托运书》上列明货物的实际价值。如投保的货物在运输中发生损坏、丢失，保险公司将根据保险条例给予赔偿。未投保的货物，中国国际航空公司最多承担每公斤人民币20元的赔偿费；办理航空运输声明价值的则以声明价值作为赔偿依据。

公关说明文是公关活动中广泛使用的文体，它的功能主要有：其一，通过公关说明文，可以对公关主体进行宣传介绍，增进公众对公关主体的了解，扩大其在社会上的影响；其二，通过公关说明文，公关主体的机构、工作程序、联系方式等可以公之于众，这有助于公众与公关主体的联系和沟通；其三，通过公关说明文，公关主体的产品和服务项目可以介绍给公众，这既可以为公众提供指导，同时也有助于公众对公关主体的了解。其四，通过公关说明文，公关主体的办公和办事程序及有关规定可以让公众知晓，这既可以方便公众，以免他们不了解情况而费时费力，同时也有助于提高公关主体的办事效率。

二、公关说明文的结构和写法

公关说明文通常由标题、正文、附文几部分构成。

1. 公关说明文的标题

公关说明文的标题应该体现出该说明文的主要功能，并写出单位名称或产品的品牌，例如，“海尔空调使用安装说明书”、“中国电信集团公司简介”、“国家科技图书文献中心用户指南”。公关说明文的标题通常很短，常常是一个名词性短语。

2. 公关说明文的正文

正文是公关说明文的主体部分，负载着说明文的主要内容和信息。正文的篇幅可长可短，视介绍内容的复杂程度和发布的形式而定。正文的结构可以有条款式、篇章式、注解式等不同形式。

条款式就是采用分条列项的方式，从各个方面对事物进行说明。这种结构方式主要适用于产品说明书和公众须知，下面这则药物说明书就采用了这种结构方式：

四环素醋酸可的松说明书

【药理作用】本品具有抑制炎症、组织敏感作用，不产生全身性作用。

【适应症】主要用于结膜炎、角膜炎、沙眼、白内障术后等。

【用量用法】涂眼：涂适量于眼睑内，3～4 次/天，或临睡前涂眼。

【注意事项】角膜溃疡者忌用。树枝状角膜炎患者慎用。

【规格】眼膏剂：2g/支。每克含四环素 2.5mg、醋酸可的松 2.5mg。

这种结构方式的特点是：简明扼要，条理清楚，用词造句可以最大限度地简化，但一般不适用于比较复杂的介绍说明。

篇章式就是采用短篇文章的写法，对有关内容采取有开头、有主体、有结尾的方式加以介绍和说明，这种结构方式适用于比较复杂的介绍和说明，如单位简介。采用这种结构方式时，语言表达不必过于简化。

注解式就是与图片、实物相配合的说明文字，用于注释解说图片、实物所展示的内容。图文配合的说明文字一般出现在各种印刷品中，与实物相配合的说明文字通常在各种展览会或产品展示会现场中使用。注解式的说明文字由于是配合图片或实物来使用的，内容必须紧扣图片或实物，篇幅通常比较简短，常常只有寥寥几行字。

3. 公关说明文的附文

附文是附在公关说明文正文之后的一些备注性的说明文字，内容一般是单位的地址、邮政编码、电话、传真、网络主页地址、E-mail 地址、联系人等。标题和正文是所有公关说明文都必须具备的内容，而是否有附文，则要根据说明的对象和需要来定。一般来说，单位简介和产品说明书应该有附文，以方便公众联系；而公众须知如果是以张贴的方式发布，则可以不写附文，因为当看到这类公众须知时，公众已来到发布单位。

公关说明文的语言表达要求主要有：其一，公关说明文应该主要采用说明的表达方式，不宜使用描写、抒情和议论的方法，要客观介绍，不要带主观色彩。其二，公关说明文的结构层次要能够让读者一目了然，要清楚分明，不宜复杂。其三，语言表达要简明扼要，可有可无的词语应尽可能不用，产品说明书、公众须知等更要如此。其四，语言表达要准确，用词要有分寸，尽量少用语义模糊的形容词。其五，语言表达要适合读者的接受能力，是通俗一些，还是典雅一些，视目标读者的情况而定。

【关键概念】

广告　广告语　广告文案　公关新闻稿　消息　通讯　公关说明文

【复习思考】

1. 广告的性质如何？广告可以分为哪些常见的类型？
2. 广告文案的结构是怎样的？广告文案的写作要求和语言技巧主要有哪些？
3. 公关新闻稿的性质和特点是什么？
4. 消息的结构和写法是怎样的？
5. 通讯与消息的区别有哪些？通讯从内容上可以分为哪些主要类型？
6. 什么是说明？什么是说明文？说明文有哪些特点？
7. 公关说明文的性质和功能是怎样的？常用公关说明文的写法是什么？

第十章

公关语言的书面表达艺术（二）

[本章提示]

（1）了解祝贺文书和迎送文书的特点，掌握这两类礼仪文书的结构和写法；（2）了解公关信函和柬帖的特点，掌握这两类公关文书的结构和写法；（3）了解公关标语口号的性质和作用，掌握标语口号写作的基本要求。

第一节　祝贺与迎送文书的写作艺术

一、祝贺文书的写作

祝贺文书是用来对重大节日、重大活动、重大胜利、突出成就以及各种喜庆之事表示庆贺的应用文体。祝贺文书大致可以分为两类，一类是贺词和献词，一类是贺信和贺电。就贺信和贺电而言，受贺者的范围通常十分有限，十分具体，使用这些祝贺文书可以是向一次重要会议的有关单位和人员祝贺，也可以是向取得突出成就的某个单位或团体祝贺，或者向某位德高望重、又逢寿辰的个人祝贺等；就贺词和献词而言，受贺者的范围可以比较小、比较具体，但也可以十分广泛，例如，可以使用这些祝贺文书向恰逢节日的全国人民祝贺。所以，对某次会议的召开表示祝贺，可以用“贺词”，也可以用“贺信”或“贺电”，但向全国人民祝贺元旦、祝贺国庆就只能用“贺词”或“献词”，而不能用“贺信”或“贺电”。不论是贺词和献词，还是贺信和贺电，都可以在报纸或刊物上刊登，也可以在电台、电视台播发。各种社会组织都有写作这些祝贺文书的机会。

祝贺文书作为一种具有特殊用途的应用文体，有其自身的显著特点。其一，祝贺文书具有祝贺性，这是这类文书最突出的特点。祝贺文书应该表达出祝贺之意、喜悦之情、欢庆之感。其二，祝贺文书具有时效性，如事过境迁，这类文书便会失去祝贺的意义，因此，祝贺文书应该在喜庆之日或喜庆之日前夕及时发出。

1. 贺词与献词

贺词又称祝词，献词又写作献辞。贺词和献词都可以用来对重大节日表示祝贺，如“2000年贺词”、“新年献词”、“元旦献词”等。二者的主要区别在于：其一，贺词既可以在报纸、刊物上刊登，也常常由祝贺者宣读；献词则更多的是在报纸和刊物上刊登。其二，贺词的受贺者可以十分具体，也可以十分广泛，既可以对重要活动、重要会议、重大胜利以及各种喜庆之事表示祝贺，也可以对重要节日表示祝贺；献词通常在受贺者十分广泛，甚至没有特定受贺者的情况下使用，通常用于对重要节日表示祝贺。

从结构上看，贺词和献词一般由标题、署名和正文构成。

贺词和献词的标题主要有两种形式，一是单一标题，这种标题形式通常采用“祝贺缘由＋‘贺词/献词’”的写法，如“新年贺词”、“元旦献词”等，也可以直接以“贺词”二字为标题；一是复合标题，即标题由正题和副题组成。正题通常是对贺词和献词主旨的概括，并对这一主旨起强化和提示作用。例如，江泽民为1997年元旦发表的贺词的正题为“为创造美好的未来而共同努力”，这一正题表示贺词的主旨是希望中国人民与世界各国人民一道共创人类美好的未来。副题通常采用“祝贺缘由＋‘贺词/献词’”的写法，例如，“新年贺词”、“元旦献词”、“6.25土地日献辞”等。

贺词的署名，在受贺者十分广泛的情况下，写在标题之下；在受贺者比较具体的情况下，写在正文的右下方，这时还需要在署名之后写明致贺词的日期。献词的署名通常都写在标题之下。

贺词和献词的正文一般由开头、主体和结尾三部分构成。开头部分通常是向受贺者表示祝贺，例如，新年贺词的开头可以是：“一元复始，万象更新。我们向全国各族人民，向港澳台同胞和海外侨胞，致以新年的祝贺!”主体部分一般是回顾以往的历程和所取得的成就，并分析其原因、影响和作用，进而提出新的奋斗目标和努力方向。结尾部分一般是提出希望、祝愿，或者发出号召。此外，献词还可以有与贺词不同的写法，即开头部分不表示祝贺，而只是交代发表献词的背景，例如，新年献词的开头可以是：“送别经济发展、政治稳定、民族团结、社会进步的1993年，我们迎来了1994年。”主体部分则以大部分篇幅对新的形势进行分析，并提出新的任务和要求。

此外，如果贺词的受贺者比较具体，还可以在标题之下加上对受贺者的称谓，如新年贺词的称谓可以是“同志们、朋友们”，称谓须顶格书写。

贺词和献词的语言表达应该简洁有力，热情洋溢，篇幅不宜过长。

例文 10.1

二〇〇〇年贺词

江泽民

女士们，先生们，同志们，朋友们：

二〇〇〇年到来的钟声，就要鸣响在我们这个星球的寥廓上空。人类文明的发展，即将进入一个新世纪，开启一个新千年。今夜，在世界的东方与西方、南方与北方，各国人民无分民族、无分信仰，都在为这一历史时刻的来临而欢欣鼓舞。

首先，我向全国各族人民和海外侨胞，向世界各国的朋友们，祝贺新年快乐！并致以新世纪、新千年的最良好祝愿！

此时此刻，最能引起人们回顾既往，瞻望前程。只有正确地总结历史，才能更好地走向未来。

一千年来，人类历史发生了沧桑巨变。人类文明从古代文明发展到了现代文明。人类社会经过封建社会进入了资本主义社会，并且在一些国家诞生了崭新的社会主义制度。人类的经济活动进到了工业经济时代，并正在转入高新技术产业迅猛发展的时期。人类创造了以往数千年无法比拟的巨大物质与精神财富。人类对世界的认识和改造，突破一个又一个必然王国而不断地向着自由王国飞跃。

一千年来，人类文明取得的一切成就，都是在推陈出新的社会变革和科技进步中实现的。著名的文艺复兴运动，打破了欧洲中世纪的黑暗神学统治。和平与正义的伟大力量，战胜了各种横行世界的“霸主”及其发动的非正义战争。历时几个世纪的殖民主义体系，终于在本世纪风起云涌的民族解放运动中宣告终结。各国人民的卓越创造和广泛交流，汇成了推动历史前进的浩荡动力。要和平、求发展已成为当今世界的时代潮流。

早在这一千年前，中华民族就以发展了几千年的灿烂文明而著称于世界，并将这种领先地位一直保持到十五世纪。后来由于生产力发展的迟缓和社会政治的腐朽，中国逐渐落后了，以至于近代陷入了遭受列强欺凌的半殖民地半封建社会的悲惨境地。但是，中华民族没有屈服，而是前仆后继地进行艰苦卓绝的斗争。以毛泽东同志为代表的中国共产党，坚持把马克思主义基本原理同中国具体实际相结合，领导人民经过伟大的革命终于在本世纪中叶建立了新中国。中国从此进入了建设社会主义的新时代。现在，中国人民沿着邓小平同志开创的改革开放之路正在向现代化的彼岸阔步前进。

进步终究要战胜落后，科学终究要战胜愚昧，正义终究要战胜邪恶，这是历史不断昭示人们的科学真理。世界和平与发展的崇高事业是不可阻挡的。

面对新的世纪之交和千年之交，每个国家有远见的政治家都应从历史的高度思考：未来的世界应该是一个什么样的世界，应该为实现这样一个世界作出什么样的贡献。

我们希望，在未来的世界，各个国家和各个民族能够始终和睦相处、友好合作、共同发展，能够建立起公正合理的国际政治经济新秩序，能够实现持久和平和普遍繁荣，各国人民都能够按照自己的意愿创造并享受美好的生活。世界正在走向多极化，这是历史发展的必然趋势，也是各国人民的共同愿望。中国人民愿与各国人民一道，为反对霸权主义和强权政治，推动多极化进程，创造世界美好的未来而共同奋斗！

我们坚信，在新世纪里，中国人民将坚定不移地沿着建设有中国特色社会主义道路继续前进，中国的社会主义制度将经过不断改革而更加巩固和完善，中国的发展将通过各个地区的共同进步达到普遍繁荣，中华民族将在完成祖国统一和建立富强民主文明的社会主义现代化国家的基础上实现伟大的复兴！

例文 10.2

奋进在全面建设小康社会征程上

——元旦献辞

新年的钟声送走了令人难忘的2003年，我国各族人民迎来了欣欣向荣的2004年。

过去的一年，在我国的发展进程中是重要又很不寻常的一年，遇到的困难比预料的大，取得的成绩比预料的好。面对复杂多变的国际形势、突如其来的非典疫情和频繁发生的自然灾害，全党和全国各族人民在以胡锦涛同志为总书记的党中央坚强领导下，以邓小平理论和“三个代表”重要思想为指导，认真学习贯彻十六大精神，万众一心，团结奋斗，改革开放和现代化建设取得新成就。

实践充分证明，“三个代表”重要思想是新世纪新阶段全党全国人民实现全面建设小康社会的根本指针，认真学习全面贯彻“三个代表”重要思想，继往开来、与时俱进，我们就能不断开创中国特色社会主义新局面。实践充分证明，中国人民具有应对各种挑战的巨大勇气和非凡能力，大力弘扬伟大的民族精神，同心同德，群策群力，我们就没有克服不了的困难。实践充分证明，党中央心系人民、坚定成熟、求真务实，深得人民群众信赖拥护，对党中央的各项方针、政策和部署，认真贯彻，狠抓落实，我们就能够从胜利走向新的胜利。

2004年，是实现“十五”计划的关键一年，是全面落实党的十六大和十六届三中全会精神，深化改革、扩大开放、促进发展的重要一年。做好今年的各项工作，最重要的就是要把学习贯彻“三个代表”重要思想的新高潮不断引向深入，紧紧围绕立党为公、执政为民这个本质要求，紧密联系全面建设小康社会的实践，紧密结合推进改革发展稳定的实践，紧密结合加强和改进党的建设的实践，更加自觉坚定地用“三个代表”重要思想统领各项工作，进一步使“三个代表”重要思想转化为广大干部群众全面建设小康社会、创造幸福生活和美好未来的巨大力量。

在新的一年里，我们要切实抓好发展这个党执政兴国的第一要务，坚持以人为本，牢固树立和认真落实全面、协调、可持续的发展观，始终坚持以经济建设为中心不动摇，促进社会主义物质文明、政治文明和精神文明协调发展，坚持在经济发展基础上推进社会全面进步和人的全面发展，坚持在开发利用自然中实现人与自然的和谐相处。

在新的一年里，我们要进一步深化经济体制改革和其他改革，贯彻十六届三中全会作出的关于完善社会主义市场经济体制若干问题的决定，按照“五个统筹”的要求，更大程度上发挥市场在资源配置中的基础作用，增强企业活力和竞争力，健全国家宏观调控体系，完善政府社会管理和公共服务职能，为全面建设小康社会提供有力的体制保障。

在新的一年里，我们要牢牢把握先进文化的前进方向，大力推进社会主义政治文明和精神文明建设，巩固和发展民主团结、生动活泼、安定和谐的政治局面，巩固和发展党同人民团结奋斗的共同思想基础，使全体人民始终保持昂扬向上的精神状态。

在新的一年里，我们要努力实现好、维护好、发展好最广大人民群众的根本利益，牢固树立群众利益无小事的思想，把人民群众利益放在首位，把实现人民群众的根本利益落实到改革发展稳定的各项工作中去，落实到关心群众生产生活的工作中去。从群众最现实、最关心、最直接的利益入手，为群众诚心诚意办实事，尽心竭力解难事，坚持不懈做好事。

在新的一年里，我们要大力实施科教兴国和人才强国战略，进一步发挥科学技术作为第一生产力的重要作用，加强科技教育同经济的紧密结合，创新人才工作机制，建立优秀人才脱颖而出、人尽其才的有效机制和良好环境，努力建设一支规模宏大、结构合理、素质较高的人才队伍，为全面建设小康社会提供人才支撑。

2003 年，在全国各族人民的团结奋斗中全面建设小康社会开局良好；2004 年，推进全面建设小康社会的奋斗征程迈出新的步伐。人民的事业伟大而艰巨，祖国的前程光明而美好。让我们高举邓小平理论和“三个代表”重要思想的伟大旗帜，全面贯彻党的十六大和十六届三中全会精神，紧密团结在以胡锦涛同志为总书记的党中央周围，解放思想，实事求是，艰苦奋斗，开拓创新，在新的一年里夺取全面建设小康社会的新胜利。

（《人民日报》，2004－01－01）

例文 10.3

贺　词

民政部、总参谋部测绘局：

欣悉《中华人民共和国政区标准地名图集》首发式举行，我因故不能出席，谨此致贺！

地名，是建立在语言文字基础之上的地域标志，地名的标准化也是语言文字规范化的重要组成部分。几十年来，我的专业是中国语言文字的研究与教学，以后又从事国家语言文字的行政管理工作，深感推广地名标准化的必要。这一工作无论是对我国的经济建设、社会发展，还是对教育、科技，特别是对信息技术和自动化管理，都有着巨大的意义。

这部以“标准政区名称”为专题的大型地图集，第一次囊括了全国所有的乡镇，第一次完全以法定全称表示各级政区。这是我国走向现代化必需的工程，也是我国法制建设不可少的环节。同时，标准地名图集不仅是地名标准化的硕果，也是语言文字规范化的一大成就，必将受到包括语言文字工作者在内的社会各界的重视和欢迎。

新的世纪即将到来，让我们以实际行动向共同的远景目标迈进——规范语言文字，使用标准地名，培养社会行为规范化的全民习惯，促进社会主义现代化建设。

祝首发式圆满成功！

许嘉璐

一九九九年九月九日

2. 贺信与贺电

贺信和贺电都需要有具体特定的受贺者，即必须有具体的接收者，都可以用来对重要活动、重要会议、重大成就、重大胜利以及各种喜庆之事表示祝贺。贺信与贺电并没有太大的区别，只是在使用习惯、庄重程度和篇幅上略有不同。从使用习惯上看，如果受贺者在国内，则常使用贺信，但有时也可使用贺电表示祝贺；如果受贺者在国外，则需要使用贺电表示祝贺。例如，运动员在国内赛场上取得优异成绩，可以用贺信表示祝贺；运动员在国外赛场取得优异成绩，则需要用贺电表示祝贺。从庄重程度上看，贺信和贺电虽然都适用于单位与单位之间、单位与个人之间的祝贺，但国家间的祝贺文书通常都采用贺电的形式，因而贺电显得比贺信更加庄重。从篇幅上看，贺电的篇幅通常要比贺信简短，语言表达更为简洁。需要说明的是，以往人们普遍认为贺信和贺电的区别在于：贺信是用信件寄出的，贺电则是通过电报发出的。这种看法在过去也许是对的，但在传真设备和互联网的使用已十分普遍的今天，这种区别已不重要，因为不论是贺信还是贺电，实际上都经常利用传真机和电子邮件发送。

贺信和贺电从结构上看，通常由标题、称谓、正文、署名和日期四部分构成。

贺信和贺电的标题，通常是在“贺信/贺电”前加上祝贺者和受贺者的名称，例如，“国务院致中国女排的贺电”；或只加上祝贺者的名称，如“中共中央国务院中央军委贺信”；也可以以文种为标题，即只写“贺信”或“贺电”二字。

贺信和贺电的称谓是对收信者或收电者的称呼，须顶格书写，位置在标题之下，例如，“中国女子排球队”。

贺信和贺电的正文部分应先写祝贺的缘由和祝贺之辞，再概述祝贺之事的重要意义和价值，也就是要写明祝贺什么，以及为什么要祝贺。正文的结尾可以表示祝愿、希望等。贺信和贺电的署名和日期一般位于正文的右下方。

贺信和贺电的语言表达应该鲜明、准确、精练，赞颂要恰如其分，不要言过其实。贺信和贺电，尤其是贺电，篇幅通常比较短小。

例文 10.4

贺　信

总装备部　国防科工委
中国科学院　航天科技集团公司：

“神舟”五号载人飞船发射成功，宇航员安全着陆，载人飞行取得圆满成功。捷报传来，首都人民欢欣鼓舞，无比振奋。在这一激动人心的历史时刻，中共北京市委，北京市人民政府和首都一千四百万人民向你们表示热烈的祝贺，向为我国载人航天事业做出了突出贡献的广大科技工作者、向所有参加载人航天工程研制、建设和试验的同志们致以崇高的敬意！

我国首次载人航天飞行历史性的成功，是党中央、国务院和中央军委正确领导的结果，是广大科技人员和解放军指战员不懈奋斗的成就。这一成功，标志着中国人民在攀登世界科技高峰的征程上又迈出重大一步，谱写了中华民族自强不息的壮丽诗篇，在人类航天史上书写了中华民族光辉的一页。你们为党和人民做出了卓越的贡献，为国家和民族争了光，首都人民感谢你们！

当前，首都人民正在满怀信心地全面贯彻落实“三个代表”重要思想和十六大提出的各项任务，正在认真学习贯彻党的十六届三中全会精神，为实现“新北京、新奥运”的战略构想而努力奋斗。你们所取得的这一举世瞩目的成就，一定会极大地鼓舞首都人民的斗志，坚定我们改革开放的信心，激励我们沿着中国特色社会主义道路奋勇前进，不断从胜利走向新的胜利！

让我们紧紧团结在以胡锦涛同志为总书记的党中央周围，励精图治，发奋进取，开拓创新，扎实工作，为实现全面建设小康社会的宏伟目标而努力奋斗！

祝我国的航空航天事业不断取得新的成就！

中共北京市委员会
北京市人民政府
2003 年 10 月 16 日

例文 10.5

中国对外汉语教学学会贺信

两岸汉语言文字合作研究学术座谈会：

值此两岸汉语言文字合作研究学术座谈会开幕之际，中国对外汉语教学学会谨向会议致以热烈的祝贺。

两岸在语言文字方面富有成果的合作不仅有助于两岸的沟通和交流，也必将有助于在世界范围内进一步推广汉语、弘扬中华文化。

祝座谈会圆满成功！

中国对外汉语教学学会
1995 年 6 月 16 日

例文 10.6

中共中央、国务院致中国体育代表团贺电

中国体育代表团：

我国体育健儿在举世瞩目的第 28 届奥运会上不畏强手，奋力拼搏，取得了前所未有的优异成绩，实现了我国竞技体育在奥运会上新的历史性突破，为祖国和人民赢得了荣誉。党中央、国务院向你们表示热烈的祝贺和亲切的慰问！

我国体育健儿在本届奥运会上表现出的精湛运动技术和良好体育道德，进一步弘扬了奥林匹克精神，极大地增强了我国成功举办 2008 年奥运会的信心。我国体育健儿的出色表现，再一次向全世界展示了中华民族自强不息、奋发有为的精神风貌，展示了新世纪中华儿女积极进取、蓬勃向上的朝气和活力，给正在为全面建设小康社会团结奋斗的全国各族人民带来巨大的鼓舞。祖国为你们骄傲，人民为你们自豪！

希望你们继续发扬胜不骄、败不馁的精神，增强斗志，再接再厉，不断提高自身素质和竞技水平，为促进奥林匹克事业的发展，为实现中华民族的伟大复兴作出新的更大贡献！

祖国和人民感谢你们，期待着你们胜利归来！

中共中央、国务院
2004 年 8 月 29 日

例文 10.7

××集团总公司贺电

××港务局：

值此××港国际集装箱吞吐量突破 100 万 TEU 之际，××集团总公司谨向贵局领导及全体员工致以热烈的祝贺和崇高的敬意。

100 万 TEU 无疑是你们创业发展的又一座里程碑，记载着××港在改革开放大潮中披荆斩棘的历程，凝聚着××港领导和全体员工的满腔心血。

我们将以你们为榜样，继续巩固和加强贵我双方在码头业务上的合作，携手并肩，共创佳绩。

祝××港大展鸿图，鹏程万里！

××集团总公司

××××年×月×日

二、迎送文书的写作

在社会生活中，不同的社会组织之间总是会有这样或那样的联系，因而迎来送往便成为一项经常性的社会活动。在这种场合，宾主往往需要发表一些礼节性的讲话，以表达彼此间的诚意、谢意和友好之情。迎送文书就是这类礼节性讲话的讲话文稿。

迎送文书主要包括欢迎词、欢送词和答谢词。欢迎词和欢送词是主人一方使用的礼仪讲话文稿，答谢词是宾客一方使用的礼仪讲话文稿。除此之外，还有所谓“祝酒词”，但祝酒词并不是一种独立的迎送文书，在欢迎酒会上的祝酒词就是欢迎词，在欢送酒会上的祝酒词就是欢送词，在答谢酒会上的祝酒词就是答谢词，唯一有所不同的就是祝酒词的结尾处要有“为……干杯”之类的祝酒辞令。

欢迎词、欢送词和答谢词在结构和写法上基本相同，只是在文书的内容上有些差别。这些迎送文书一般由标题、称谓、正文三部分构成。

迎送文书的标题主要有两种形式，一是直接以文种为标题，即以“欢迎词”、“欢送词”、“答谢词”为标题。二是在文种前加上致辞人姓名及致辞场合，如“语言学会会长×××在 2004 年年会上的欢迎词”。

迎送文书的称谓就是致辞者对对方的称呼，称谓应该亲切而又得体。对方姓名之前可以加上表示尊敬的词语，后面可以带上对方的职务、职称，如“尊敬的×××校长”；称谓也可以不出现具体的人名，而使用一些通称，如“尊敬的各位来宾，尊敬的各位朋友”。

迎送文书的正文是全文的主要部分，通常由开头、主体和结束语构成。开头要表明欢迎、欢送或答谢之意，并要交代明白是代表谁来致辞的。主体部分或述说对方来访的意义、作用，或述说双方的交往和友谊，或述说双方合作的诚意和成就，或展望未来，述说双方面临的使命。结束语部分提出良好祝愿，以收束全文。

迎送文书在语言表达上，要诚恳热情，彬彬有礼，要让对方充分感受到致辞者的诚意和敬意，不要讲对方忌讳的话，不要讲有可能破坏友好气氛的话，要恭敬客气，但不要过于客套，以免给人一种虚情假意的感觉。迎送文书篇幅要简短，语言要精练，以免讲话时间过长，使人厌烦，以免大家长时间听一个人说话而使气氛沉闷。迎送文书多在比较正式、比较隆重的社交场合使用，因此应选择正式程度较高的语体，表达要典雅，过于土俗的词语不要使用。

1. 欢迎词

欢迎词是对宾客的到来表示热烈欢迎的讲话文稿。欢迎词的主要内容可以包括对来宾表示欢迎、感谢和问候，对双方的友好交往进行回顾，对来宾取得的成就予以赞扬，最后对来宾或双方的合作与友谊表达良好的祝愿。

例文 10.8

北京市市长刘淇在 2001 年中国企业高峰会开幕式上的欢迎词

尊敬的主席先生、女士们、先生们、朋友们：

在春暖花开的美好季节，“2001 年中国企业高峰会”在北京举行，国际、国内的政界、企业界、学术界的朋友们集聚一堂，围绕未来发展的重大课题交换意见，这是一次难得的盛会。我代表北京市人民政府和广大市民，对大会的召开致以诚挚的祝贺！对来自国内外的各界朋友表示热烈的欢迎！

北京是一座发展中的城市，经济建设和对外开放取得了显著成绩。去年，全市实现国内生产总值 2 460.5 亿元，比上年增长 11%；新批外商投资企业 1 149 家，合同外资 43.4 亿美元，分别比上年增长 77.6%和 1.4 倍，实际吸收外资 30.1 亿美元，比上年增长 2.5%。世界 500 强企业已有 158 家在京投资，设立投资性公司 110 家。外商投资工业企业实现总产值、销售收入、利润额均占全市工业的一半左右，对经济增长的拉动作用日益明显。城市基础设施重点项目进展顺利，环境治理和生态建设取得较大成效，空气质量三级和好于三级天数占全年总天数的 93.7%，二级和好于二级天数占 48.4%，城市绿化覆盖率达到 36.5%。古老的北京正在向现代化国际大都市迈进。

在新的世纪，北京担负着更为艰巨的发展任务。我们提出了首都迈向新世纪的“新三步走”战略，力争到本世纪中叶建成世界一流水平的现代化国际大都市。当前，我们正以建设中关村科技园区为龙头，大力发展电子信息、生物工程和新医药、光机电一体化、新材料、环保与资源综合利用五大行业。去年，我们制定了《中关村科技园区条例》，标志着中关村建设进入法制化轨道。在扶持软件和集成电路产业发展方面，制定了投资、贷款、用地、税收等优惠政策。今年，配合《中关村科技园区条例》的实施，我们相继出台了九个配套政策，并在园区努力推行“一站式”办公和“网上办公”，为政府的管理创新进行积极探索。中国即将加入世贸组织，我们要抓住这一历史性机遇，积极扩大对内、对外开放。希望各位朋友以此次活动为契机，进一步加强双方的交流，积极参与北京现代化建设，把我们之间的合作推进到一个新的水平。

在全国人民的热情支持下，北京正在全力申办 2008 年奥运会，申办工作将使北京进一步扩大对内、对外开放，为国内外投资者创造无限商机。现在，距离 2008 年奥运会主办城市揭晓不到 90 天了，希望大家对此给予充分的支持，为北京申办成功做出贡献。

各位朋友，改革与创新，是这次会议的主题，也是未来发展的动力。在人类进入新世纪和新千年的重要时刻，抓住机遇、迎接挑战、加快发展是我们面临的共同课题。让我们携起手来，为增进友谊加强合作，为共同创造繁荣、富强、美好的明天而积极地努力。最后，预祝“2001年中国企业高峰会”取得圆满成功！

谢谢！

例文 10.9

×××在2003中国国际啤酒节招待酒会上的祝酒词

尊敬的××副会长，女士们、先生们、朋友们：

今天，美丽的大连再次迎来了参加“2003中国国际啤酒节”的各位领导和嘉宾，作为东道主，我们深感荣幸。在此，我谨代表中共大连市委、大连市人民政府和本届啤酒节组委会，对各位领导和朋友的光临表示热烈的欢迎和衷心的感谢！

中国国际啤酒节已成功举办了4届，对中国啤酒行业和消费市场的发展起到了极大的促进作用。2002年中国国际啤酒节移师大连以来，这个以弘扬啤酒文化为纽带的盛会，在大连与海内外朋友之间架起一座友谊的桥梁，也为大连对外开放和旅游业的繁荣发展增添了新的亮点。

大连市对国际啤酒节这个品牌十分珍视，将不懈地努力，借鉴以往成功的经验，努力将其办成国际性、群众性、文化性兼备的啤酒行业盛会，为推动中国啤酒业的发展做出积极的贡献。

现在，我提议：

为“2003中国国际啤酒节”圆满成功，

为各位领导、嘉宾的幸福安康，

为我们的友谊地久天长，

干杯！

2. 欢送词

欢送词是对即将离去的宾客表示欢送的讲话文稿。欢送词的主要内容可以包括对来宾的到来表示诚挚的感谢，还可以对来宾到来后所取得的成就和进展进行评述，最后提出再度相会的希望，并表达对来宾或双方友谊的良好祝愿。

例文 10.10

×××在第五次全国农运会闭幕式上的欢送词

尊敬的×××主席，同志们、朋友们：

第五届全国农民运动会经过七天紧张激烈的角逐，即将胜利闭幕。来自全国各地的农民体育健儿们，在本届运动会上赛出了优异成绩，赛出了时代风格。在此，我谨代表中共江西省委、江西省人民政府和江西4200万人民表示热烈的祝贺。

本届农运会是在党中央、国务院高度重视“三农”问题的历史背景下召开的有特殊意义的盛会，是新世纪举办的第一次全国性农民体育盛会，是对我国农村体育事业和农民新风貌的大检阅。赛场上，农民体育健儿顽强拼搏，奋力争先，展示了我国农民的勃勃英姿；赛场外，来自祖国各地的农民兄弟交流技艺，谱写了一曲又一曲动人的友谊颂歌。

从开幕到闭幕，我们从相逢、相识到相知，一起度过了充满友情、令人难忘的七个日日夜夜。明天，来自全国各地的同志们即将踏上归程，回到充满希望的田野上，回到各自的工作岗位。在即将分别之际，我们衷心祝愿大家一路平安，身体健康；祝愿我国农业五谷丰登，六畜兴旺；祝愿我国农村经济繁荣昌盛，蒸蒸日上；祝愿我国农村体育事业蓬勃兴盛，在神州大地遍地开花！

体育是文明的使者，是增进友谊的桥梁。祖国的繁荣离不开广大农民朋友辛勤的劳动，江西的发展离不开全国人民的全力支持。让我们以农运会为纽带和契机，加深了解，增强友谊。开放的江西、热情的宜春人民真诚地期待各位朋友再次光临！

谢谢大家！

例文 10.11

欢送词

尊敬的女士们、先生们：

首先，我谨代表××市人民政府，对你们访问的圆满成功表示热烈的祝贺。

明天，你们就要离开这里，在即将分别的时刻，我们内心感到依依不舍。大家相处的时间是短暂的，但我们之间的友好情谊是长久的。我国古语云："来日方长"，"后会有期"。我们欢迎各位女士、先生在方便的时候再次来这里做客，相信我们的友好合作会日益加强。

祝大家一路顺风，万事如意！

3. 答谢词

答谢词是对主人的盛情款待表示衷心感谢的讲话文稿。答谢词的主要内容可以包括对主人的邀请和款待表示感谢，同时表达来访的愉悦心情，提出双方加强合作，加深友谊的希望，最后再一次对主人表示感谢。

例文 10.12

答谢词

女士们、先生们：

我荣幸地代表来自世界各地 21 个不同国家的科学家，在这里答谢陈教授刚才热情洋溢的欢迎词。

我感谢大会组织委员会对我们的邀请，感谢他们为这次会议的准备工作所付出的辛勤劳动和心血。我们刚到不久，但大会的计划组织工作已给我们留下了深刻的印象。我们同时也感谢东道主对我们的盛情款待。

科学是不分国界的，科学使我们走到一起。我希望今后几天的接触和交流将增进我们之间的了解和友谊。看到这样盛大的国际聚会，我感到很愉快，我向参加会议的所有人员表示祝贺，我相信他们的研究工作达到了本领域的高水平。

陈教授，谢谢你热情的欢迎词，同时也感谢你们埋头苦干的组织委员会。此外，我们还要感谢××市政府和人民，因为他们为了我们在这里过得愉快，已经做了并且还在做着大量的工作。

谢谢！

第二节　公关信函与柬帖的写作艺术

一、公关信函的写作

1. 公关信函的性质和类型

信函是人们用来交流思想、沟通信息、商洽事务的一种应用文体。信函按照使用者的身份可以分为私人书信和公务信函两大类。私人书信是在个人之间使用的信函，公务信函是在社会组织与社会组织之间、社会组织与个人之间使用的信函。公关信函是公关主体与其他社会组织或社会公众互通信息、商洽联络的信函。公关信函总是代表一个社会组织说话的，总是为了一定的公关目的而起草的，所以公关信函是公务信函的一种。

公关信函可以分为公函和一般信函两种类型。

（1）公函

公函是商洽性公文，是平行的或不相隶属的机关之间用来商洽工作、询问或答复问题的一种公文文体。各级各类机关和企事业单位在开展工作的过程中，经常需要与平行的或者不相隶属的机关或单位进行联系，以便更好地相互协调，这种联系就常常通过公函往来进行。除此之外，上下级机关和单位之间有时也可以以公函的形式进行沟通。公函具有商洽性、咨询性和双向性。商洽性是指公函的主要功能之一是就某些工作进行联系和商议，收发函件的单位通常是平等协商的关系，不具有指导和被指导、指挥和被指挥的关系。咨询性是指公函可以用来就一些不明了的问题进行询问，或就一些做法征求对方的意见。双向性是指公函是有往有来的，既有问函，又有复函。公函的另一特点是在行文格式上有严格规定。

（2）一般信函

一般信函是指社会组织为公关目的写给其他社会组织或公众的、非正式公文的信函。一般信函的适用范围是很广泛的，可以在各种公关活动中使用，既可以用于答复、告知，也可以用于邀请、感谢、慰问，如邀请信、感谢信、慰问信等。一般信函在格式和写法上比较自由，不受公函行文格式的约束。

2. 公关信函的写作

（1）公函的写作

公函作为正式公文，在行文格式上有比较严格的要求。按有关规定，公函在结构上主要包括标题、受文单位、正文、落款与时间四个部分。

公函的标题可以由发文单位、事由及文种三个要素构成。发文单位是公函起草单位的名称，事由是对正文主要内容的概括，通常使用“关于……”的格式来表达，文种是指公文文体。下面是发文单位、事由、文种三个要素齐备的公函标题：

《人事部关于国家机关、事业单位获准出境探亲期间可否办理退休手续问题的复函》

《广东省华侨商店供应公司关于请求退赔霉坏变质粉丝贷款的函》

不过，目前公函的标题也常常只由事由和文种两项构成，例如：

《关于对教育部科学技术研究项目进展情况进行调查的函》

《关于〈烟台市青少年事业发展纲要〉的复函》

公函的受文单位是指公函的称谓，即发函单位对公函接受单位的称呼。受文单位要写单位的全称或规范的简称，其位置在标题之下，正文之上，顶格书写。

公函的正文是公函的主要部分，通常由开头、主体、结尾三个部分构成。开头应叙述商洽、询问、请求或告知的事项。主体部分具体提出商洽的意见、询问的问题、请求的内容或告知的事情。结尾处可以使用公文套语，如是去函，且要对方回复的，可用“以上意见可否，请函复”、“敬请函复”、“盼复”、“请研复”等，不要对方回复的，可用“特此函告”等；如是复函，可用“特此复函”、“特此函告”、“特函复”、“此复”等。公函的落款和日期位于正文的右下方。

公函因主要用于平行机关或不相隶属的单位之间，所以行文要礼貌得体，语气要谦和。文中可用第二人称称呼对方，例如“你处”、“你部”，或“贵处”、“贵部”，对上级领导机关可以直接称呼机关名称，如“教育部”、“交通厅”。公函是一种公文，在语言表达上应该具有公文语体庄重、严肃的风格，不能使用一般信函中的寒暄用语，结尾处也不能使用“此致——敬礼”、“顺颂——冬安”等私人书信的结尾用语。

例文 10.13

最高人民检察院关于已满十四周岁不满十六周岁的人承担刑事责任范围问题的复函

四川省人民检察院：

你院关于已满十四周岁不满十六周岁的人承担刑事责任范围问题的请示（川检发研〔2001年〕13号）收悉。我们就此问题询问了全国人民代表大会常务委员会法制工作委员会，现将全国人民代表大会常务委员会法制工作委员会的答复意见转发你院，请遵照执行。

此复。

附件：全国人民代表大会常务委员会法制工作委员会关于已满十四周岁不满十六周岁的人承担刑事责任范围问题的答复意见（法工委复字〔2002〕12号）

最高人民检察院

2002年8月9日

例文 10.14

关于中国教育和科研计算机网（CERNET）申请办理域名备案的函

北京市通信管理局：

中国教育和科研计算机网（CERNET）是经国家信息产业部批准，我部直接管理的中国第二大互联网络，该网所拥有网站域名是唯一合法的域名。根据我国发布的有关互联网管理法规，任何其他网站不得以中国教育科研网、中国教育网等类似的名义注册、运行。

近日，我们发现一些未经教育部门审批的网站，以“中国教育网”或类似名字，发布各类不良信息及垃圾广告，对中国教育和科研计算机网（CERNET）造成了严重负面影响。

为了彻底杜绝某些网站混淆视听的违规行为，请贵局尽快为中国教育和科研计算机网（CERNET）办理备案手续，并建议贵局给予违法网站域名撤销或域名更改的处理。

中国教育和科研计算机网域名：WWW. EDU. CN，中文名字：中国教育和科研计算机网、中国教育网。

教育部科学技术司

2002 年 10 月 16 日

例文 10.15

关于全国中小学优秀自编操评选结果的函

各省、自治区、直辖市教育厅（教委），新疆生产建设兵团教委：

我司于 2002 年 3 月部署了全国中小学优秀自编操征集评选活动，经组织有关专家成立评选委员会对各地报来的自编操进行初审，评选出 51 套优秀自编操，并逐一提出修改意见后反馈给创编单位，要求按时修改报送复核。受非典影响，复核工作被迫延迟。2004 年 3 月，由我司组织评选委员进行了终审。现将有关评选结果通知如下：

一、经过评选委员会对修改后重新报送的自编操进行认真审核，最终评选出优秀自编操一等奖 11 套，二等奖 13 套，三等奖 26 套（获奖名单见附件）。凡获奖单位将由我司颁发获奖证书和铜牌。

二、评选委员会一致认为获奖的各套自编操，内容充实、新颖、具有健身价值，体现了创新精神，可以向全国中小学推广。为了搞好推广工作，根据报送自编操的文字稿和 VCD 的质量，获一、二等奖的部分优秀自编操将由人民教育电子音像出版社出版 VCD；获一、二、三等奖的部分优秀自编操将由人民教育出版社出版全国中小学优秀自编操获奖作品集锦。为丰富中小学校课间活动内容，请各地认真做好推广工作。

教育部体育卫生与艺术教育司

2004 年 4 月 12 日

例文 10.16

关于《烟台市青少年事业发展纲要》的复函

烟台市青少年工作委员会办公室：

贵单位于 12 月 1 日寄给团中央书记处第一书记周强同志的关于对《烟台市青少年事业发展纲要（2000—2005）（征求意见稿）》收悉。周强同志对来函非常重视，并责成宣传部提出意见函复。现函复如下：

一、烟台市青少年工作委员会办公室起草的《烟台市青少年事业发展纲要》（以下简称《纲要》），科学地总结了新时期青少年工作的经验，提出了今后加强和改进青少年工作的方向及目标，该《纲要》内容丰富、结构严谨，既有理论深度，又有具体措施，是一篇高质量的有关青少年工作的重要文献。

二、修改意见：

1. 第 7 页 14 条应有积极贯彻《中共中央关于加强和改进思想政治工作的若干意见》内容。

2. 第 17 页 41 条应有大力加强青少年文化工作，广泛开展丰富多彩、健康有益的群众性文化活动，用美好、健康、有益的东西去充实青少年的精神世界和业余时间，使青少年在潜移默化中受到教育等内容。

以上建议，仅供参考。

共青团中央宣传部

一九九九年十二月八日

（2）一般信函的写作

一般信函中用于答复和告知目的的，写法与私人书信基本相同，通常也是由称谓、开头应酬语、正文、结尾祝颂语、署名和时间等几部分构成。一般信函中的邀请信、感谢信、慰问信内容特殊，需要特别加以说明。

1）邀请信

邀请信又称邀请函，是邀请他人参加某项活动的专用信函，通常由标题、称谓、正文、落款和日期四部分构成。邀请信的标题可以直接写“邀请信”或“邀请函”，也可以采用“活动名称＋‘邀请信’/‘邀请函’”的形式，如“中国中小企业发展论坛邀请函”。称谓要写明被邀请者的姓名，为了表示尊敬，姓名之后应加上职务、职称或“先生”、“女士”等通称，其后还可以再写上“台鉴”、“惠鉴”等表示客气尊敬的词语。正文主要包括两项内容，一是说明邀请的事由并发出邀请，二是交代活动的时间、地点、内容或性质、参加对象、注意事项等细节；此外，根据需要，还可以要求对方就是否可以应邀给予回复。落款和日期写明邀请者的单位全称和发出邀请的日期。

邀请信的语言表达应该精练明了，篇幅不宜过长。

例文 10.17

邀请信

××先生/女士：

经研究定于 2001 年 1 月 15 日（星期一）在中国社会科学院世界经济与政治研究所召开“新经济：理论与现实”高级研讨会。会议由中国社会科学院世界经济与政治研究所与中国国际战略基金会联合主办，旨在通过经济理论界与科技政策界专家学者的对话和交流，进一步深化我们对于新经济的本质及其特征的认识，准确把握未来产业结构变迁与世界经济发展的基本趋势，从而对于中国的经济发展方向与应对方略有一个更为清晰的认识。会议的主要议题包括：

• 新经济的定义及其本质内涵
• 国内外有关新经济研究的基本状况
• 新经济的测量指标体系
• 新经济与旧经济的本质区别
• 新经济与知识经济、网络经济、信息经济等的关系
• 新经济的科学技术基础
• 新经济与政府角色定位
• 高技术产业与美国新经济的兴起
• 新经济在欧洲和日本的发展
• 新经济对中国未来经济发展的启示以及中国的发展战略选择

我们真诚地邀请您参加这次盛会，并在会议上就有关问题宣读论文。会议结束后我们将选择推荐部分优秀稿件在《世界经济与政治》或有关报刊上发表。

会议时间：上午 9 点开始，会期 1 天

地点：中国社会科学院世经政所大会议室（15 层）

联系人：××（电话：××××××××；电子信箱：××××××××××××）

中国社会科学院世界经济与政治研究所中国国际战略基金会

2001 年 1 月 3 日

例文 10.18

中国生态学会第七届全国会员代表大会暨学术讨论会
邀请函

××先生/女士：

中国生态学会第七届全国会员代表大会暨学术讨论会定于 2004 年 9 月 21—23 日在四川省绵阳市召开。本届大会主题为“生态学与全面、协调、可持续发展”。会议将选举产生中国生态学会第七届理事会，同时围绕生态学及其分支学科前沿动态、国内外研究进展、热点问题及新形势下面临的机遇与挑战进行大会报告和专题学术交流。经研究，特邀

请您作为正式代表参加这次四年一度的全国生态学界的盛会。本届大会由中国生态学会、绵阳市人民政府主办，四川省生态学会、绵阳师范学院承办，绵阳高新发展（集团）股份有限公司协办。会议规模400人左右。现将有关事项通知如下：

一、主要日程

9月20日（星期一）：全天报到。

9月21日（星期二）：开幕式；六届理事会工作汇报；大会学术交流。

9月22日（星期三）：专题学术交流与讨论。

9月23日（星期四）：选举中国生态学会第七届理事会；大会交流与总结；闭幕式。

七届一次常务理事会议。绵阳市生态建设及人文景观考察。

9月24日（星期五）：代表离会或参加会后考察活动。

二、报到时间：2004年9月20日

三、报到地点：四川省绵阳市绵州大酒店一楼大厅

宾馆总服务台电话：××××××××传真：××××××××

宾馆联系人：×××手机：××××××××××

四、会议接站与乘车路线

1.9月20日8：00—20：00成都机场、成都火车站、绵阳机场、绵阳火车站均设有接待站，有会议专人迎候代表。务请代表提前将抵达机场、火车站的名称、航班、车次、时间在回执中注明，以便会务组安排接待。其他时间抵达的代表请自行前往。

2. 无回执或回执填写不明确的代表，如未能接到，敬请谅解。

3. 自行前往路线为：由成都市的昭觉寺车站乘坐成都至绵阳的直达大巴至绵阳，再换乘市内公共汽车至绵州大酒店。

特别提示：

◇由北京、上海和广州乘飞机的代表，请直飞绵阳机场。

◇由北京和上海方向乘火车的代表，请在绵阳火车站下车。

五、会议费用

1. 会员代表每人交注册费500元，非会员代表每人交注册费800元（含会议期间餐费、会议费、资料费、市内考察费等），不足部分由会议补贴。

2. 代表住宿费自理。入住酒店为：绵阳市绵州大酒店（四星级）。请参考如下标准，并将您的选择在回执中注明。豪华标间：240元/间××天普通标间：140元/间××天。

3. 特殊情况需带随员的代表，请提前与秘书处联系，会务帮助安排食宿，费用自理。

六、其他注意事项

1. 代表凭会议正式邀请函报到。每函一人，请勿转让。

2. 会议征约的论文摘要已汇编成集，每位代表赠送一册。

3. 已办理会员证的代表，请在交费时出示。未办理会员证的代表，届时会务代为查询。

4. 需预订返程机票、火车票的代表，请尽早将回执寄回，逾期恕不能保证。

5. 会务提供两条会后考察路线供代表选择（A：绵阳—九寨沟—黄龙寺 B：绵阳—乐山—峨眉山），届时由专门旅行社到会办理相关手续。

七、会议回执

请代表按要求认真填写会议回执，并于 9 月 15 日前邮寄、传真或 E-mail 至“七大”绵阳秘书处。

八、绵阳秘书处联系方式

地址：××××××××××××××××电话：×××××××

传真：×××××××电子信箱：×××××××××××××××

负责人：××× 电话：×××××××

联系人：××× 电话：×××××××

中国生态学会

2004 年 8 月 25 日

2）感谢信

感谢信是对他人的帮助、支持表示感谢的专用信函。感谢信可以是发给单位的，也可以是发给个人的。感谢信的结构与邀请信相同，通常也是由标题、称谓、正文、落款和日期四部分构成。标题可直接写“感谢信”，也可以在“感谢信”前加上受信者的名称，如“致××市工商管理局的感谢信”。正文主要包括三项内容，一是具体述说受信者帮助或支持感谢者的事实，二是表示对受信者的感激之情，三是颂扬受信者表现出来的高尚精神以及所产生的积极影响。

感谢信的语言表达要真诚热情，简洁明确，对事实的述说应该具体准确，对对方的评价应该得体适当。

例文 10.19

致全区人民的感谢信

全区各族人民：

全国人民翘首期盼的第七届全国少数民族传统体育运动会将于 9 月 6 日隆重开幕。这是新世纪首届全国少数民族传统体育运动会，也是我区首次承办的国家级综合性运动会。为了承办好本届运动会，我区 2000 年底成立了筹备工作委员会，并在 2002 年 2 月 19 日，向全区人民发出了一封公开信，号召和动员全区各族人民关心支持民族运动会。公开信发表后，在全区乃至全国产生了广泛的影响，引起人们的热情关注。时至今日，在全区各族人民的共同努力下，第七届全国少数民族传统体育运动会组委会今天正式成立了，筹备工作已经画上了圆满的句号。

回顾三年筹备历程，我区能在经济基础相对薄弱，硬件设施尚不完善的情况下承办宁夏史无前例的大型综合体育赛事，面临的困难是很多的。但自治区党委、政府提出了“政府主办、社会参与、市场运作”的办会原则，确立了“举全区之力，不求最大，但求更好”的奋斗目标，动员全区各级干部，各界群众，发扬昂扬向上，奋发有为的精神，把本届民族运动会办成历届民族运动会中最成功的一次体育盛会。三年间，我们在国家民委、国家体育总局的亲切关怀下，在自治区党委、人大、政府、政协、宁夏军区、驻宁部队、武警宁夏总队以及各个方面的直接领导与关心支持下，克服重重困难，务实创新，积极开展宣传工作，努力推进场馆建设和基础设施建设，精心安排接待工作，认真策划组织大型活动和竞赛表演活动，多方筹措资金，全力做好安全保卫和我区参赛项目的准备工作，使民族运动会筹备工作进展顺利并卓有成效。在今年2月举行的全国性第二次筹备工作会议上，国家民委、国家体育总局的领导高度评价了宁夏人民为承办好民族运动会所做出的巨大奉献，各省、市、自治区的与会代表也纷纷表示，一定要将最好的民族体育运动项目和最富民族特色的民族文化带到宁夏来，让“精彩的宁夏”“更加精彩”。

“多少事，从来急，天地转，光阴迫，一万年太久，只争朝夕。”目前，筹委会成立的10个部门的负责人和工作人员已取消双休日，进入了民族运动会全面冲刺阶段，我们将不辱使命，不负重托，向党中央、国务院和全国各族人民交出满意的答卷。

可以肯定地说，承办这届民族运动会，将会给我区政治、经济、文化等各个领域带来深远的影响。为办好本届民族运动会，自治区新建和改建的九座体育场馆将为我区竞技体育和全民健身活动的广泛开展奠定坚实的基础；已经改造和升级的电力工程建设将为银川市、石嘴山市重点区域的安全供电提供强有力的保障；信息网络建设工程将为实现数字化银川提供可靠的技术支持；绿化工程、美化工程、靓化工程、净化工程、宾馆（饭店）的改扩建工程等，也已使塞上名城——银川、石嘴山更新更美，更具现代化气息，正以卓然的姿态展现在全国和全世界人民的面前。

承办全国性民族体育盛会，是一项庞大的系统工程，涉及方方面面，资金需求量较大，需要全社会的理解、关心、支持和参与。为此，自治区党委、人大、政府、政协等各级党政机关，驻宁部队、武警官兵、企事业单位、个体工商业者、大中小学生等纷纷慷慨解囊，奉献一份热情。北京、上海、广东、云南等兄弟省市也已率先向第七届全国民族运动会捐款支持。一位外省少先队员最先将自己积攒的166元零花钱寄给了我们，祝愿民族运动会十全十美！这一切都时刻感动和激励着每一位参与筹备工作的同志们，以百倍的努力投入筹备工作。我们建成了民族运动会历史上第一个可容纳4000人的运动员村，首次在全国公开发行了40万套邮资附捐明信片，首次为民族运动会同时建设了新闻中心和音频视频新闻中心，首次发行民族运动会特种邮票，首次在民族运动会期间举办民族体育之花展示活动。而作为东道主的宁夏是民族运动会历史上惟一参加所有竞赛项目又是参赛人数最多的代表团……种种创新之举，无处不体现着“小省区也能办大事”的胸怀和精神，也为宁夏与兄弟省、自治区、直辖市的交流与合作奠定了基础。

总有一种精神，让我们备受鼓舞，因为它凝聚着一份深深的祝福与期待；总有一种力量，让我们信心百倍，因为它承担着一份神圣的责任与希望。相信第七届全国民族运动会定将举办得隆重、热烈、精彩，因为在我们的背后，有党中央、国务院、国家民委、体育总局和自治区党委、政府的领导与支持，有全区570万回汉人民的热情和参与。随着民族运动会帷幕拉开，2003年将会因为有我们大家的共同参与和努力而分外难忘美好，2003年的宁夏也会因为亿万双目光的注视变得更加耀眼夺目。让我们将所有的感谢化成美好的祝福：愿我区人民健康、快乐！愿宁夏的明天更加美好！

第七届全国少数民族传统体育运动会筹委会

2003年7月29日

例文 10.20

感谢信

××××软件中国有限公司广州办事处：

广东省地方税务局和下属20个市的地方税务局分别以市级或省级集中的方式应用了全省统一征管系统，该系统采用客户端/服务器的体系结构，后台数据库系统使用了贵公司的SYBASEASE，数据库系统的正常稳定运行会直接影响到全省税收征管业务的正常开展。

至今，由于征管系统的复杂性等原因，在运行过程中出现了不少问题，让我们感到很大的压力。令我们感到欣慰的是，贵公司的售后服务人员给我们强有力的支持。贵公司在接到我们请求支持的电话时，即使是深夜或假期，都给予及时的响应；需要现场服务时，即使偏远的湛江市，贵公司的工作人员也会尽快赶到现场。特别是去年圣诞节期间，江门地税局的数据库系统出现严重报错，不能正常使用，适逢年底的征收高峰，情况紧急，贵公司的×××工程师在深夜接到我们的电话后，尽管正在休假，却以最快的速度赶到现场，经过连续两个通宵的抢修，正常修复了数据库，避免了重大的数据丢失，使江门地税的正常征管业务得以及时恢复，为江门地税顺利完成今年的税收任务奠定了基础。

在解决问题时，贵公司的技术人员责任心强、工作积极，急客户之所急，经常通宵达旦地工作。在贵公司的工作人员大力支持下，确保了广东地税的征管系统稳定、安全运行，为全省税收业务的正常开展提供保障。贵公司人员这种客户至上、忘我工作的精神值得我们和其他公司学习，在此我们对贵公司全体人员表示衷心的感谢！

广东省地方税务局信息中心
2003年1月3日

3）慰问信

慰问信是向他人表示问候、关切、鼓励的专用信函。从内容上看，慰问信既可以用来向在工作中努力拼搏的集体或个人表示慰问和鼓励，也可以用来向遭受重大损失或面临巨大困难的集体或个人表示慰问和同情。从结构上看，慰问信通常由标题、称谓、正文、落款和日期四部分构成。标题可以直接写“慰问信”，也可以在“慰问信”之前加上发信者和受信者的名称，如“××市政府致灾区人民的慰问信”，也可以只加上受信者的名称，如“致灾区人民的慰问信”。正文通常包括三项主要内容，一是略述慰问的背景、缘由，并表示亲切慰问。二是概括叙述受信者的先进思想、先进事迹、优秀品质以及突出贡献，并表示赞许和鼓励；或者概括叙述受信者遭受的损失、遇到的困难及表现出来的乐观精神和战胜困难、灾害的勇气，并表示同情和关切。三是表示祝愿和鼓励。

慰问信的语言表达应该简明扼要，充满情感，篇幅不宜太长。

例文 10.21

慰问信

驻京解放军、武警部队全体官兵，全市烈军属、革命伤残军人、复员转业退伍军人、军队离退休干部同志们：

值此2005年新春佳节到来之际，市委、市政府和全市人民向你们致以节日的问候和新春的祝福！

2004年，全市上下坚持以邓小平理论和“三个代表”重要思想为指导，牢固树立和落实科学发展观，坚决贯彻中央宏观调控各项措施，以庆祝中华人民共和国成立55周年为契机，紧紧围绕“新北京、新奥运”的战略构想，以创新体制、调整结构、优化环境、全面发展为主题，求真务实，开拓奋进，城市建设日新月异，人民生活水平不断提高，经济社会保持良好发展势头，改革开放和现代化建设取得新的进展。

在过去的一年里，驻京解放军和武警部队广大指战员，继承和发扬我军拥政爱民光荣传统，驻首都、爱首都、建首都，主动承担急难险重任务，积极参加首都各项建设事业，维护首都社会稳定，为首都现代化建设做出了突出贡献，树立了人民军队文明之师的良好形象。广大烈军属、革命伤残军人、复员退伍军人和军队离退休干部关心、支持和参加首都各项建设事业，促进首都经济和社会发展，为党旗增辉，为军旗添彩。在此，市委、市政府和全市人民向你们表示衷心的感谢并致以崇高的敬意！

2005年是“十五”计划的最后一年，也是进一步巩固和发展宏观调控成果，保持经济社会发展良好势头的关键一年。让我们紧密团结在以胡锦涛同志为总书记的党中央周围，坚持以邓小平理论和“三个代表”重要思想为指导，认真贯彻落实党的十六大和十六届三中、四中全会及中央对北京市工作的一系列重要指示精神，进一步贯彻落实科学发展观，紧紧围绕“新北京、新奥运”战略构想，与时俱进，扎实工作，锐意进取，不断开创首都工作的新局面。

祝同志们节日愉快，身体健康，阖家幸福！

中共北京市委北京市人民政府

2005年2月1日

例文 10.22

全国防治非典型肺炎指挥部致奋战在防治工作第一线医务工作者的慰问信

全国奋战在防治非典型肺炎第一线的广大医务工作者：

我国一些地区发生非典型肺炎疫情以来，你们临危受命，恪尽职守，发扬无私奉献的革命精神和救死扶伤的人道主义精神，夜以继日地奋战在抗击非典型肺炎的第一线，使众多患者得到及时救治，疫情蔓延势头正在得到有效遏制，为保护人民群众的身体健康和生命安全作出了重要贡献。值此“五一”国际劳动节到来之际，全国防治非典型肺炎指挥部向你们及你们的亲属，致以崇高的敬意和诚挚的慰问！

非典型肺炎是一场突如其来的重大灾害，严重威胁着人民群众的身体健康和生命安全。在防治非典型肺炎这个没有硝烟的战场上，你们冒着高发感染的风险，置生死于度外，把风险留给自己，把安全留给别人，体现出舍生忘死的大无畏英雄气概；你们顾大局识大体，舍小家顾大家，视病人如亲人，体现出救死扶伤的高尚职业道德；你们尊重科学，依靠科学，善于总结救治经验，提高医疗技术水平，积极组织科研攻关，体现出严谨求实的科学精神；你们群策群力，团结奋战，加强合作，依靠集体智慧同疫魔作斗争，体现出众志成城的必胜信念。许多医护人员从参加诊治非典型肺炎病人后，一直没有回过家；一些德高望重的医学专家，主动要求将重症病人转到自己所在的医院或病房；有的已经退休的传染病专家，毅然来到非典型肺炎病区参加救治工作；个别医护人员为救治患者，不幸染病，以身殉职，光荣地牺牲在战斗岗位上。你们身上所展现的高尚医德和无私奉献精神，正在激励着全国人民同非典型肺炎作坚决斗争，也必将鼓舞全国人民把改革开放和现代化建设不断推向前进。

党中央、国务院时刻关心着你们，要求各级政府继续采取强有力的措施，为你们创造好的工作和生活条件，提供好的医疗设备和防护设施，包括对工作生活场所进行一丝不苟的消毒，及时落实好补贴政策，抓紧组建第二、第三医疗梯队，使你们得以替换轮休，得到充分休息和营养补充。你们的家庭也为防治工作作出了贡献，社会有责任给你们及你们的亲属以更多的理解和支持，帮助解决实际困难。希望你们在关爱病人的同时，加强自身保护，合理安排时间，保持旺盛精力，再接再厉做好防治工作，以实际行动忠实实践“三个代表”重要思想。

衷心祝愿全国抗击非典型肺炎的医务工作者健康平安、工作顺利！让我们在以胡锦涛同志为总书记的党中央领导下，坚定信心，扎实工作，依靠科学，依靠群众，夺取非典型肺炎防治工作的全面胜利。

全国防治非典型肺炎指挥部
2003 年 4 月 30 日

例文 10.23

慰问信

中国建筑工程总公司：

惊悉你公司驻阿尔及利亚 9 名工作人员在地震中不幸遇难，我们谨向你公司并通过你们向遇难者家属转达我们的问候；向在这次地震中遇难的同志表示沉痛的哀悼。同时，向地震中受伤人员及公司驻阿尔及利亚全体员工致以亲切的慰问。

你公司在阿尔及利亚的伤亡情况时刻牵动着我们的心，我们时刻关注着你们，并将全力支持你们。望你公司采取切实有效的措施，全力以赴救治伤员，使他们早日康复，并对伤亡人员家属给予关心和帮助，与当地政府一道，妥善处理好有关事宜。

虽然这场地震灾难给你公司带来了重大损失，给你们的工作造成了巨大的困难。但是我们坚信，在党中央、国务院及有关部门的关心支持下，在公司全体员工的共同努力下，你们一定能够克服暂时的困难，总结经验，迎难而上，进一步开拓国际工程承包市场，为落实“走出去”战略，做出中建人的更大贡献。

建设部

2003年5月26日

二、公关柬帖的写作

1. 公关柬帖的性质和类型

柬帖是用来将某一消息或某一意愿告知对方的一种庄重、简短的特制信件。公关柬帖则是公关主体在公关活动中为达到特定的公关目的而使用的柬帖。公关柬帖通常是为邀请有关组织或个人参加某项重大活动，或为诚聘对方而发出的。公关柬帖的突出特征是简短、庄重，行文典雅。

公关柬帖在公关活动中有重要作用，这些作用包括：其一，公关柬帖具有信息传递作用，通过发送柬帖，可以把公关主体的意愿和请求传达给公关客体；其二，公关柬帖具有亲和作用，柬帖比口头知会、电话通知庄重得多，可以满足公众希望得到社会承认和他人尊重的心理需求，从而使他们对公关主体产生好感；其三，公关柬帖具有纽带和桥梁作用，通过公关柬帖的发送，可以密切公关主体和公众之间的联系。

公关柬帖主要有“请柬”和“聘书”两种。

2. 公关柬帖的写作

（1）请柬的写作

请柬又称请帖，是为邀请有关人士出席会议、典礼或参加某项活动而发出的礼仪性通知文书。请柬的使用范围十分广泛，诸如各种庆典、仪式、宴会、舞会、展览、会议以及新闻发布等都可以使用请柬。但需要指出的是，请柬通常只在场合庄重、活动重要的情况下使用，请柬邀请的对象应该是比较重要的人士，对这样的人士来说，即使近在咫尺，也应该发送请柬，以表示尊重、重视和礼遇，而不能口头知会或电话通知。

请柬通常由标题、称谓、正文、请语、附文、落款和日期六部分构成。

请柬的标题通常以文种为题，即直接以“请柬”二字作为标题，而不需要像邀请函那样，以活动的名称为引题。因为请柬正文本身的文字很少，标题加上活动名称会使整个请柬头重脚轻，影响美观，而且活动名称在正文中一定出现，标题不显示，也不会影响信息传递的准确、完整。请柬标题的位置可以有两种选择，一是位于正文之上，一是单独占据一页作为封面。就目前情况而言，请柬的标题形式以后者居多。

请柬的称谓是对被邀请者的称呼。为了体现对被邀请者的尊重，应该在其姓名之后加上职务、职称或“先生”、“女士”等通称，如“××处长”、“××教授”、“××先生”、“××女士”等。如果拟邀请的是某个单位或组织的代表，而没有确定的人选，称谓可以只写职务加通称，如“校长先生”、“总经理先生”等。如果是请对方单位自行确定出席人员，称谓可以只写单位或组织的名称，如“××××大学”、“××××公司”等。称谓的位置有两种情况，如果请柬的标题单独占据一页，称谓则需要另起一页顶格书写；如果请柬的标题在正文之上，称谓则需要另起一行顶格书写。

请柬的正文比较简短，只需要用一两句话写明活动的名称及时间、地点，而不必像邀请函那样详细说明活动的目的、内容和意义。活动的名称是请柬正文的必备要素，请柬正文的最好写法是将它与活动的时间、地点等内容组合到一个句子中来表述，如“兹定于××××年×月×日上午×时于××宾馆402会议室召开×××集团公司新春茶话会”。需要注意的是，请柬中不要使用普通书信中常用的“您好”之类的问候语。

请柬的请语是表示邀请的语句，通常使用具有文言色彩的套语，如“敬请光临”、“恭请光临”、“敬候莅临”等，而不能使用通俗口语来表达。请语的位置可以有几种不同的选择，一是在正文之下顶格书写，二是在正文之下空两格或四格书写，三是将请语中表示己方行为的“敬请”、“恭候”等与表示对方行为的“光临”、“莅临”、“届时光临指导”等拆开，在正文之下，将表示己方行为的词语空两格或四格书写，而将表示对方行为的词语另起一行顶格书写。

请柬的附文是对活动注意事项的交代。内容可以是活动场所的具体地址、乘车路线及其他需要提醒被邀请者注意的事项。附文的位置应在请语之下，落款之上，空两格书写，且应该使用与正文不同的字体或字号，以示区别。附文不是请柬必备的内容，应根据实际需要决定是否要写附文。

请柬的落款和日期应位于正文及请语的右下方，落款和日期应分两行书写。

请柬的语言表达应该达雅兼备。达就是要通顺明白，应避免含混不清和歧义；雅就是文字典雅，庄重。此外，请柬的语言表达还应在“达”的前提下，尽可能简短。

例文 10.24

封面

请　柬

内页

×××先生（女士）：

兹定于××××年×月×日上午×时于××××大学办公楼五层会议室召开高校教学改革座谈会。

敬请届时光临。

××××大学

××××年×月×日

例文 10.25

封面

请　柬

内页

院长先生：

“中国山水画展”自××××年×月×日起于中国美术馆举行预展。

恭请

光临指导

展出时间：××××年×月×日—××日

上午：×时××分—××时××分

下午：×时××分—×时××分

中国美术家协会××分会

××××年×月×日

（2）聘书的写作

聘书是指聘请外单位人员担任本单位某一职务或承担本单位某项工作时使用的一种专用文书。聘书通常由标题、正文、落款和日期三部分构成。聘书的标题通常以文种为题，即直接以“聘书”作为标题，标题的位置可以有两种基本形式，一是位于正文之上，一是单独占据一页作为封面，也可以两种形式同时兼用。聘书的正文包含三个要素，一是聘请对象的姓名，二是聘请对象将担任的职务或将承担的工作，三是聘任的期限，如“特聘请××先生为《××××大学学报》审稿专家（2005——2008 年）”，如果聘任是无限期的，聘任期限便可不写。聘书的落款和日期应位于正文的右下方，落款上应加盖单位公章，聘书的日期应为聘书的成文日期，如正文中未特意写明聘任生效日期，那么成文日期即为聘任生效日期。

聘书语言表达应该庄重严肃，简洁明了，特别是对聘请对象将担任的职务和工作一定要交代清楚，以免产生误解，造成不必要的麻烦。

例文 10.26

封面

聘　书

内页

兹聘请×××先生为××市高等学校教师职务系列××专业教授、副教授职务考核评议组成员，参加考核评议工作。 ××市高级专业技术职务评审委员会 ××××年×月×日

第三节　公关标语口号的写作艺术

一、公关标语口号的性质和作用

1. 公关标语口号的性质

标语是写于板牌、横幅等物体之上、有宣传鼓动作用的简短语句，例如，“为了子孙后代的幸福，请您积极支持人口普查工作”（第五次全国人口普查标语），“澳门的明天更美好”（迎接澳门回归祖国标语）。口号是供口头呼喊的具有纲领性和鼓动性的简短语句，例如，“严防死守，人在堤在”（1998 年抗洪口号）。

标语和口号都是具有宣传鼓动作用的言语作品，二者本质上并没有什么不同，也没有截然的界限，所以二者经常并称为“标语口号”。但由于标语是用于书写的，口号是用于呼喊的，二者的用途并不完全一样，所以有时稍有不同。标语不一定都适合呼喊，像“吸烟危害健康，请爱惜生命”这样的标语就不适合呼喊；口号则一般都可以用于书写而成为标语。标语和口号在相互转化上的这种不对称，并不都是由言语风格上的差异造成的，也有内容、语气方面的原因。不过有一点应该指出，口号虽然是用于呼喊的，但并不意味着口号就属于口语语体，实际上口号更多的还是带有书面语的色彩。

公关标语口号，是指社会组织为实现公关目标而提出和使用的标语口号，一些广告语，特别是以宣传企业宗旨、塑造企业形象为直接目的的广告语，实质上就是一种公关标语口号，例如，长虹集团的广告语“长虹以产业报国、民族昌盛为己任”，诺基亚公司的广告语“科技以人为本”等。

2. 公关标语口号的作用

标语口号在公关活动中使用广泛，具有重要的作用：

（1）公关活动中，标语口号具有宣告、宣传作用。在公关活动中，社会组织常常借助标语口号的形式，使组织的宗旨、方针、目标、特点得到宣告和宣传，这对加深公众对组织的印象、认知和理解都是很有益处的。例如：

迅速、准确、安全、方便（广州邮局标语）

质量第一，信誉第一，用户第一（某企业标语）

有新闻的地方就有我们（《北京青年报》广告语）

知识分子的精神家园（《光明日报》广告语）

从容，是一种境界；理性，是一种成熟；20 年，情怀依旧（《南方周末》广告语）

（2）公关活动中，标语口号具有规范和教育功能，可以发挥行为导向作用。这种作用既可以发生在组织外部的公众之中，如“反对封建陋习，提倡社会文明”，也可以发生在组织内部的成员之中，如“顾客是上帝，顾客永远不会错”。公关标语口号的规范教育和行为导向作用，在不以赢利为目的而以倡导社会文明为宗旨的公益广告中有更为明显的体现，例如：

珍惜生命，远离毒品

消防安全，责任如山

爱国爱家从纳税开始

农业普查，利国利民

保护环境就是善待自己

司机一滴酒，亲人两行泪

二、公关标语口号的写作

标语口号通常就只有一两句话，因而结构很简单。标语口号虽结构简单，但必须惜墨如金，以几个字、十几个字来表现重要的主题，还要能产生打动人心的力量，所以写好标语口号并不是一件容易的事情。一条好的标语口号可能涉及很多方面的因素，不过，在我们看来，比较重要和基本的因素是体现人文关怀、准确适度、简明凝练、韵律和谐。

1. 体现人文关怀

人文关怀就是以人为本，说话做事都应该以是否有利于人自身的健康发展、是否有利于营建和维护人所需要的良好生存状态为基本的出发点。从标语口号的写作上来说，应将对人的关爱融入到标语口号之中，这不仅仅是为了使标语口号能够深入人的心灵，感动人的情感，更是社会发展和进步的需要。特别是对那些由政府部门发布的、宣传政策法规的标语口号，体现人文关怀就尤显重要。据报章披露，前些年有些地方的标语口号严重违背以人为本的思想，粗暴蛮横，完全把人置于强力压制之下，不考虑人的权利和感受，如“小孩放火，父亲坐监”，“一人超生，全村结扎”，“流不流（注：流，指人工流产），扒房牵牛”。这样的标语口号简直就是对人类文明的亵渎。即使在全社会倡导以人为本的今天，同样内容的标语口号，仍可以从是否体现人文关怀上分出高下。例如，同是宣传不要酒后驾车的标语，“司机一滴酒，亲人两行泪”就要比“严禁酒后驾车”体现出更多的人文关怀，因而也就更能引起人的共鸣，起到更有效的宣传作用。

2. 准确适度

标语口号要表达准确，用词恰当，语义明确，这样才可能将社会组织的宗旨、方针、目标等准确传递给社会公众。标语口号的表达还应该讲究分寸，轻重适度，不能夸大或缩小事物本身具有的属性。例如，某地基层有一条宣传扫除文盲的标语是“脱盲光荣，文盲可耻”，脱盲固然光荣，而文盲虽不好，但也还没有达到“可耻”的程度，更何况产生文盲的原因并不单纯，许多文盲并不是完全由个人的原因造成的，嘲笑其“可耻”，显然是不恰当的。

3. 简明凝练

标语口号应该简明凝练，言简意赅，语句虽短，内容却很丰富。标语口号受文体的制约，不可能以长篇大论来讲述道理，而只能是简短的一两句话。标语口号虽然简短，但并不意味着内涵也一定贫乏。一条好的标语口号同样可以动人心弦，耐人寻味。这一方面需要选取最能够触动公众心灵的内容进行表达，一方面需要对选定的表达内容进行反复的概括提炼，使丰富的内涵浓缩到简短的语句之中。例如，“保护环境就是善待自己”这条标语，只有寥寥10个字，却包含着对人与自然、人与环境以及保护环境与人类生存发展关系的深刻认识，读起来的确发人深思。

4. 韵律和谐

标语口号应该韵律和谐，节奏明快，顺口悦耳，便于传诵。标语口号要求韵律和谐，因此在选用词语时，不能从头到尾都是一种声调，而应该平仄相间，这样读起来才能够抑扬顿挫，琅琅上口。例如，“西部大开发，宁夏要争先”，这一标语的声调序列为：平仄仄平平，平仄仄平平，声调有变化，平仄有间隔，读起来容易上口。标语口号还应该节奏明快，匀称整齐，因而常用四字格，常用对偶和排比。例如，“艰苦创业，勇于开拓，团结协作，不断拼搏”。此外，标语口号虽不要求押韵，但也可以适当注意句子韵脚和谐。一般来说，韵脚和谐可以收到响亮、生动的表达效果。不过需要指出的是：并不是只要押韵就一定可以获得良好的表达效果，有时可能适得其反，押韵会使标语口号像顺口溜，这会明显降低标语口号的严肃性和品位。

【关键概念】

祝贺文书　迎送文书　公关信函　公关柬帖　公关标语口号

【复习思考】

1. 祝贺文书有哪些特点和常用文体？这些文体的结构和写法是怎样的？

2. 迎送文书有哪些特点和常用文体？这些文体的结构和写法是怎样的？
3. 公关信函有哪些常用文体？这些文体的结构和写法是怎样的？
4. 公关柬帖有哪些常用文体？这些文体的结构和写法是怎样的？
5. 公关标语口号的性质和作用是怎样的？它们的写作有哪些要求？

参考文献

1. ［美］斯各特·卡特里普等. 公共关系教程（第8版）. 北京：华夏出版社，2001
2. 胡明扬，沈阳，贺阳. 语言学概论. 北京：语文出版社，2000
3. 吴波. 公关语言学. 杭州：浙江大学出版社，2000
4. 李济中，张盛如. 公关语言学. 北京：北京工业大学出版社，1998
5. 黎运汉. 公关语言学（增订本）. 广州：暨南大学出版社，1996
6. 劲松. 北京人的口语语体. 见：北京话研究. 北京：北京燕山出版社，1992
7. 何自然. 语用学概论. 长沙：湖南教育出版社，1988
8. 索振羽. 语用学教程. 北京：北京大学出版社，2000
9. 王建平. 语言交际中的艺术——语境的逻辑功能（修订本）. 北京：中共中央党校出版社，1992
10. 姚亚平. 人际关系语言学. 沈阳：辽宁教育出版社，1988
11. 邹海燕，柳礼泉，张君. 社会心理学. 长沙：湖南大学出版社，2003
12. 张云. 公关心理学. 上海：复旦大学出版社，1992
13. 潘肖珏，卞权. 公关语言艺术（第三版）. 上海：同济大学出版社，1998
14. 田建民，田小军. 幽默学. 海拉尔：内蒙古文化出版社，2000
15. 谢伦浩. 如何风趣幽默. 北京：石油工业出版社，2001
16. 胡明扬. 北京话初探. 北京：商务印书馆，1987
17. 胡明扬. 汉语礼仪用语及其文化内涵. 上海：上海辞书出版社，2004
18. 陈松岑. 礼貌语言初探. 北京：商务印书馆，1989
19. ［英］R. A. 郝德森. 社会语言学. 北京：华夏出版社，1989
20. 徐世荣. 普通话语音常识. 北京：语文出版社，1993
21. ［美］S. 卢卡斯. 演讲的艺术. 海口：海南出版社，2002
22. ［美］戴尔·卡耐基. 语言的突破. 北京：海潮出版社，2004
23. 贺阳，劲松. 北京话语调的实验探索. 语言教学与研究，1992（2）
24. 劲松. 北京话的语气和语调. 中国语文，1992（2）
25. 王超. 谈判分析学. 北京：中国对外经济贸易出版社，1999

26. 张强. 谈判学导论. 成都：四川大学出版社，1992
27. 林有田. 强势推销. 北京：海潮出版社，2002
28. 吴为善. 沟通无极限——广告语言的全方位透视. 上海：上海辞书出版社，2002
29. 方蔚林. 现代广告写作. 北京：中国人民大学出版社，1998
30. 林伦伦，朱永锴. 当代实用文言应用文大全. 广州：广东人民出版社，1997

新编 21 世纪远程教育精品教材

公共基础课系列

书名	作者
大学语文（第二版）	黄　鹤
应用写作（第四版）（“十一五”国家级规划教材）	孙秀秋
计算机应用基础	李　刚
马克思主义哲学原理（第二版）	霍福广
“毛泽东思想和中国特色社会主义理论体系概论”教学专题研究	王向明
全国高校网络教育大学英语词汇必备手册	王建华
全国高校网络教育大学英语学习与考试辅导	王建华
高等数学“学习包”（第二版）	张家琦　曹承宾
北京地区成人本科学士学位英语统一考试历年试题解析	常红梅
北京地区成人本科学士学位英语统一考试辅导（第三版）	常红梅
大学英语学习与考试辅导	常红梅
数据库基础教程	苏　俊
毛泽东思想概论	江长仁

经济与管理系列

书名	作者
西方经济学	缪代文
西方经济学（第二版）（微观经济学部分）	刘凤良
西方经济学（第二版）（宏观经济学部分）	刘凤良
经济法概论（第三版）	宋立成
国际金融（第二版）	刘　震
税务管理	王秀芝
邮政储汇实务	周艳海
中国税制（第二版）	杨　虹
投资银行学教程（第二版）	胡海峰　等
金融学概论（第三版）	宋　玮
互联网金融的法律与政策	邢会强
国际贸易实务（第二版）	王晓明
财政管理	王秀芝
保险学	戴稳胜
证券投资学（第三版）	赵锡军　李向科
统计学教程（第三版）	金勇进
财政学	安秀梅
中国政治制度史	侯　力

续前表

书名	作者
经济学原理	韦曙林
商务英语	王学文
国际贸易理论与政策	王业星
国际投资	胡曙光
人力资源开发与管理（第四版）	姚裕群
项目管理（第三版）（“十一五”国家级规划教材）	李　涛
物流管理（第三版）（“十一五”国家级规划教材）	刘　刚
组织行为学（第二版）	徐建平
公共政策原理	谢　明
公共政策案例分析	谢　明
公共管理伦理学	李传军
公共政策导论（第二版）	谢　明
公共经济学导论	代　鹏
公共关系学（第二版）	李兴国
领导力	祁凡骅
企业战略管理	邹昭晞
管理学原理	安　维
公务员管理	王甫银
秘书工作实务	张大成
人员选拔与聘用管理	苏　进　刘建华
绩效管理	徐　斌
质量管理学	李晓光
营销渠道决策与管理	吕一林
高级会计学（第二版）	张志凤　谢瑞峰
公司财务管理（第二版）	肖　万
财务管理学（第四版）	孙茂竹　范歆
基础会计学（第三版）	徐　泓
管理会计（第二版）	孙茂竹
审计学（第二版）	杨闻萍
财务会计学（第三版）	郭建华
成本会计	曹　伟
纳税筹划教程	张中秀
会计制度设计（第二版）	阎至刚
计算机会计理论与实务（第二版）	蔡立新
税务筹划教程	张中秀
国际税收（第二版）	杨志清

法学系列

书名	作者
刑事诉讼法（第三版）	王新清　李　蓉
民事诉讼法（第二版）	汤维建　等
行政法与行政诉讼法（第三版）	胡锦光　罗　杰
宪法学（第三版）	胡锦光　任端平
劳动法和社会保障法（第三版）	黎建飞
保险法（第三版）	贾林青
刑法学（第二版）	黄京平
中国法制史（第二版）	赵晓耕
企业和公司法学（第二版）	王欣新
税法（第三版）	朱大旗
海商法（第三版）	贾林青
刑法学	徐松林
继承法（第二版）	孙若军
破产法学（第二版）	王欣新
经济法（第二版）	吴宏伟
国际法（第二版）	白桂梅　朱利江
法理学（第二版）	张曙光
法律文书写作（第二版）	陈卫东　刘计划
民法学（第二版）	龙翼飞

汉语言文学系列

书名	作者
中国古代文学史（一）（先秦至魏晋南北朝）（第二版）	叶君远
中国古代文学史（二）（隋唐五代宋辽金）（第二版）	冷成金
中国古代文学史（三）（元明清及近代）（第二版）	张国风
古代汉语（第二版）	殷国光
现代汉语（第二版）	吴永焕
外国文学作品导读（第二版）	刘洪涛
中国民间文学概论（第二版）	黄　涛
美学概论（第二版）	牛宏宝
文学概论（第二版）	许　鹏
中国古代文学作品选读（一）	诸葛忆兵

续前表

书名	作者
中国古代文学作品选读（二）	王　燕
中国文学理论史简编	成复旺
中国现当代文学作品导读	姚　丹
影视文学教程	邹　红
电视剧批评与欣赏	刘晔原
中国现当代文学	刘　勇
语言学概论（第二版）	岑运强
西方文论概要	杨慧林
新时期文学思潮（第二版）	张永清
文艺心理学	金元浦

新闻与传播系列

书名	作者
新闻理论教程	陈力丹　张建中
中国新闻传播史	赵云泽　孙　萍
外国新闻传播史	陈力丹　钱　婕
新媒体实务	黄　河
广告学概论	王　菲
新闻采访与写作	张　征

图书在版编目（CIP）数据

公关语言学/贺阳编著. 北京：中国人民大学出版社，2005
新编 21 世纪远程教育精品教材．汉语言文学系列
ISBN 978-7-300-06768-1

Ⅰ. 公…　Ⅱ. 贺…　Ⅲ. 公共关系学-语言艺术-远距离教育-教材　Ⅳ. C912.3

中国版本图书馆 CIP 数据核字（2005）第 095161 号

新编 21 世纪远程教育精品教材·汉语言文学系列
公关语言学
贺　阳　编著
Gongguan Yuyanxue

出版发行	中国人民大学出版社		
社　　址	北京中关村大街 31 号	**邮政编码**	100080
电　　话	010－62511242（总编室）		010－62511770（出版部）
	010－82501766（邮购部）		010－62514148（门市部）
	010－62515195（发行公司）		010－62515275（盗版举报）
网　　址	http://www.crup.com.cn		
	http://www.ttrnet.com（人大教研网）		
经　　销	新华书店		
印　　刷	北京鑫丰华彩印有限公司		
规　　格	185 mm×260 mm　16 开本	**版　　次**	2005 年 8 月第 1 版
印　　张	15.25	**印　　次**	2017 年 10 月第 3 次印刷
字　　数	355 000	**定　　价**	39.00 元